超常增长

SUPERNORMAL GROWTH

中国驾驭资本的奇迹

曹尔阶 著

南京大学出版社

图书在版编目(CIP)数据

超常增长：中国驾驭资本的奇迹 / 曹尔阶著. —
南京：南京大学出版社，2017.8
ISBN 978 - 7 - 305 - 19273 - 9

Ⅰ. ①超… Ⅱ. ①曹… Ⅲ. ①中国经济—经济增长—研究 Ⅳ. ①F124

中国版本图书馆 CIP 数据核字(2017)第 219923 号

出 版 者 南京大学出版社
社　　址 南京市汉口路 22 号　　　邮　编 210093
出 版 人 金鑫荣

书　　名 超常增长——中国驾驭资本的奇迹
著　　者 曹尔阶
责任编辑 方巧真　荣卫红　　　编辑热线 025 - 83685720

照　　排 南京紫藤制版印务中心
印　　刷 南通印刷总厂有限公司
开　　本 718×1000　1/16　印张 17.25　字数 272 千
版　　次 2017 年 8 月第 1 版　2017 年 8 月第 1 次印刷
ISBN 978 - 7 - 305 - 19273 - 9
定　　价 58.00 元

网　　址:http://www.njupco.com
官方微博:http://weibo.com/njupco
官方微信:njupress
销售咨询热线:(025)83594756

序

2012年出版了《资本是个好东西》，是尝试对新中国成立以来直至20世纪90年代大约四十多年讳言资本之后重塑资本形成机制的一个回顾。现在这本《超常增长——中国驾驭资本的奇迹》，是想从政府和市场经济这个层面，探讨中国经济是如何驾驭资本实现超常增长的。

中国经济是如何实现超常增长的？从根本上说，是1992年中共十四大确立了社会主义市场经济的方向，提出了"建立社会主义市场经济体制，就是要使市场在国家宏观调控下对资源配置起基础性作用"的明确方针。2013年11月，中共十八届三中全会重申"使市场在资源配置中起决定性作用"的定位，更明确提出"市场在资源配置中起决定性作用"，"既要发挥市场作用，也要发挥政府作用"。

但是，在某些经济学家看来，中国改革开放三十年的成功，都是市场的功劳，如果没有政府的作用，可能还会更好。特别是20世纪80年代末90年代初美国人福山一度把自由民主看作"历史的终结"，有些沉迷于西方经济学的人士借着这股"西风"，更是不遗余力地批评这个"宏观调控下"，说它是半统制、半市场的畸形格局，质疑这是给"市场"设置了一个"在国家宏观调控下"的前提，争论究竟是在政府的作用下发挥市场的基础作用，还是在市场的基础上发挥政府的作用。有人就严词批判"以强势政府为主要特点的中国模式"，总是担心会"沿着强化政府作用的国家资本主义的道路前行"，多次强调只能是"有限政府"。

作者研究中国经济超常增长的轨迹，发现有五个突出因素：

第一个突出因素是中国延续了"集中力量办大事"的传统，主要是在最重要的国民经济领域和创新型国家建设领域，如过去的"两弹一星"这类重大项目，无论是建设、投资、技术引进、运行管理，乃至重要的话语权，都要牢牢地掌握在国家手中。惟其如此，中国才创造出高速铁路、超级计算机、神舟飞船空间技术、军工、核电、新一代通信标准等战略产业的辉煌奇迹。中国修建了世界上最大最好的高速铁路网、最大的高速公路网；所有能建地铁的城市都在修建地铁，上海已经修建了688公里的地铁，这是世界上最长的城市地铁线。最新的喜讯是C919大飞机在上海成功首飞。2012年的中共十八大报告，把我们的高速铁路与载人航天、探月工程、载人深潜和超级计算机一起，并称为创新型国家建设的“重大突破”。这个评价，高屋建瓴，令人振奋。

第二个突出因素是，我们毫不犹豫地紧紧抓住国有企业进行的脱胎换骨的改革。没有听从那些休克疗法的误导和自由主义市场经济论者食洋不化的书生之见，没有把国企“一卖了之”、全部退出竞争性领域，而是对相当部分的国有企业力推产权多元化和公司上市，使股份制成为公有制的主要实现形式，使国有控股参股公司为核心的公有经济成为市场的主体，并具有了当代发达国家现代企业的最先进的财产组织形式，当然也是最具活力的管理形式。

第三个突出因素是在发展民营经济方面，鼓励民营资本参与国有企业的改组、联合和并购，通过抓大放小，国有经济的布局结构有了实质性的变化，正如邵宁所说，主要就是“我们的国有经济从中小企业层面实现了退出”，由此推动了国退民进，也推动了民营经济的成长，而放掉的一大群中小企业恰恰为民营资本的进入和发展提供了机会。现在民营经济占GDP的比重超过50％，民营经济的就业占全国的75％，成了中国“出人意料发展的推动力量”。

第四个突出因素，是在城市化方面，城市政府突破了西方国家政府“只能管理、不应参与经济”的框框，既不同于西方国家“小政府＋大市场”的经典的市场经济模式，也不同于那种强调自由化、私有化和市场化的新自由主义的市场经济，更不同于后来兴起的极力主张贸易金融投资自由化和国家干预最小化的“华盛顿共识”的市场经济，而是别出蹊径，通过成功地掌控中国特色的城市资本，即利用政府所控制的“土地”加上“三通一平”（指通水、通电、通路、平整土地）、“七通一平”（指“三通一平”再加通邮、通讯、通暖气、通天然气或煤气）以及基础设施的资本，我通称为城市资本，在招商引资上引导外来资本的竞争，驾驭外来资本，发展了城市经济。由此，我发现正是城市政府的驾驭资本，推动了中国经济的超常增长。

第五个突出因素，是资本化为我们建立了一个能鼓励金融创新和持久地扩张资本的机制。

什么是“资本化”？资本化的真正奥秘就在于，如何把企业具有创造未来收入能力的资产“开发”成为资本市场上可以交换的资本。中国长期以来资本极度短缺，1990年证券市场开放，正好有了一个“资本化”的机制，给企业和市场提供了一个在银行之外直接融资的机会，通过股市融资、债券融资、资产证券化、私募和金融创新，成为分流银行资金的重要渠道。到2010年末，20年来累计为2000多家上市公司实现股本融资2.5万亿元，债券融资2.9万亿元；募集投资基金2.51万亿元，合共近8万亿元。到2015年，中国证券市场开放25周年，沪深两地已有上市公司2827家，总市值53.13万亿元。2016年度A股市值收于50.62万亿元，沪深两市市值整体小幅缩水。人们习惯于把企业上市融资说成“圈钱”。证券市场并不是“点石成金”，但由此具有了一个从市场上开发资本并能以较高的收益作为回报的机制，为经济的超常增长增添了一个重要支柱。

应该说，中国在列强环伺下，成功地运用强势政府，通过股份制改造，力推产权多元化和公司上市，改革和发展了具有强控制力的国有经济，从无到有地扶植非公有制经济，成功地掌控城市资本驾驭外来资本发展城市经济，从容应对加入WTO以后国际竞争的严峻挑战，正是强势政府驾驭资本推动市场发挥了优化资源配置的作用。而且，正因为计划经济时代有30年对讳言资本的抑制，改革开放后重新认识了资本，这才有了这三十多年政府、企业一齐忙于引进资本和扩张资本的驾驭资本的活动，推动了这二十多年中国经济的超常增长。

至于强势政府有什么负面影响？我以为，最大的负面影响就是60年的工农业产品价格上的剪刀差和2.7亿农民工不能市民化，没有公平地对待8亿农民这个最大的弱势群体。还有追求经济业绩，忽视了对环境的保护，助长了污染，乃至区域分割，割裂了全国统一市场。

同时，必须强调指出，政府的强势并非一成不变。政府在强力推动社会主义市场经济建立和发展之后，要懂得退场，让市场在资源配置中起决定性作用。按照中共十八届三中全会《决定》全面的说法，就是“核心问题是处理好政府和市场的关系，使市场在资源配置中起决定性作用和更好发挥政府作用”。但是，中国的强势政府是从计划经济的全能政府演变过来的，它在干预经济方面，往往存在着一种过度干预，即所谓错位和越位，或不懂得退场的毛病，这是中国的强势政府与生俱来的某种惰性，或者说是固有弱点。因此，我们在正视强势政府主导作用的同时，也必须正视这种惰性或固有弱点。我以为，正如西方在政府干预上往往有画地为牢过分犹豫的惰性一样，中国则往往有政府当家惯了、干预过多和不愿退场的惰性。中国和西方国家在完善市场经济方面都必须克服各自的惰性。

还要看到，最近这 10 年，中国经济的增长中有一个新的特点，即具有中国特色的高速铁路加城市群，充分发挥了级差收益原理在产业结构高度化方面的作用。以长三角的无锡市来说，2011 年无锡的人口是 467 万人，2015 年达到 651 万人，4 年增加了将近一半的人口，这都是得益于高速铁路推动了长三角大城市、特大城市产业结构高度化带来了无锡市的地域扩大和经济繁荣，因而才带来了人口的增加。但是，在经济学界，很多谈论经济增长的文章却很少谈到高速铁路加城市群和级差收益原理在产业结构高度化方面的推动作用，几乎成为当前经济研究的一个盲点。应该说，正是在这个方面，给有志研究者留下了广阔的空间。

本书的出版，要感谢南京大学出版社编辑荣卫红女士不辞辛苦，特别是对本书书名反复商讨，提出不少宝贵意见。还要感谢郑捷同志为本书穿针引线，侄女邵鸣为本书出版奔波，在此一并致谢！

是为序。

目　录
CONTENTS

引　言　中国经济的超常增长和驾驭资本

第一章　国有企业改革支持了中国崛起

第四章 从高速铁路谈到技术引进要保持主动权

第五章 金融改革:在市场经济中驾驭金融资本

第六章 资本运营:投资银行争夺货币和驾驭资本

引言　中国经济的超常增长和驾驭资本

中国经济和平崛起，用六十多年时间，走了西方大国工业化二百多年的历程。

1949 年新中国成立时，国内生产总值只有 466 亿元，1978 年提高到 3650.2 亿元，29 年增长 6.83 倍。这一时期，由于计划经济体制的制约，经济停滞不前。从经济总量和人均 GDP 水平看，1952 年中国 GDP 总量占世界 GDP 的比例为 5.2%，1978 年反而下降为 5.0%；1948 年，中国人均 GDP 在世界各国排第 40 位，到了 1978 年中国人均 GDP 却是排倒数第 2 位；人均 GDP 水平按当时官方高估的汇率计算，也只有 224.9 美元，仅是印度人均 GDP 的 2/3。从人民生活水平看，1976 年全国农村每个社员从集体分得的收入只有 63.3 元，农村人均口粮比 1957 年减少 4 斤；1977 年全国有 1.4 亿人平均口粮在 300 斤以下，处于半饥饿状态。

1978 年的改革开放，各项灵活的政策为中国经济插上了腾飞的翅膀。1992 年我国国内生产总值提高到 2.72 万亿元，比之 1978 年的 3650.2 亿元，14 年增长 6.45 倍。

中国经济真正的超常增长，是从 1992 年中共十四大确定社会主义市场经济的目标和向市场经济转轨开始的。2016 年我国国内生产总值达到 74.41 万亿元，比之 1992 年的 2.72 万亿元，24 年增长 26.36 倍。2010 年，中国取代日本成为世界第二大经济体。按统计局每年实际增长率计算的年平均增长率为9.62%，同国际上发达国家一般年均增长 3%—5%相比，中国约有 4%—5%的超常增长。假如在过去 24 年中，中国像一般发达国家那样选择常规市场的均衡经济增长路径，那就会失去每年至少 4%的超额增长，2016 年中国的 GDP 总量就不会是 74.41 万亿人民币，而会是不到当年 GDP 总量的一半，即在 37 万亿左右。

中国经济的超常增长,关键更在于挑战了西方市场经济的传统,是强势政府驾驭资本,推动了社会主义市场经济的发展。当然,超常增长的起源,还是要从邓小平"先富起来"的大政策启动了驾驭资本的钥匙说起。

一、邓小平"先富起来"的大政策

中国经济的改革开放,最初只有一个先是"有计划商品经济",后来才是"社会主义市场经济"的大方向。真正的实践,是摸着石头过河、一步一步闯出来的。中国改革开放的真正难题,是在毛主席"阶级斗争为纲"的长期熏陶下难以自拔,不但讳言资本,而且长期不敢言富。扭转乾坤的,是邓小平"先富起来"的大政策,为中国的改革开放启动了驾驭资本的钥匙。

新中国成立是 1949 年。毛泽东主席向全世界宣布:"中华人民共和国成立了! 中国人民从此站起来了!"毛主席的伟大功绩是把中国人民从帝国主义、封建主义和官僚资本主义势力的统治下解放了出来,一洗鸦片战争以来的百年屈辱,把半封建半殖民地的旧中国变成社会主义的新中国。在民族解放战争阶段,毛泽东非常正确地把中国新民主主义革命界定为资产阶级民主革命的性质,只不过领导它的不是资产阶级政党,而是共产党;革命的目标也不是资本主义,而是社会主义。1945 年毛泽东《论联合政府》曾经提出在新民主主义阶段,中国应该让资本主义有一个"广大的发展"。即使在 1953 年的《毛泽东选集》中编入此文时修改为"必要的发展",那也总是要允许发展的。这一正确、伟大而又英明的论断,曾经吸引了相当多的开明资本家参加了推翻"三座大山"的革命。直到 1950 年,毛泽东在全国政协一届二次会议上仍然是说,实行私营工业国有化和农业社会化"还是在遥远的将来"。应该说,正是新中国成立初期城市工作的谨慎和城市政策的正确,才赢得了 1953—1957 年"一五"计划的提前完成和城市经济的繁荣。

但是,毛主席的阶级政策,一向是"亲贫远富"。新中国成立后的农村土改,是"依靠贫农、巩固地团结中农",打土豪分田地,就是均贫富;城市职工低工资,提倡"三个人的饭五个人吃",是平均主义、"吃大锅饭",谁也不敢讲劳动致富。1952 年,刘少奇要"确立新民主主义秩序",遭到了毛主席的批判,这已经是初露"仇富"的端倪;1953 年农业合作化时,仍然是提"依靠贫农和中农的巩固联盟"。问题是

1954年，毛主席“按照新的情况”重新作了阶级分析，说是要“将新中农中间已经上升为富裕中农的人们，不算作依靠对象的一部分，而将老中农中间的下中农算作依靠对象的一部分”①，由此改提“依靠贫农和下中农”的口号，并且固执地把不同意这一主张的邓子恢批判为右倾，迫使邓子恢作了检讨。这就不仅仅是“亲贫远富”，而且是不允许有新的“劳动致富”了。所以十年后的四清运动是提“千万不要忘记贫下中农”，“文化大革命”是“在农村由工人阶级的可靠同盟者贫下中农领导一切”。城市工商业，最初是在新民主主义革命共同纲领号召下的“多种所有制共存”，1956年变为敲锣打鼓“全面公私合营”，提倡给资本家分红；“文革”时却鼓吹取消定息，反对剥削，史无前例地批判资产阶级，批判修正主义。

“文革”后期，更是从“亲贫远富”发展到公开“仇富”，人们高呼“宁要社会主义的草，不要资本主义的苗”；毛主席时刻担心市场经济的小生产自发势力会使中国沾染上修正主义。他常说“小生产是经常地、每日每时地、自发地和大批地产生着资本主义和资产阶级的”，对农民的自留地、农村集市都要“割资本主义的尾巴”；乃至反对资产阶级的法权，废除八级工资制；认为“我国现在实行商品制度、八级工资制，等等”都“只能在无产阶级专政下加以限制”，时刻担心“林彪一类如上台，搞资本主义很容易”。而“四人帮”的“穷社会主义”、“穷共产主义”，不但带来了贫穷，而且使中国的短缺经济更加短缺，商品供应极其匮乏。到了20世纪70年代，几乎所有生活必需品，包括米、面、煤、油、糖、布、肉、蛋、卷烟，春节的花生、瓜子，直至青年人结婚的床、柜、桌、椅、暖瓶和“三五牌”闹钟，无不凭证供应。我们能够用以自我宽慰和解嘲的，却是斯大林的一个权威性的说法，认为生产的增长落后于日益增长的消费需求，正是社会主义的优越性。因而对长时期的贫穷和消费不足虽手足无措，却安于靠发票证和排队来抑制消费。从根本上说，共产党在革命时的口号一直是全世界无产者联合起来，它并没有昭示革命胜利后要让无产者也能成为有产者；因而新中国成立后的30年，一直实行“仇富”的金融管制，认定一切金融活动都同孳生资本有关，一切金融活动只能由国家垄断，不能让民间染指。

1949—1978年这29年，即通称为计划经济的30年，尽管也有不少挫折，但

---

① 薄一波：《若干重大决策与事件的回顾》，中共中央党校出版社1993年版，第354页。

是经过几个五年计划的建设，毕竟增强了国力，是用比西方短得多的时间，基本上建立起独立的、比较完整的工业体系和国民经济体系，为中国以后的发展打下了基础，这是毛主席、周总理等老一代领导人建立的功勋，在新中国成立初期一穷二白的艰苦条件下，为后世子孙作出巨大的贡献。

十年“文革”，中国经济濒于崩溃的边缘，城乡劳动者一贫如洗。从 20 世纪 60 年代直到改革开放之初，广东有 6 万多人经宝安县偷渡逃入香港，5 万多人被收容遣返。那时逃港的民众道出了他们的心声：我们不要贫穷的社会主义！ 1977 年冬，刚刚复出的邓小平同志在听取“关于广东逃港事件”汇报时，一直脸色凝重。突然，他插了一句话：“看来是我们的政策出了问题。”

面对上述平均主义旧体制旧理论的枷锁和“厌资”“仇富”思想的束缚，1978 年 12 月，中国改革开放的总设计师邓小平在中共中央工作会议上登高一呼，他把问题提得很尖锐：“我们干革命几十年，搞社会主义建设三十多年，截至 1978 年，工人的月平均工资只有四五十元，农村的大多数地区仍处于贫困状态。这叫什么社会主义优越性？”邓小平大声疾呼，提出了“让一部分人、一部分地区先富起来”的“大政策”。他说：“在经济政策上，我认为要允许一部分地区、一部分企业、一部分工人农民，由于辛勤努力成绩大而收入先多一些，生活先好起来。一部分人生活先好起来，就必然产生极大的示范力量，影响左邻右舍，带动其他地区、其他单位的人们向他们学习。这样，就会使整个国民经济不断地波浪式地向前发展，使全国各族人民都能比较快地富裕起来。”确实振聋发聩，发人深省。这就是后来邓公反复阐释的“先富”与“共同富裕”的大理论。正是这个允许“先富起来”的大政策，为改革开放中一切致力于勤劳致富的劳动者启动了重新认识资本的钥匙，使我们走出了贫穷、短缺和匮乏。而邓公后来提出的“贫穷不是社会主义，发展太慢也不是社会主义！”正是这个“先富起来”的大政策的一个最好的诠释。

实践是检验真理的唯一标准，生活的现实终于使人们清醒地认识到，经过 30 年的计划经济，我们并没有“提前实现了社会主义”，我们仍然处于毛主席在新中国成立初期说过的那个应当容许资本主义有一个“广大的发展”的多种所有制共存的“新民主主义社会的发展阶段”。不过，人们没有沿用“新民主主义阶段”的提法，而是在 1981 年 6 月中共十一届六中全会《关于建国以来党的若干历史问题的决议》中用了一个新的提法:“我们的社会主义制度还是处于初级的阶段。”这个新提法,为以后的“以公有制为主体的前提下发展多种经济成分”留出了广阔的空间。

1979年,邓小平第一次提出“小康社会”的概念。接着,1982年,邓小平同志在党的十二大开幕词中明确提出“走自己的道路,建设有中国特色的社会主义”的历史性命题。1987年,党的十三大第一次对“建设有中国特色的社会主义理论”进行了阐述。及至1992年邓小平南方谈话和1992年党的十四大,更是全面阐述了中国特色社会主义理论的系统观点。这些都是这个“先富起来”的大政策的具体化,邓小平对中国未来的这些构想,影响了无数普通中国人的命运。

人的生活总是需要比较。十年“文革”把劳动者逼得一贫如洗,而1978年改革开放,邓小平这个“先富起来”的大政策,让广大劳动者敢于打破一切平均主义和“厌资”“仇富”旧体制旧理论的思想禁锢,由此人们才又重新认识到,任何社会的经济发展都离不开资本积累。资本与劳动一样,是经济发展的必要条件。允许人们“先富起来”,就得允许人们积累资本、驾驭资本,允许人们用最少的自有资本控制和驾驭更多的社会资本。

正因为启动了千家万户城乡劳动者重新认识资本的钥匙,这才有了1979年的家庭联产承包责任制即包产到户,这是让农村的土地从集体资本的捆绑中又还原为个人和家庭的自由资本。而1979年知青返城大潮催生了中国城市初始的个体私营经济,让城市居民在走投无路中认识到这些修车、修鞋、补锅、照相、缝衣、开小吃摊铺……正是养家活口不可缺少的原始资本。固然,这一工一农都是恢复了“小生产”。确实,正如毛主席时刻担心的“小生产是经常地、每日每时地、自发地和大批地产生着资本主义和资产阶级的”,问题是一贫如洗的千家万户的城乡劳动者,如果没有原始资本,没有这个初始的“小生产”,就不可能解决温饱,更不可能像中产阶级一样富裕起来,又何从谈论社会主义?!何从谈论把我国的社会主义经济建设搞上去!

后面,接踵而来的,是80年代允许技术入股;90年代对管理者实施股权激励,这是承认技术和管理都是资本。1990年股市开张,劳动者可以购买股票成为拥有财产性收入的“有产者”;而1998年改革“福利分房”,实现“居者有其屋”,劳动者更是第一次成为拥有不动产的有产者。2002年中共十六大提出“确立劳动、资本、技术和管理等生产要素按贡献参与分配的原则”，明确把“资本”作为一项生产要素“按贡献参与分配”；并且明确宣告，“在社会变革中出现的民营科技企业的创业人员和技术人员、受聘于外资企业的管理技术人员、个体户、私营企业主、中介组织的从业人员、自由职业人员等社会阶层，都是中国特色社会主义事业的建设者”。2007 年中共十七大更明确宣布“创造条件让更多群众拥有财产性收入”。中国共产党终于带领劳动者告别“无产者”，步入资本的殿堂，一步步地迈入了“让劳动者成为有产者”的社会。

二、习近平推进“两个一百年”实现“中国梦”

中共十八大以后不久，2012 年 12 月 24 日，国家主席、中国共产党总书记习近平同志在参观“复兴之路”展览时，第一次提出“中国梦”。何谓中国梦？习近平说，实现中华民族的伟大复兴就是中华民族近代最伟大的中国梦。而“中华民族伟大复兴的正确道路，这条道路就是中国特色社会主义”。接着，习近平把实现“中国梦”同“两个一百年”联系起来。

习近平同志说，“我坚信中国共产党成立一百周年时，全面建成小康社会的目标一定能够实现。我坚信中华人民共和国成立一百周年之时，把我国建成富强、民主、文明、和谐的社会主义现代化国家的目标一定会实现。我更坚信中华民族伟大复兴的梦想一定会实现。”

这里说得很清楚，中国梦，即中华民族伟大复兴的梦想，就是两个目标：第一个目标是 2020 年全面建成小康社会；第二个目标是在 2049 年把我国建成富强、民主、文明、和谐的社会主义现代化国家。毫无疑问，习近平的实现“中国梦”，实现中华民族的伟大复兴，就是中华民族近代最伟大的中国梦。这个梦想，凝聚和寄托了自鸦片战争以来受屈辱的几代中国人的一种夙愿，它体现了中华民族和中国人民的整体利益，它是每一个中华儿女共同的期盼。

在一个有 13 亿多人口的东方大国和发展中大国，实现伟大的中国梦，全面建成小康社会，进而实现社会主义现代化，这是迄今为止前无古人的伟大事业。

在 2013 年新年茶话会上，习近平总书记呼吁参加人民政协的各党派团体和各族各界人士要切实把思想、行动统一到中共十八大精神上来，共同致力于实现中华民族伟大复兴。习近平指出，“众人拾柴火焰高。”中共十八大对巩固和发展最广泛的爱国统一战线作出了部署，赋予人民政协更重大的责任、更光荣的使命。习近平富有诗意地表示：“东方欲晓，莫道君行早。踏遍青山人未老，风景这边独好。”

为了不断把实现“两个一百年”奋斗目标推向前进，2016 年习近平总书记在《在庆祝中国共产党成立 95 周年大会上的讲话》中强调，“坚持不忘初心、继续前进，就要统筹推进‘五位一体’总体布局，协调推进‘四个全面’战略布局，全力推进全面建成小康社会进程。”

“四个全面”的战略方针，是习近平 2014 年年底在江苏调研时，提出要“协调推进全面建成小康社会、全面深化改革、全面推进依法治国、全面从严治党”。

“五位一体”的总体布局，是习近平任十八大报告起草小组组长时，提出的“经济建设、政治建设、文化建设、社会建设、生态文明建设五位一体总体布局”。相对于十七大报告，这次报告创造性地提出了“五位一体”，增加了“生态文明建设”，丰富了“现代化”的理论体系。改革开放三十多年，国家发展偏好在经济、政治、文化和社会层面，对生态文明的关注不够。这有国情因素，也有发展阶段因素，但作为一个地方治理经验丰富的领导人，习近平深知人们的幸福感与生态环境的关联性越来越高。如果没有清洁的空气、干净的水，即使国家发展起来了，老百姓也会抱怨。一个醒目的现象是，人们对生态环境破坏更加难以容忍，对环境质量的要求越来越高。提出“五位一体”，可谓敬畏民意，顺应民心，顺应现代国家的发展趋势。

习近平十八大报告还明确提出“坚持独立自主，就要坚定不移走中国特色社会主义道路，既不走封闭僵化的老路，也不走改旗易帜的邪路。我们要增强政治定力，增强道路自信、理论自信、制度自信。我们要根据形势任务发展变化，通过全面深化改革，不断拓展中国特色社会主义道路，不断丰富中国特色社会主义理论体系，不断完善中国特色社会主义制度”。

此外，习近平还在 2014 年“两会”期间参加安徽代表团审议时提出，领导干部“既严以修身、严以用权、严以律己，又谋事要实、创业要实、做人要实”。突出三“严”三“实”，贯穿了习近平三十多年的从政生涯。习近平是中共历史上罕见的一阶一阶晋升的政治领导人，在十七大时就开始分管党建工作，深知地方治理需务实为重，治党要严字当头。反观这些年在反腐中落马的官员，几乎无一不是在“三严三实”上疏忽大意，以致锒铛入狱，追悔莫及。

行胜于言。在习近平总书记关于经济发展的新思想新论述引领下，2016 年年初，中国出台了国民经济和社会发展第十三个五年规划纲要，围绕全面建成小康社会奋斗目标，针对发展不平衡、不协调、不可持续等突出问题，强调要牢固树立和坚决贯彻创新、协调、绿色、开放、共享的发展理念。说到底，我们第十三个五年规划的精髓，就是这五大发展理念。

中国社会主义革命和建设是一个光辉的历程。1949 年全国解放，毛主席一声中国人民站起来了，率领全国人民建立新中国，经过 29 年的艰苦奋斗，初步建立起独立的、比较完整的工业体系和国民经济体系。1978 年十一届三中全会宣布改革开放，邓小平同志提出了“先富起来”的大政策，接着向社会主义市场经济转轨，这三十多年的改革开放，中国实现了超常增长，国民经济上了一个新台阶，2010 年中国超过日本成为世界第二大经济体。2010 年以来，中国又面临新的历史转折点，以习近平同志为核心的党中央率领全党和全国人民，向全世界宣布，中国要在 2020 年“实现全面建成小康社会”的目标，并在未来 40 年即建国 100 周年时，“把我国建成富强、民主、文明、和谐的社会主义现代化国家”，彻底“实现中华民族的伟大复兴的中国梦”。这对于全党和全国人民来说，确实面临前所未有的严峻挑战。

三、重新认识资本与拨乱反正

新中国成立以来，对资本的认识有一个较长的扭曲过程。大体上，有 20 多年近 30 年取消商业信用，有 40 多年不允许计算复利、不允许资本流通和产权流动，有 40 多年讳言资本，把资本改称为资金、基金，有 50 多年不允许开放企业票据，等等，严重的时候甚至对僵化的理念近乎迷信，乃至导致了一个时期经济生活的扭曲、失衡和倒退。

中国从讳言资本到重新认识资本，经历了 40 多年近 50 年即大约半个世纪的摸索，这是一个拨乱反正的过程。由此在社会主义市场经济的实践中，由重新认识资本进而因势利导地驾驭资本，使得在讳言资本的状态下闭塞了四十多年的中国人民一旦觉醒便奋起直追，因而在改革开放后的二三十年内走了资本主义国家需要经历几百年的路，成为撬动中国崛起的一个杠杆，取得了四两拨千斤的奇效。这个驾驭资本，是中国共产党和中国人民在社会主义市场经济的曲折实践中，无师自通而又百折不挠地摸索得来的神来之笔，是一条重要经验。

改革开放后出生的青年人很难想象，计划经济的 30 年为什么会荒谬到讳言资本？其实，不仅是讳言资本，而且是反对资本，否认社会主义的资本存在，否定商业信用和否定流通！

回顾中国从讳言资本到重新认识资本的历程：

（一）中国计划经济的讳言资本，在理论上是一种难以自圆其说的无奈。

马克思说过，"资产阶级社会的症结正是在于，对生产自始就不存在有意识的社会调节。合理的东西和自然必需的东西都只是作为盲目起作用的平均数而实现"（写给路·库格曼的信）。由此，马克思主义革命者认定，社会主义一旦实现生产资料公有制，应当一反资本主义之道，善于根据合理的东西和自然必需的东西进行有意识的社会调节。因此，列宁在《国家与革命》中设想，"一旦无产阶级掌握了政权，国家要把整个社会视同一个工厂、一个管理处一样，施行其管理"。

问题是，尽管社会主义国家通过国家投资兴办了全社会各个部门大大小小的国有企业，开启了国有经济的新时代，但是在计划经济的理论框架里，企业不是独立的商品生产者，只是从属于国有部门的一个按国家计划指令从事产品生产的生产单位，事实上计划经济并不顺利。

首先，计划经济并不是像社会主义理论常说的有计划按比例发展的。斯大林就说过："国民经济有计划发展的法则，是作为资本主义制度下竞争和生产无政府状态的法则的对立物而产生的。它是在生产资料公有化的基础上产生的。"因而国家计委想当然地对社会主义的国家投资在行业、部门、地区间创造了一个所谓"基数法"、"水平法"来进行分配，以为在经济增长中，各行业的生产和投资都是等比例增长的。这是不对的。我在 1989 年就做过研究并得出结论："各个产业的投资再生产，从来不是等比例发展的。这也是投资运动的一个规律。"而且，我发现马克思从来就认为各个产业的投资再生产并不是等比例发展的。马克思指出过，机器制造业和使用机器的工业，在再生产中有其必然的联系，但其作用却是显著地不相同。因而"**即使在这个生产领域**（指机器制造业——笔者）**中投入的资本只**

是进行再生产，其他生产领域就必须不断进行积累。另一方面，只是由于机器制造业进行简单再生产，其他生产领域的不断积累才能不断在市场上现成地找到自己的要素之一”①。

我在1989年曾经举例分析，电站设备的生产厂与使用电站设备的电站之间的投资就不可能是“等比例”地发展的。假定一个动力设备厂的生产能力是年产4台10万千瓦装机容量的电站设备，设备的使用寿命(即更新期)为10年；又假定社会一年需要40万千瓦、4台10万千瓦的电站已能满足全社会的电力需要；那么，即使这个电站设备厂每年只是简单再生产，它所提供的4台10万千瓦电站设备也会迫使社会每年增加40万千瓦扩建电站投资。也就是说，在第一个40万千瓦电站的寿命尚未终结还不需要更新之前的10年之内，全社会就须增加400万千瓦扩建电站的投资，否则就不能保证这座动力设备厂的简单再生产，更不用说“等比例”地扩大再生产了。这个例子说明，机械工业即使只进行简单再生产，也会经常出现机器产品的生产过剩；而如果盲目地把剩余价值直接转化为资本，那就是直接制造危机了②。

其次，国家计委怎么可能闭门造车地筹划上千万成亿种的原材料调拨以及产品的生产与分配，这简直是一个非常荒谬离奇的天才的幻想，然而它却得到斯大林、毛泽东和一整个时代的共产党领导人及其追随者(其中也包括笔者在内)六十多年的非常认真的荒唐实践。

第三，国家计委怎么去克服自身的知识缺陷和偏见，而能保证经济运行的正确和万无一失？比如，20世纪70年代国家计委就一度把汽车作为高耗能产品而限制其发展。

尽管如此，计划经济的最大长处是能够集中全国的财力物力来发展经济。有资料说，“一战”前的1913年，俄罗斯的国民生产总值仅相当于当时美国的6.8%，人均国民收入只有英国的1/6，不到法国的1/4。1928—1937年，由于优先发展重工业，苏联在10年内走完了西欧资本主义国家用了100年才走完的工业化道路，一跃而成为欧洲第一工业国，并据此抗击德国法西斯的侵略，取得第二次世界

---

① 马克思:《剩余价值理论》(第二册)，人民出版社1976年版，第549页。黑体字是原有的。

② 参见拙作《论固定资产投资的运动规律》，《吉林投资》1989年第4期。

大战的胜利。苏联在战后继续发展，终于成为能与美国抗衡的“超级大国”。1985年戈尔巴乔夫上台当年，苏联国民生产总值已相当于美国的 80%，成为有史以来最大的经济奇迹。所以，从人类历史来说，计划经济毕竟是国家管理宏观经济的一次伟大试验。

（二）计划经济在讳言资本、否定商业信用和否定流通方面，有许多难以自圆其说的困惑。

一是混淆资本和资金的概念，不去区分自有资本和借入资金，否认社会主义的资本存在。计划经济的僵化理论认为社会主义不存在剥削，当然也不存在剥削剩余劳动的资本。所以把企业的资本称作法定基金，或者固定基金和流动基金，它对应于国家对企业的基本建设投资拨款和铺底流动资金的拨款。这些基金，是社会用于发展生产流通的必需的生产资料，以此区别于资本家用于剥削的资本。在财务会计的表述上，把企业的资本一律称作资金，又不去区分自有资本和借入资金，以为这样才符合社会主义的原则。“文化大革命”期间讳言资产和负债，把资产负债表改称财务报表，资产负债改称收方和付方。由此导致了新中国成立后四十多年在资本和资金问题认识上的简单化，其结果，计划经济时代的 30 年，因为讳言资本，企业和财金官员只强调“保证资金的完整无缺”，讳言增殖；又因为否定资本，不去区分自有资本和借入资金，计划经济的 30 年，导致地方政府和企事业单位的投资饥渴，预算拨款过度，财政负担过重。改革开放后十多年，又只谈负债经营，不谈自有资本，导致债本错位，酿成了企业的全面过度负债。

二是排斥商品交换，否定流通，否定商业信用，一切信用集中于银行。列宁就设想，“国家要把整个社会视同一个工厂、一个管理处一样，施行其管理”。因而否认企业的独立性，认为企业只是国有部门下属的一个按国家计划指令从事产品生产的生产单位，不是独立的商品生产者。企业需要的劳动力，由国家分配；生产经营需要的原材料或零部件，以及生产的产品，一律按国家计划调拨；国家财政对企业的一切收支，实行收支两条线的集中管理：企业的利润以及提存的折旧基金一律上缴财政，需要的基本建设投资、铺底流动资金（指新建企业投入生产时所需的第一套工具、卡具、模具和备品备件以及一部分低值易耗品等的购置费用）和固定资产更新改造资金，一律上报计划，由财政拨款。正因为这样，计划经济的僵化理论否定商品交换和商品流通。认为全民所有制生产的产品包括生产资料和消费资料，都只是按国家计划生产和分配的产品，像斯大林说的，已经“失去商品属性，不再是商品，并且脱出了价值规律发生作用的范围，仅仅保持商品的外壳”①；认为只是在两种公有制之间以及对外贸易领域，才存在着商品和商品交换。由此，计划经济只允许有限的流通，平时只有消费资料即消费品作为商品可以流通。生产资料不是商品而是产品，只能有计划地调拨，不存在计划之外的流通。技术由国家垄断，当然不需要流通；劳动力受城乡阻隔，不能自由流动。资金，是只有上级部门对下属企事业单位的拨款和企事业单位对上级部门(包括财税部门)的缴款，不存在横向之间的流通。至于投资，即资本的配置，更是只能受计划调节，不存在也不允许流通。

同时，计划经济的理论否定商业信用。因为马克思说过“商业信用是资本家相互给予的信用”，既然社会主义不存在资本家，当然也不存在资本家相互给予的商业信用。何况斯大林认为，在全民所有制经济内部，只有产品，没有商品，当然也不存在商业信用。所以计划经济的 30 年取消一切赊销和预付，倡导“银货两清”的原则，一切信用集中于银行，以银行信用取代商业信用。企业之间、部门之间不允许有横向经济往来。以为这样就可以取消一切“迂回曲折的计算”，进入斯大林的“产品经济”。但是过早地否定信用，也就否定了经济中必然存在的合理的赊销和预付，以及票据和清算，导致信用经济上的倒退，并导致经济生活中出现了严重的“三角债”。

三是认为社会长期占用的资金，只能动用新增国民收入即财政收入；银行信贷只能用于短期用途，不能用于基本建设一类的长期性投资。因而规定社会长期占用的固定资产投资，只能动用财政拨款，不能使用银行贷款。由此，“长短期资金划清界限、财政银行分口管理”成为金科玉律，并塑造了一个企业依赖财政、负债率只有 20%、30 年难以自拔的“大财政、小银行”的畸形格局。

四是不允许产权流动，认为商品转让和流动只能是两种所有制之间的事情，允许国有产权的流动，岂非必然要导致私有化和国有资产的流失？不懂得资产只

① 斯大林：《苏联社会主义经济问题》，人民出版社 1961 年版，第 6 页。

有流动和利用才能创造价值，不流动即呆滞是创造不了价值的。由于产权不流动，企业只能生，不能死；只有开张，没有倒闭；优不能胜，劣不能汰；只有增量调节，没有存量调节，就造成了巨额资产存量的凝固化即呆滞，优势企业不能兼并扩张，劣势企业不能破产重组（《企业破产法》于 1986 年 12 月公布试行）。所以说“产权不流动”的观点违背了常识，它在本质上是对社会主义市场经济体制的一种反动。

这一期间，企业无缘驾驭资本。只有中央政府能够驾驭资本，由于讳言资本，只称为集中使用资金。诸如“一五”时期以 156 个重大项目的建设为中心；60 年代调整时期强调先安排好简单再生产，然后安排扩大再生产；“二五”时期工业企业试办托拉斯；1972 年周总理主导的“四三”引进方案；1956 年和 1978 年陈云同志两次强调“国力论”，等等，其实都是卓有成效地驾驭资本，但当时只称作集中使用财力和物力，并把它概括为集中力量打歼灭战的战略。

（三）改革开放后的三十多年，回归市场经济，思想大解放，从承认资本到学会驾驭资本。

1978 年的改革开放，解放思想，经历了从商品经济到市场经济的摸索，从重新认识资本到学习驾驭资本。这实际上是对违反客观经济运动规律的逆反，把被颠倒了的事物重新颠倒过来。

一是 1979 年“拨款改贷款”试点，银行突破了不能利用存款发放固定资产贷款的禁锢，逐渐掀起了存款大战和贷款方面“四龙喷水”的竞争。企业也从无偿使用拨款转到贷款的有偿使用和还本付息，开始承认利息是资金的价格，懂得要以银行的利率作为机会成本来实现更多的盈利。地方政府也在计划之外尝到了从银行贷款方面取得扩大投资规模的甜头。从此，政府走出了持续 30 年的“大财政、小银行”，转到“建设靠银行”。企业和财金官员也从只讲“保证资金的完整无缺”，转向追求“资本的保值增殖”。但是真理走过了一步，变成了荒谬。“拨改贷”的债本错位也给国有企业留下全面过度负债的后遗症，为后来的国有企业改革留下了一个极大的难题。

二是 1979 年开放了商业信用，提倡部门间、地区间的横向经济往来。后来开放了企业的银行承兑汇票，却又不允许企业签发商业本票。那时有个僵化理论，认为票据等同于货币，只有中央银行才能发行货币，企业之间不允许发行商业本票。连食堂的饭票都要印上“不许流通”。

三是长期来把复利看成剥削阶级对劳动人民“驴打滚”的重利盘剥，规定银行对存贷款只计算单利，不计算复利；学校教育也不教复利。复利几乎成了“罪恶”的同义语。1978 年改革开放，人民银行不敢解除思想桎梏，犹豫了 10 年，直到 1990 年才规定“金融机构给企业的流动资金贷款和技术改造贷款，按季结息，可以计收复利”。不计复利，你怎么去追求利润最大化？

20 世纪 80 年代，逐步开放了各种市场。1980 年开放了外汇调剂市场。1984 年开始试办同业拆借业务；在 1986 年的广州金融体制改革工作会议上，又正式开放和发展同业拆借市场。银行虽然不计算复利，却逐渐懂得了“折现”和“套现”、“升水”和“贴水”。这些，都为利率市场作了铺垫。

四是在 40 年讳言资本之后，重新确立资本的法律地位。1992 年财政部颁发《企业财务通则》和《企业会计准则》，确认了区分自有资本和借入资本的管理原则，继而是 1993—1996 年在投资体制改革方面酝酿建立资本金制度；1996 年国务院决定，对固定资产投资项目试行资本金制度。

五是债券股票市场突围。改革开放后，先是恢复发行国库券，但最初的 10 年，不允许国库券转让和流通。财金当局有个保守认识，以为居民购买国库券就是以资金支持国家建设的一种承诺，如果又要转让，岂非对“支持国家建设”的背信？如果允许流通，岂非“一女二嫁”？由于国库券不许转让和流通，新债发行任务很难完成，又引发了民间的私下贬值转让和投机。一直到 1988 年才开放了国库券流通的试点，这才认识到证券市场具有价值发现的功能。

与此同时，企业自发的债券集资，到 1986 年底累计约 100 亿元。1987 年 3 月《企业债券管理暂行条例》颁布，到 1988 年末，各种证券累计已从上年的 645 亿元增加到 1100 亿元左右。国家计委批准的全国发行债券的规模，1991 年、1992 年分别为 250 亿元和 350 亿元，实际大大超过。

后来，企业合股投资兴建项目屡有发生，各地自发地搞了许多股份制试验，国家也出台了试行合资建设的办法。1980 年烟台电厂试行股份制集资，1985—1987 年，深圳宝安县联合投资公司（即后来的“深宝安”）、北京天桥商场、上海飞乐音响公司（“飞乐音响”）和深圳发展银行都先后发行了股票，开始了股份制的试验。一些地方中小国有企业也发行股票，进行股份制试点。

为了应对直接融资需求的增长，1988 年中南海召开了证券市场问题汇报会，后来九家非银行金融机构发起成立了现在通称为“联办”的中国证券市场设计研究中心。1990 年 5 月，朱镕基主政上海时，召开了证券国际研讨会，1990 年上海和深圳开放股票市场试点，从此债券和股票都有了正式流通市场。这时的沪深股市是小企业当道，不少大企业如中信和首钢为追求扩张外汇资本到香港借壳上市，也由此突出了从资本市场“圈钱”即“资本化”的开发资本的新机制。

这一时期，企业债券有两大扭曲。一是 1997 年中央银行为了防范银行资金违规进入股市，责令银行另辟银行间债券交易市场，直到 2010 年银行才又重新获准进入交易所债市，这当中有 14 年的债市分割。二是企业债券要由发改委审批，《票据法》又不许企业发行本票。直到 2005 年，央行允许企业发行“短券”和“中票”，才绕开了这两大障碍，给债券市场增添了活力。

六是企业产权转让的曲折。长期以来国有企业的产权一直不许转让和流动，陷入了国有企业只能开张、不能倒闭的困境。1990 年，我到美国、加拿大考察投资银行和企业兼并，回国后力推企业兼并和优化资源配置，直到 1992 年向市场经济转轨，仍然迟迟不能开展。1995 年，“九五”计划和 2010 年远景目标确立了存量资产流动与重组的方针，仍然遭到僵化思想的阻挠。直到 1997 年中共十五大“组建跨行业、跨地区、跨所有制和跨国”的“大型企业集团”，才解除了禁锢。

七是 1998 年全面推行“债转股”，不但解除了企业的过度负债，而且化腐朽为神奇，给本来是背负 4600 亿元过度负债的国有企业，一下子变债为本，增加了 4600 亿元的承债能力，由此优化了企业资本结构，增加了 4000 多亿元的银行贷款需求，成为缓解通货紧缩的生力军。

八是经历了 15 年国有股和流通股股权分置的无奈。股市试点初期，僵化的理论担心国有股流通会造成国有资产流失，因而才想出这个国有股存量资本暂时不许流通、只允许以增量资本发行股票和流通的“缓兵之计”，想用“国有股和流通股股权分置”换取股市的试点，这是改革初期面对阻力的一种无奈。没有想到这一缓就是 15 年，直到 2005 年 4 月股权分置改革，才有了一个全流通的市场。

而这15年内不许流通的国有股“存量”只能以低价协议转让造成了国有资产的真正损失，而且助长了15年股市的不公平运作。应该说，这也是为改革付出的一种代价。

九是1995年的“327国债期货风波”给金融界造成了巨大的伤痛，“一朝被蛇咬，十年怕井绳”，由此长期不敢开放金融期货。但是正如莫顿说的“不做期货是最大的冒险”。而金融期货提供了新的管理汇率、利率和股票投资风险的手段。中国股市自1990年开放以来，过去多少年人们说的“单边市”、“牛短熊长”等，正因为没有金融期货这样的衍生工具，实际上是鼓励所有要想获利的投资者一个劲儿地把市场推高，任随风险在敞口。直到2010年4月推出股指期货之后，有了金融期货，可以锁定风险，形成制衡力量，相对来说就有了比较可以驾驭市场经济的能力。

十是改革开放后，体制外的驾驭资本有一个杰作，就是“绕规模贷款”。1989年治理整顿中，300多家信托投资公司用短期拆借资金来支持长期投资，是这种绕规模贷款的一个雏形。1993年朱镕基加强金融宏观调控、制止乱集资以后，在江苏、浙江一些市场经济和非国有经济比较发达、金融意识又较浓的城市，银行靠非国有经济和市场增加的存款较多，地方的民营企业贷款需求旺盛，而上面给的贷款限额规模较紧。这时，一些存差大的银行，通常是在地方政府支持下，把资金拆借给县市财政部门的附属公司，再由它们委托银行发放贷款给企业。或者由存款客户同银行和贷款客户签订一个三方委托协议。银行的杰作，就是以假拆借、假委托、假规模、假贷款等办法，绕过贷款限额规模发放贷款，变相地支持了地方经济和民营经济的发展。

此外，新旧世纪之交，在中央银行严禁信贷资金违规流入股市和严禁非法集资的禁令之下，民间的私募基金打着“代人理财”的口号，一下子冒出了几千家公司，聚集了几千亿资金，夏斌估计有7000亿元，王国刚估计有8000—9000亿元，成为体制外驾驭资本上打“擦边球”的一个创举。

上述种种，要在资本问题上，把被颠倒了的事物重新颠倒过来，确实并非一蹴即就。但是，正因为有了这个重新颠倒，我们在驾驭资本方面才能有一个正确的起点。而且正因为计划经济时代有30年对讳言资本的抑制，改革开放后重新认识了资本，这才有了这三十多年政府、企业一齐忙于引进资本和扩张资本的驾驭资本的活动，推动了这三十多年中国经济的超常增长。

四、驾驭资本是任何社会都要面对的问题

驾驭资本，并不神秘。它事实上是任何社会都要面对的问题。效率与扩张，是产业资本的特性，也就构成了对驾驭资本的基本要求。

微观上，企业对驾驭资本的要求，大体上包括资本的配置、筹措、使用、集中和流通五个方面。驾驭资本的目的，就是要使资本的配置更合理、更优化，使资本的筹集更便捷、更低廉，使资本的使用更充分、更有效率，使资本存量的流动更快、更好，使资本集中的规模更具有垄断性和竞争力。而且资本的扩张永无止境，它追求用最少的资本发挥最大的效益，乃至要用最少的自有资本控制更多的社会资本。由此，又借助于信用，发展到间接金融和直接金融，进而发展到资产重组和企业兼并，并借助"资本化"进行资本运营，把具有未来收入的资产在资本市场上"开发"资本。1990 年，中国开放了股票市场。当然，资本市场并不能"点石成金"，但它的确具有了一种"资本化"，即从市场上"开发资本"的机制，为企业在微观上驾驭更多的社会资本提供了机会。1997 年中共十五大确认社会主义企业要"以资本为纽带"、"放大资本的作用"以及"提高企业和资本的运作效率"，这是中国共产党第一次对驾驭资本和资本运营正式提出了要求。

企业驾驭资本的一个重要内容是融资。企业融资，应当区分资本性融资和短期借入资本的融资。关键是如何从社会资本聚集更多的企业自有资本。资本性融资，离不开资本市场。银行的间接金融是聚集一切分散闲置的间歇资金，集中贷放给需要资本的企业，是偏重于短期借入资本的融资；相对来说，资本市场的直接金融，更适合于资本性融资。因为，资本市场具有两个特点：一是能使各种零星分散的资金转化为巨额集中的资金；二是它通过不同投资者在各种长期证券上的不断转手，能够把短期资金转化为长期资金。但是，资本市场的更加突出的功能，是使一切投资者可以按照钱能生钱、风险和收益相对应的原则，拥有一个获得财产性收入的场所。正是这一点，成为资本市场发展的动力。事实上，企业微观上的驾驭资本，都是围绕着如何运用更多的社会资本，如何让资本在实体经济的运

营中获得更多的增殖，从而为投资者提供更多的财产性收入。

在宏观上，社会对驾驭资本的要求是优化资源配置。社会必须通过市场建立一种能够有效地积累资本、集中资本和合理地重组资本的机制，从而把社会上的一切资本(包括闲置资金和间歇资金)运用得更加充分和更加有效率。随着实体经济融资服务需求的扩大，社会需要创造条件，形成一个既包括银行、信托、证券和保险在内的金融业，也包括资金市场、债券市场、股票市场、期货市场、各种衍生金融商品市场在内的金融市场，还包括股票场外交易、地方性中小企业股权交易市场、二板市场等多层次的资本市场，由此发展成一个完整的金融体系，以便为实体经济的资本性融资提供各种品类齐全、功能各异的交易场所和金融服务。正是因为资本市场的发展，就在实体经济之外发展出一个庞大的虚拟经济，这是一国经济金融发展成熟到一定阶段的必然趋势。从全社会来说，也必须通过虚拟经济的发展，才能在产业布局、基础设施建设、医疗教育等公共事业方面，推动资源配置的优化，更好地促进实体经济的发展。

资本具有逐利的本性。一方面，要针对资本的贪婪，限制其有可能侵害居民和工人权益的负面作用。政府可以规定工人的最低工资，规定工人有自主成立工会的权利。所以计划经济时代才对私有资本要进行限制、利用和改造。这既是为了更好地维护劳动者的权益，也是为建立一种更加和谐的劳资关系，创造更好的社会经济环境。另一方面，政府要对经济金融和市场实行监管，既是对资本追逐利润的盲目性进行适当的引导，实际上也是起一种保护投资者的作用。

最后要说明，通常我们说的驾驭资本，是指在经济领域(包括实体经济和虚拟经济)以直接或间接的方法对资本的引导、调节、掌控、运营、驾驭，既包括实体经济里对资本的驾驭和引导，也包括资本市场上企业的资本运营。关于资本运营，在第六章将有专门评述。

五、小康时期在宏观上的驾驭资本必须告别“穷管”

2000 年我国进入小康。还在 1988 年 9 月邓小平同志就告诫我们：“过去我们是穷管，现在不同了，是走向小康社会的宏观管理，不能再搬用过去困难时期那些方法了。”话不多，非常精辟。

小康时代的宏观管理，其实涵盖投资和分配两个方面。关于投资，我在《资本是个好东西》一书已经有过论述，主要是在短缺时期，必须致力于控制投资，力求使投资规模同温饱时期短缺的国力相适应；而在小康时期，居民有旺盛的消费结构升级的需求，则应告别“穷管”，使投资规模同已经增长了的国力相适应。现在要着重谈谈分配和消费领域更新观念、告别穷管的问题。

新中国成立以来，我们适应短缺时期的生产水平和消费水平，实行一种低工资加部分福利供给制，在 1958 年以后还有过 20 年的冻结工资水平，这既是因循于计划经济的一种低标准加平均主义，即属于“穷管”的分配制度，也是为了压缩消费以增加积累。1978 年改革开放后，经济水平逐年提高。80 年代初，经济理论界开展了一次生产目的性的讨论，开始认识并着手纠正片面强调发展重工业和所谓“变消费性城市为生产性城市”的错误，提出一系列措施，要求压积累，上消费。

在 80 年代上半期，政府先后 5 次为企业、事业单位职工增加了工资，对企业恢复了奖金和计件工资制度。少数企业还试行浮动工资、自费浮动升级等办法，但总体上低工资的态势变化不大。以 1985 年为例，大体上，一年的实际消费支出在 3000 亿元。由工资加其他货币收入总额即通常所谓的“消费基金”支付的，在 1500—1800 亿元，仅为消费需求的 50％—60％；其余 40％—50％，则是由住房、医疗、文化教育等投资以福利供给制方式实现的。这一低工资加部分福利供给制的分配方式，仍然是因循于短缺时期“穷管”的政策思路：工资部分是“三个人的饭五个人吃”的低工资，福利供给制部分，更是低标准加平均主义的按“需”供给，如住房是按家庭人口分配。只有奖金津贴等货币收入，稍许体现了市场经济“按劳分配”的影子。但是，在 1982 年和 1984 年，由于工资奖金增长过快，造成了通货膨胀压力，又出现了两次投资规模膨胀。当时经济界议论最多的一个话题，是科尔内的投资饥渴和消费饥渴。人们认为中国的投资规模膨胀即投资饥渴症，是根源于软预算约束和优先发展重工业的路线。而在“六五”计划（1981—1985 年）时期的压积累上消费之后，又出现了非生产性建设投资膨胀：非生产性建设投资占总投资的比重达到 42％，比起 1952—1980 年 28 年的平均水平 21％提高一倍。这显然不能完全从投资饥渴症来解释。

1988 年，我对分配方式和总需求膨胀专门做了一次研究。我发现低工资供给制，具有一种既刺激工资奖金等消费基金和消费需求膨胀、又刺激非生产性投资膨胀的特殊扩张机制，是用巨额投资谋求提高各种供给待遇以转化为消费。社会上流行一句话：新厂长上任有两个刚性指标，奖金不得少于前任，住宅建设面积不得低于前任。正是这种双重扩张机制的真实写照。尤其是企业放权让利以后，一些包干结余富裕的企事业单位就从住房和集体福利设施上大开口子，以“弹性福利”来对付“刚性工资”，由此助长了“六五”期间的投资膨胀尤其是非生产性投资膨胀。这实际上反映出市场竞争形势下的企业和职工对于低工资加部分福利供给制分配方式的不满、抵制、突破的尝试。由此，增加工资，增加供给，增加补贴，增加投资，形成了低工资供给制分配方式特有的扩张机制的“四重奏”。结果既扩张了消费基金，又扩张了投资。随着 1992 年向市场经济全面转轨和整个社会走向小康，这种低工资加部分福利供给制的分配方式就显得同整个经济形势越来越格格不入。

因此，在整个社会走向小康，在职工收入分配制度和消费供给制度方面，也有一个如何更新观念告别穷管的配套改革问题。如何适时地改革这种低工资加部分福利供给制的分配方式，既需要考虑国力，更需要考虑企业的财力，还要考虑改革的时机。最早，中央全会和人大会议寄望于汽车的消费，连续在“七五”、“八五”以及“九五”规划和 2010 年发展目标纲要中，都把汽车列为支柱产业。但是，消费能力达不到，就是成不了支柱产业。1998 年人们议论最多的，就是住房能不能成为支柱产业。问题在于，1998 年以前，住房是职工福利。“住房等分配”，职工从来不需要贷款买房，也不敢想象会把住房变为个人财富，而国家却背负着永远还不清的对职工住房欠账的沉重包袱。事实上，中国 1978 年就在西安进行住房改革试点，想把住房卖给个人；1980 年建设银行就尝试住房贷款的试点，一直都未能推开，原因就是有福利分房使住房不能变成商品。

怎么把整个棋局搞活？1997 年 11 月，中国酝酿启动内需缓解通缩。学术界认为，应该把住宅当作启动内需的支柱产业来发展。当时朱镕基到深圳调研，想听听万科董事长王石的看法。王石的回答出乎朱镕基的意料：“我不认为 2—3 年内住宅行业能成为国民经济的支柱产业。”理由是住宅中的商品房比例只占 30％多，60％以上是福利房，这是房地产业发展的一个障碍。1998 年朱镕基下决心改革福利分房制度，停止了住房分配，把现有公房出售给职工，同时让“房改房”上市交易。从此启动了职工购房需求，推动了住房按揭贷款，中国终于结束了近50年的福利分房制度，实现了个人家庭住房的市场化，中国劳动者终于第一次拥有了住房不动产而成为有产者。

事实上，低工资加供给制的分配时期，职工的工资成本并不真实。许多福利供给的支出，包括医疗支出、住房支出以及养老支出，都没有在工资中反映，而是反映在企业其他成本里；直到90年代中期，随着福利分房和住房货币化的改革，相机进行了工资、医疗、教育等体制的配套改革，并推行医疗保险、养老保险等方面的改革，工资成本才进一步真实化。

但是，正因为在分配制度和消费制度领域有了不同于过去困难时期穷管的宏观管理的改革，却把原来被低工资加部分福利供给制束缚住了的职工个人投资和消费的多方面需求一下子都激发、释放了出来，不但把原来计划经济体制下那种由企事业单位集团消费的以低标准开支的，职工对于医疗、教育、住房等的支出导向了个人消费，并且突破了低标准，出现了多方面的消费需求，而且把住房、医疗、教育等原来由企事业单位的投资导向了民间投资和个人投资（如住房），还要考虑从多方面吸引社会投资和消费。由此，既启动了超出原来想象的消费规模，也启动了超出原来想象的巨大的投资规模，这确实是小康时期驾驭资本的一个突出成就。

六、中国的强势政府推动市场经济的发展

中国的超常增长，难以回避的是一个政府与市场的关系问题。

西方市场经济发达的国家是“小政府”。形象一点说，西方国家是“加法”，先是任由市场经济的自发发展和竞争，直到市场失灵了，才“加”进了政府干预。西方是先有市，后乃有城。政府“只能管理、不应参与经济”，政府也画地为牢，不敢越雷池一步。所以西方通常以“弥补市场失灵”来界定政府的作用。

中国的情况不同。共产党早期的经济政策一直是全能政府统管一切，而且是否定商品、否定市场的。中国计划经济的30年是以苏联为师，是从列宁的把整个社会视同一个工厂、一个管理处一样施行其管理；到斯大林的“国民经济有计划按

比例发展”的产品经济、取消市场、不承认国有企业是独立的商品生产者；后来是陈云同志容许某种程度的市场，即“大计划、小自由”；到改革开放初期，则称之为有计划的商品经济，即“计划经济为主、市场调节为辅”。直到1992年邓小平南行，计划经济不等于社会主义，市场经济不等于资本主义，计划与市场都是调节手段；然后才有中共十四大确立社会主义市场经济的目标。这二十多年的向市场经济转轨，中国在列强环伺下，从容应对加入WTO以后国际竞争的严峻挑战，成功地运用强势政府，集中国家财力发展了最重要的国民经济领域和创新型国家建设领域；又通过股份制改造，力推产权多元化和公司上市，改革和发展了国有经济；抓大放小，从无到有地扶植非公有制经济；成功地掌控城市资本驾驭外来资本发展城市经济，都是强势政府驾驭资本推动市场发挥了优化资源配置的作用。

相对于西方国家，中国在改革开放以后，在政府与市场的关系上是“减法”，是计划经济的全能政府不断给市场“让”地盘。1992年提出“社会主义市场经济”，这才放开市场，让企业成为真正独立的商品生产者，并不断给非公有经济让出阵地，政退才有市（场）进。所以，尽管我们说是强势政府，相对于计划经济的全能政府，政府的势头事实上一直在大幅度减弱。这就是这一时期所谓“中国特色的社会主义市场经济”的特色，既不同于西方国家“小政府＋大市场”的经典的市场经济模式，也不同于那种强调自由化、私有化和市场化的新自由主义的市场经济，更不同于后来兴起的极力主张贸易金融投资自由化和国家干预最小化的“华盛顿共识”的市场经济。对应于西方国家市场经济的“小政府”，相对来说，中国则是强势政府，而且是挑战了西方市场经济的传统，是以强势政府强力推动了社会主义市场经济的发展。

中国特色的社会主义市场经济，完全不同于西方国家那种常规的政府加市场的两层结构。所谓中国特色，是三层结构，是在中央政府（调控主体）和企业（发展主体）之外，多了一个在行为上都已经公司化了的竞争性的地方政府。其实，中国经济超常增长的奇迹，很大部分正是出自这个“三层结构”，特别是这个竞争性的“公司化”了的地方政府驾驭城市资本引导产业资本发展城市经济的创造。史正富教授分析中国超常增长的时候，把这个三层结构，用理论的语言称为“三维市场经济”，认为是“由此产生了一个此前在经济学和西方市场经济中从来没有出现过的内容”。但是我仍然愿意称之为三层结构，似乎更直朴一些。对此，我们在第三章还要详细评述。

中国的强势政府强在什么地方？中国的中央政府肩负着领导全国人民实现全面小康的战略使命，明确认为市场不是万能的。政府必须通过宏观调控对于市场的资源配置，发挥一种创造条件、指引方向、民主监管、调节供求、保护竞争的重要作用。中国的地方政府也与西方国家不同，具有竞争性。这是朱镕基的创造，他在1994年的分税制改革中，塑造了一个鼓励地方政府发展经济扩大税源来实现增收的机制。由此，中国的地方政府具有双重性。一方面，它是政府，是中央政府管辖之下的政权层级的机构，受上级政府任命和领导；它同西方的地方政府一样，要处理许多公共事务，为解决就业改善民生服务。另一方面，它是像邵宁说的“已经公司化了”，但它又不是自己当老板，它是掌控城市资本驾驭外来资本，要千方百计吸引外来资本发展经济扩大税源来实现增收：“不求所有、但求所在”。这个竞争性的“公司化”了的地方政府，较之西方国家无为而治的地方政府，更是在布局经济、吸引外资、推动市场发展等方面起着一种能动的活跃的作用，成为中国经济超常增长的主导因素。中国的强势政府在中国特色社会主义市场经济上创造的奇迹，实际上是由中央政府、竞争性的企业和竞争性的“公司化”了的地方政府这三者交互作用的结果。

中国的强势政府，把抓经济建设作为政府的一项基本职能。首先是中共十一届三中全会提出将工作重点全面转移到经济建设上来为开端，接着在1992年中共十四大提出“建立社会主义市场经济体制，就是要使市场在国家宏观调控下对资源配置起基础性作用”，更加名正言顺。试想，没有一个强势政府，怎么去实现“使市场在国家宏观调控下对资源配置起基础性作用”？所以，我们不是简单地推崇强势政府，而是重视强势政府在强力推动社会主义市场经济发展的作用。

但是，在一些经济学家看来，中国改革开放三十年的成功，都是市场的功劳，如果没有政府的作用，可能还会更好。特别是1988年，美国人福山把自由民主看作“历史的终结”，有些人对中国强势政府的攻讦更是不遗余力！不少人就是批评强势政府，批评这个“宏观调控下”，说它是半统制、半市场的畸形格局；或者质疑这是给“市场”设置了一个“在国家宏观调控下”的前提，争论究竟是在政府的作用下发挥市场的基础作用，还是在市场的基础上发挥政府的作用。有人就严词批判“以强势政府为主要特点的中国模式”，总是担心会“沿着强化政府作用的国家资本主义的道路前行”，多次强调只能是“有限政府”。

理论争论必须尊重历史。回顾1992年中共十四大的历史背景，当时国际上苏东剧变，两极格局刚刚终结，美国霸权主义和美欧贸易保护主义的恶招频出，“华盛顿共识”有关私有化的误导甚嚣尘上，俄罗斯休克疗法出现了市场无序；国内是经济过热，1992年出现了股票热、房地产热和开发区热，金融秩序混乱，连续两年出现了高达13.2%和21.7%的严重的通货膨胀。而作为中国经济命脉的国有企业由于债本错位正陷入了全面过度负债的困境。1993年6月朱镕基时任国务院常务副总理，主导加强金融宏观调控，其首要任务就是治理通货膨胀，消除经济过热。一句话，就是治乱。没有一个强势政府，怎么治乱?！朱镕基在加强金融宏观调控之后，陆续抓了优化资本结构、增资减债、诸城小国企改制试验，然后抓大放小，才确立了调整国有经济布局以及对国有企业实行股份制改造和现代企业制度改革的大方向。设想，果真当时就放弃这个“在国家宏观调控下”的前提，实行不受管制的自由放任体制，岂非与休克疗法沆瀣一气，只好任人宰割了?！如果不是完全自由化、私有化的华盛顿共识的梦呓，至少也是书生气十足！何况，改革开放后，如果没有强势政府驾驭资本发展有中国特色的社会主义市场经济，我们从哪里能获得超常的经济增长？我们怎么可能在2010年取代日本成为世界第二大经济体?

理论认识总是不断深化。2013年11月中共十八届三中全会召开，许多方面提出，应该从理论上对政府和市场关系进一步作出定位，全会决定把市场在资源配置中的“基础性作用”修改为“决定性作用”。为什么修改？习近平同志专门作过一次介绍。认为“现在，我国社会主义市场经济体制已经初步建立，市场化程度大幅度提高，我们对市场规律的认识和驾驭能力不断提高，宏观调控体系更为健全，主客观条件具备，我们应该在完善社会主义市场经济体制上迈出新的步伐”。“进一步处理好政府和市场关系，实际上就是要处理好在资源配置中市场起决定性作用还是政府起决定性作用这个问题。经济发展就是要提高资源尤其是稀缺资源的配置效率，以尽可能少的资源投入生产尽可能多的产品、获得尽可能大的效益。理论和实践都证明,市场配置资源是最有效率的形式。市场决定资源配置是市场经济的一般规律,市场经济本质上就是市场决定资源配置的经济。健全社会主义市场经济体制必须遵循这条规律,着力解决市场体系不完善、政府干预过多和监管不到位问题。作出‘使市场在资源配置中起决定性作用’的定位,有利于在全党全社会树立关于政府和市场关系的正确观念,有利于转变经济发展方式,有利于转变政府职能,有利于抑制消极腐败现象。”“当然,我国实行的是社会主义市场经济体制,我们仍然要坚持发挥我国社会主义制度的优越性、发挥党和政府的积极作用。市场在资源配置中起决定性作用,并不是起全部作用。”

这次全会特别提到“发展社会主义市场经济,既要发挥市场作用,也要发挥政府作用”,在强调“使市场在资源配置中起决定性作用”的同时,全会决定还对更好地发挥政府作用提出了明确要求,“强调科学的宏观调控,有效的政府治理,是发挥社会主义市场经济体制优势的内在要求”。全会决定特别对健全宏观调控体系、全面正确履行政府职能、优化政府组织结构进行了部署,强调“政府的职责和作用”主要是“保持宏观经济稳定,加强和优化公共服务,保障公平竞争,加强市场监管,维护市场秩序,推动可持续发展,促进共同富裕,弥补市场失灵”。

中国经济改革和发展的实践说明,强势政府和市场化并不都是对立的,尤其是地方政府的掌控城市资本吸引和驾驭产业资本,却出人意料地推动了中国的市场化、工业化和资本积累;或者说,这正是政府发挥了一种强势推动市场化的作用,我称之为强势政府的主导作用。

强势政府有什么负面影响?我以为,最大的负面影响就是60年的工农业产品价格上的剪刀差和2.7亿农民工不能市民化,没有公平地对待8亿农民这个最大的弱势群体。还有追求经济业绩,忽视了对环境的保护,助长了污染,乃至区域分割,割裂了全国统一市场。

最后,必须强调指出,政府的强势并非一成不变的。政府在强力推动社会主义市场经济建立和发展之后,要懂得退场,让市场在资源配置中起决定性作用。按照中共十八届三中全会《决定》全面的说法,就是“核心问题是处理好政府和市场的关系,使市场在资源配置中起决定性作用和更好发挥政府作用”。但是,中国的强势政府是从计划经济的全能政府演变过来的,它在干预经济方面,往往存在一种过度干预即所谓错位和越位或不懂得退场的毛病，这是中国的强势政府与生俱来的某种惰性，或者说是固有弱点。因此，我们在正视强势政府主导作用的同时，也必须正视这种惰性或固有弱点。我以为，正如西方在政府干预上往往有画地为牢过分犹豫的惰性一样，中国则往往有政府当家惯了、干预过多和不愿退场的惰性。中国和西方国家在完善市场经济方面都必须克服各自的惰性。

七、强势政府站上了“历史的终结”的位置

谈论“强势政府”，不能忘记福山。

回溯1988年，苏东剧变前夜，山雨欲来风满楼，37岁的美国人弗朗西斯·福山(Francis Fukuyama)提出了他的“历史的终结”的命题而名噪一时，宣称自由民主制的诞生代表历史的终结。自此“民主”成为冷战后全球政治舞台上最突出的一面“圣旗”！西方人士攻讦中国是“极权专制”；中国的某些主流经济学家更是顶礼膜拜，借着这股“西风”，不遗余力地大肆攻讦中国的强势政府。恰恰在这一时期，西方国家的民主也暴露出问题，由于数以亿计的人，事实上不可能直接参与政府事务，因而它总是会被怀有某种目的的人或特殊利益集团绑架，使得政府的政策被声称代表人民意志的有钱、有权或有影响力的集团轻而易举地所左右。

也正好是自20世纪90年代至今，中国的强势政府不但安全渡过了东南亚金融危机、超越了亚洲四小龙，也克服了2008年美国和全球金融危机带来的困难而且跃居世界第二大经济体。2011年，福山面对中国的成功，也认为中国的强势政府克服了美国都克服不了的“权力分散相互制衡”，这成为中国“最重要的优势”，并在经济发展上取得了“速度与质量”。2014年9月福山出版其新著《政治秩序和政治衰败》，这是他在三年前出版的《政治秩序的起源》的下篇。最重要的是他改变了对“历史的终结”的看法。福山强调，成功的社会离不开三块基石：强政府、法治和民主问责制。福山不但把他和他的老师亨廷顿一再强调的“小政府”换成了“强政府”，而且在三者的顺序上，首次承认“民主并不是第一位的，强政府才是。尚未获得实施有效统治的能力就进行民主化的政府无一例外地都会遭受失败”。最后这句尤其重要，它无异于承认民主化也要有赖于强势政府才能获得施行和避免失败，强势政府终于站上“历史的终结”的位置。

2015 年 1 月 28 日，福山在新加坡国立大学李光耀公共政策学院举办的讲座上坦言，对“历史终结论”已经改观，他在 2014 年 9 月出版的新书《政治秩序和政治衰败》即是对这一结论的修正。他阐述该书的核心论点称，一个国家的成功发展离不开三块基石：国家能力、法治与民主责任制。国家能力是指政府保护人民与维护公众利益的能力，政府权力越大，国家能力就越强；法治与民主责任制则是制约政府权力的机制。接着福山认为，中国与美国分别处于这一政治秩序的两端，中国拥有强大的政府，能够有效快速地落实各种民生政策，但它缺乏法治和民主；而美国虽有法治和民主，但由于制衡体系过于庞杂繁复，“制衡效率太高”，导致联邦政府的施政能力低下。在这里，福山把国家能力摆在第一位，这仍是他承认“民主并不是第一位的”的新主张的延续；至于他评论中国“缺乏法治和民主”，也是中肯的，确实中国还需要努力，中国的社会主义核心价值观也正是在谆谆强调法治和民主。2015 年 4 月，福山在清华大学演讲，他再次强调“国家能力—法治—民主”三位一体的社会秩序模型，指出只有三者间达成合适的相互制衡才能确保政治体系的良好运作，同时促进经济与社会的良性发展。

福山毕竟是一位有勇气的经济学家。他在新加坡演讲时还表示，当年提出“历史终结论”时，并不了解构建包含三大要素的政治秩序有多么困难，“尤其是创造一个强大的政府”，因此预测失当。这正好与那句“尚未获得实施有效统治的能力就进行民主化的政府无一例外地都会遭受失败”相对应！福山此言，对于偏爱“不受管制的自由放任体制”的西方主流经济学派，确实振聋发聩，石破天惊！这是值得国内那些主流经济学者做它十年八年的反躬自省的！

八、发达国家的政府也有一个驾驭资本的问题

发达国家的市场经济，强调“不受管制的自由放任体制”，竭力回避政府的作用，只承认驾驭资本是企业在微观经济方面的功能，从来不敢提出政府在宏观经济上也要驾驭资本。但是，发达国家的政府在宏观经济的调控上，除了直接干预经济之外，更多的是运用税收、折旧费、委托租赁等一切经济杠杆，其实是用间接的方法驾驭资本，让资本按照政府意愿去运动。

1. 罗斯福新政的国家干预

最早是美国 30 年代“大萧条”，凯恩斯主义应运而生，罗斯福新政用国家投资项目来刺激需求。1933—1937 年，罗斯福通过财政赤字和国债，由政府直接投资 120 亿美元，进行大规模的水利造林、修路等公共建设工程，推行以工代赈，其中包括田纳西河大型水利电力工程。这是在私人投资萎缩的情况下，启动政府的投资需求，以国家投资代替私人投资，确实填补了资本形成机制上的空白；而政府救济和以工代赈，增加就业，增加购买力，则是直接启动消费需求。尽管当时称之为经济干预，其实也正是政府从宏观经济上对社会资本的一次成功驾驭。

2. 倡行国家福利的“福利国家”

20 世纪中叶之后，随着战后西方国家民主和工人运动的兴起，加上苏联革命和工人执政的影响，迫使英国、德国、法国、瑞典、挪威和美国纷纷出现全国性的劳资协调，以阶级妥协取代原先誓不两立的劳资对立的斗争。随着战后科学技术的突飞猛进和资本主义生产高度发达，西方国家财力富裕，在经济干预方面，不但用投资于公共工程来启动需求；也倡行国家福利，通过转移支付方式，创办并资助社会公共事业，对社会经济生活进行干预，以调节和缓和阶级矛盾，号称“福利国家”。在 20 世纪下半叶，这一福利国家理念被推广到欧洲其他国家，尤其是社会民主党或工党执政的国家，成了西方福利国家的“橱窗”，最典型的是北欧国家如瑞典，用团结资产阶级发展先进生产力的办法，缩小收入差别，壮大了中产阶级。由此，西方国家从原始资本主义演变到福利资本主义。国家扮演了关键角色，是国家在宏观层面驾驭了资本，从而保证了市场秩序。

3. 美国倡行供给经济学时期的国家干预成就了里根供给经济学

20 世纪 70 年代美国遭遇滞胀，当时的问题并非周期性的需求不足，而是高成本结构导致的供给不足。卡特总统沿袭凯恩斯主义刺激需求的政策，不仅没有拉动经济，反而加剧了滞胀。里根接任总统后提出，“绝不能用征税的手段来管制经济或促进社会变革”。他的政府着手干预：首先放开政府的过度管制，接着降低税率，果断推行“30％减税计划”，以此构成了里根经济学（Reaganomics）的核心要义，个人最高税从 70％降为 28％，企业所得税从 46％降至 33％。当然，减税存在着“时滞效应”：税率的下降立竿见影，但税基的扩大却需要时间来培育，因而导致短期内财政赤字扩大。但里根有着惊人的判断力和坚定的信念，在他1984年竞选连任时，经济已经触底反弹，最终迎来美国经济再度起飞；不仅成功挣脱滞胀，财政收入也从1980年5170亿美元升至1990年1.03万亿美元。后人评论认为，里根重新把美国经济塑造成一个企业和个人享有广泛经济自由、税率尽可能低的现代经济，由此奠定了长达25年的经济繁荣。从某种程度上讲，克林顿时期的经济辉煌，正是里根经济学红利的涌现。

4. 金融危机时期的国家干预

西方国家政府对资本的驾驭，在这次世界性的金融危机中可谓登峰造极。2007—2008年在美国次贷危机引起华尔街天崩地塌和美林、雷曼兄弟、贝尔斯登三大投资银行濒临覆灭的时候，小布什政府的财政部长亨利·保尔森和美联储的本·伯南克果断地决定由美国政府出重手救援，“两房”（房地美和房利美）、保险巨头AIG（美国国际集团）和花旗集团都部分“国有化”，接着是美国银行并购了美林，高盛、摩根·斯坦利变身为传统的银行。以致许多自由主义人士惊呼：美国实行了社会主义！《纽约时报》记者托马斯·弗里德曼更调侃地声称，现在美国与中国已经是“两国一制”（two countries，one system）！2009年12月的美国《时代》周刊，为此把美联储主席本·伯南克评为2009年年度人物，理由是他在应对金融危机上“富于创意的领导能力”。但我以为，本·伯南克的“富于创意的领导能力”，实际上正是一次对宏观经济尤其是金融资本的成功驾驭。

东亚国家在处理危机上也不乏成功驾驭资本的先例。在1997—1998年东亚金融危机中，泰国、韩国和印尼在被迫按照国际货币基金组织（IMF）的要求实施严厉紧缩计划的同时，也紧锣密鼓地展开了自身的经济改革，这些国家的经济在三年左右就回到了正轨。相对而言，2012年欧元区对主权债务危机的处理很不得当。欧洲人对希腊和西班牙的危机没有应对急难的共识，而是各自为政，在一次次零敲碎打的纾困方案条款上没完没了地讨价还价，浪费了时间，这是最拙劣的驾驭资本的案例！这里最缺的，是要克林顿大喝一声：“笨蛋，问题还是经济！”

5. 利用低折旧率或加速折旧调节税收和利润，间接地驾驭资本

西方国家发现固定资产折旧对于税收和利润可以起一种制衡的作用，所以很早就规定工业企业的固定资产实行低折旧率，折旧年限约为20—30年，可以保证国家获得稳定的税收，并用超过预期使用年限的服役，使企业赚取超额利润。后来科学技术迅猛发展，出现了技术和设备提前淘汰的无形损耗，这种低折旧暴露出折旧年限长、折旧率低、风险过大的弊病。“二战”中，美国政府在1942年以“F公报”率先把军工企业的折旧年限，从20—30年缩短为5年，称为加速折旧，以此鼓励军事工业的投资和生产。但丢失的税收太多，所以不久又恢复了低折旧率。“二战”后，西方国家出现了经济萧条，联邦德国、日本、法国考虑到低折旧率不能补偿设备提前淘汰的无形损耗，不利于恢复战争创伤，也先后推行加速折旧，用少收税来刺激设备投资，由此增加了机械、钢铁等工业的订货，产生“乘数效应”，在振兴经济挽救萧条方面有显著好处。

美国有个计算，1962年修改折旧政策实行设备标准年限，每年减少税款15亿美元，但由此刺激投资而带来的利益可能超过45亿美元。1971年尼克松放宽折旧政策，每年要减少税收39亿美元。1981年里根缩短折旧年限，由减税而使企业多得的好处，1982—1984年分别为97亿、188亿、300亿美元。但是加速更新改造对振兴经济和增加财政收入，带来的好处更大。

日本汽车工业实行加速折旧，推动了汽车企业利用折旧基金在扩大再生产中实现积累。据分析，企业自有资金中折旧基金的比重：1960年为50%，1961年为66%，1962年12个厂为71%，1964年15个厂为74%，使用加速折旧为1968年汽车工业的大发展积聚了资金。由此说明，西方国家是十分娴熟地利用加速折旧这个经济杠杆，从容地驾驭了资本，推动了经济振兴。

6. 利用合法避税和委托租赁的经济杠杆驾驭资本

西方国家利用经济杠杆驾驭资本的另一个生动灵活的案例是委托租赁。委托租赁最大的好处是避税。美国税法为了鼓励投资，规定企业投资可以享受所得税抵免的优惠，由此催生出委托租赁成为一个新的行业，它其实是借助于租赁的融资融物，从合法避税里鼓励资本经营者驾驭他人的投资来借鸡生蛋，但由此推动了有巨额利润的企业，积极投资从事购买飞机一类的大型设备从事委托租赁。美国企业所得税的税率一般是35%，投资人买飞机的投资可以按飞机价款来享受所得税抵免。这时委托人真正看中的是抵免税收的好处。这个收益远比租赁分得的回报多得多。

委托租赁融资的具体做法是：在租赁公司的组织下，委托方同承租方把设备和选型谈好，租赁公司按委托方的指定意见去购买设备，风险由委托方承担。当然，委托租赁的投资方式可以选择：工业企业可以直接以设备委托，投资人或资金宽裕的企业可以以资金委托。

大型设备或飞机的委托租赁因为金额巨大，租赁公司要向银行贷款，银行则要求借款人先自筹飞机价款的 20%；租赁公司可以找一个利润丰厚能够享受所得税抵免的工业企业作为投资人出这个 20%，做一笔委托租赁，由投资人委托租赁公司去买飞机，飞机的所有权算投资人的。租赁公司拿到这 20%，再找一个投资担保公司对投资人出资的 20%做担保；下一步，租赁公司再把飞机所有权、租赁合同收益权、保险受益权向银行抵押并取得其余 80%的贷款。然后同委托人去分收益。有资料说，全世界有 60%—70%的飞机是用租赁方式购买的。委托租赁鼓励投资者用利润再投资来合法避税，这正是西方国家飞机、设备租赁业务飞跃发展的一个原因。

以上案例说明，在西方国家，尽管政府在宏观经济上并不直接驾驭资本，但它们却是娴熟地运用市场经济的经济杠杆，利用了折旧、税收、利润、投资、融资、信贷以及租赁的多重博弈，借助于“委托租赁”真正在市场起决定性作用下，优化了资源配置。由此，政府让税鼓励投资而增加了就业；企业用利润投资于设备购置并委托租赁，合法享受所得税抵免；租赁公司组织租赁争取到额外的投资人，赢得了业务收入；银行扩大了信贷；投资担保公司获得了担保费；承租人从容驾驭了他人的资本。而委托租赁在宏观经济上更大的好处是刺激投资，由此增加了飞机等大型设备和机械、钢铁等工业的订货，产生了“乘数效应”，振兴了经济，挽救了萧条。

我们的政府有一双“闲不住的手”，它的最大缺陷，最容易遭人诟病的正是在于它的直接从事对资源的配置。今后，借鉴西方国家的做法，学会运用市场经济的经济杠杆，尽量利用折旧、税收、利润、投资、融资、信贷以及租赁，等等，间接地引导经济，应该成为正确的导向。

7. 要看到现代资本主义与早期自由资本主义的区别

最后，必须着重指出，经济学界一些倡导自由主义市场经济的人士，常常抱持西方市场经济的传统意识，总是认为政府与市场的最基本的定位是，政府应当做好“守夜人”，只能在市场失灵时担任补充角色。其实，这已经是一种过时的看法。事实上，由于“二战”后西方国家高新科学技术飞跃发展，推动了资本主义生产力和经济的发展，欧美等国凯恩斯主义盛行，执政者提倡用公共建设来解决失业问题，以国家的积极介入来解决市场经济失灵的危机，加上一些民主社会主义政党或工党执政的国家倡行国家福利。现在西方国家的资本主义里面，在政府主导下，已经包含有至少八项社会主义因素，包括保障制度、保护制度、补贴制度、扶助制度、监管及准入制度、倾斜性税收制度、弱势群体社会化及国有企业向股份制转化这八个方面。正因为这样，理论界有些人士主张抛弃传统意识上的僵化认识，不能不加区别地、笼统地否定一切资本主义，应该把现代资本主义称之为社会资本主义，以此与一两百年前的自由资本主义相区别。

参考文献

[1] 邓小平.解放思想，实事求是，团结一致向前看[M].邓小平文选.第三卷.北京：人民出版社，1993.

[2] 薄一波.若干重大决策与事件的回顾[M].北京：中共中央党校出版社，1993.

[3] 马克思.剩余价值理论[M].第二册.北京：人民出版社，1976.

[4] 斯大林.苏联社会主义经济问题[M].北京：人民出版社，1961.

[5] 习近平介绍为何改为市场起“决定性作用”[N]. 人民网，2013－11－15.

[6] 习近平在参观《复兴之路》展览时的讲话[N]. 人民网，2012－11－29.

[7] 习近平：中国特色社会主义是发展中国、稳定中国的必由之路[M]. 2015－7－27.

[8] 戴维·朗西曼.强政府 法治 民主 三者应如何排序？[N].FT 中文网，

2014－10－14.

［9］高健康.福山:国家成功须三要素 中国政府强大但缺法治和民主［N］.新加坡联合早报网,2015－1－29.

［10］谢韬.民主社会主义模式与中国前途［J］.炎黄春秋,2007(2).

［11］金立群,金刻羽.欧洲应向亚洲取经［N］.英国《金融时报》中文网,2012－6－11.

［12］于中宁,赵瑜.中国是怎样落入权贵资本主义陷阱的［N］.财经网博客,2016－2－26.

［13］罗湖桥见证的时代变迁［N］.天津日报,2008－11－29.

［14］史正富.超常增长［M］.上海:上海人民出版社,2013.

［15］史正富.中国奇迹是如何出现的?［N］.英国《金融时报》中文网,2014－1－14.

［16］曹尔阶.投资规模要同走向小康的国力相适应［J］.上海投资,1995(9).

［17］曹尔阶.资本运营:我们面临的新课题//赵炳贤.资本运营论［M］.北京:企业管理出版社,1997.

［18］曹尔阶.关于低工资供给制分配方式和总需求膨胀的初步研究［J］.经济研究,1988(10).

［19］曹尔阶.论小康时代的投资［J］.投资研究,1997(1).

第一章　国有企业改革支持了中国崛起

中国在1978年改革开放起步时，国内生产总值即GDP只有3624.1亿元，外汇储备只有1.67亿美元，GDP的世界排名才是第15位。到2010年，中国超过日本跃居世界第二大经济体。2015年我国GDP 67.67万亿元，外汇储备余额3.3万亿美元。2016年国内生产总值(GDP)达到74.41万亿元(按美元计算，2016年中国名义GDP约折合11.20万亿美元)，外汇储备在2016年经历了史上第二大降幅。据央行数据，2016年12月末外汇储备余额为3.01万亿美元。不过，中国外汇储备余额在全球各国中仍是最高的。当年是寄希望于再创更多的外汇储备，现在是唯恐外汇储备过多将对货币政策的独立性产生冲击。

在这改革开放的38年间，国有企业改革经过体制转换和产业整合的攻坚，为中国经济的超常增长建立了功勋。尽管国企的诸多垄断遭人诟病，但是国有企业的改革也是脱胎换骨，历尽艰辛，是中国在市场经济中驾驭资本的成功范例。对于国有企业在中国崛起中的作用，必须有一个正确的评价。

中国国有企业是从计划经济时代不断深化改革发展走过来的。1992年在向社会主义市场经济体制转轨过程中，中国政府果断地把国有资本集中到关系国家安全和国民经济命脉的重要行业，并通过大力推行股份制改造和境内外上市，改革了旧体制的重重积弊，具有了当代发达国家现代企业的最先进的财产组织形式，使国有控股(参股)公司为核心的公有经济成为市场经济的主体，保证了国民经济快速稳定的超常增长。2003年，上榜《财富》世界500强的中国企业只有6家，2013年增至44家；2016年更增加到110家，华为、联想、万科、京东、大连万达、美的集团、恒大集团都榜上有名，这是中国奇迹中一朵金光四射的奇葩！

为了探讨国有企业在中国超常增长中的作用,先要谈谈国有企业发展和改革的历程。

一、计划经济时期驾驭资本的成功与失误

1949 年新中国成立,从 1953 年开始大规模经济建设,实行统一集中的计划经济。

计划经济最大的特点,是能集中国家财力发展经济。国有经济,号称全民所有。从 1953—1978 年,国家倾全国力量,投入国有企业的固定资产投资共计 7600 多亿元。1949 年中国的工业比重不到 10%,1978 年工业比重达到72.2%。据中央财经领导小组的资料,从 1949—1978 年,中国国内生产总值从 466 亿元提高到 3624.1 亿元,增长 7.78 倍;工业总产值从 140 亿元提高到 4230 亿元,增长 30.21 倍;农业总产值从 326 亿元提高到 1397 亿元,增长 4.29 倍。29 年间,国内生产总值年均增长率为 8.43%。从 1949 年到 1978 年改革开放,当中尽管有各种失误,在产业结构方面还存在着轻重工业比例严重失衡和消费品供应普遍短缺等问题,但是,这 30 年是用比西方短得多的时间,基本上建立起独立的、比较完整的工业体系和国民经济体系,为中国以后的发展打下了基础,这不能不说是一个巨大的贡献。

中国计划经济的 30 年,强调阶级斗争,认为资本是与资本主义相联系的。所以那时一直讳言资本,但是经济当局也想出各种方法试图驾驭资本。不过当时只称之为“集中力量办大事”,或者称作集中使用财力和物力,并且把它概括为集中力量打歼灭战的战略,与之对立的则是反对分兵把口打消耗战。这一时期的驾驭资本,大体上经历了四个阶段。

初期,在“一五”计划时期,对国有资本的驾驭是比较好的。当时没有建设经验,一切“以俄为师”,在苏联专家帮助下,以 156 项建设为中心,总体上轻重工业比重协调,上下游协作顺畅,主辅配套较好。缺点在过于集中,没有注意发挥下面的积极性。正如毛主席在《论十大关系》中指出的,“把什么东西统统都集中在中央或省市,不给工厂一点权力,一点机动的余地,一点利益,恐怕不妥”,这是中国在驾驭资本上的初次试水,是第一阶段。

“一五”时期，中国在驾驭资本上有一个重要的经验，就是1956年在急躁冒进情绪下，遭遇第一次建设规模膨胀。基本建设投资从原定计划的112亿元加码到140亿元，财政信贷多支出了30亿元，财政出现赤字；结果，出现了“冒松散紧”，即投资冒了一些，管理松了一些，资金分散了一些，市场紧张了一些；由此引起钢材、木材等生产资料供应紧张，导致消费品市场供应紧张。1956年周恩来总理及时“反冒进”，并对1957年的基本建设作了适当压缩。陈云同志总结为“建设规模要同国力相适应”的著名原则。中共八大会议上把“反冒进”概括为在综合平衡中稳步前进的方针。但是，毛主席却认为1956年不是“冒进”，而是正确的跃进。在1957—1958年多次上纲上线，批评“反冒进”扫掉了多快好省，把“反冒进”说成非马克思主义的。从此，工业建设中“左”的冒进思潮占了上风。

接着，1958—1965年的“三年冒进”和“五年调整”，这是在扩张资本上的冒进和调整，是中国驾驭资本的第二阶段。1958—1962年的“二五”计划，因为1958年的“大跃进”而中断。毛主席在《工作方法六十条(草案)》中提出，中央和地方的计划都要搞两本账，第一本是必成的计划，第二本是期成的计划。中央的第二本账就是地方必成的账。地方评比，以中央的第二本账为准。这个“两本账”，酿成了部门、企业和地方对投资的“层层加码”，带来了1958—1960年三年大冒进的严重失误和经济损失，这是驾驭资本的一大败笔。后来在1962年的“七千人大会”上，毛泽东作了检讨。1961—1965年调整经济用了五年，才恢复了元气。

60年代的“五年调整”，在驾驭资本上有两条可贵的经验。第一条经验是必须先安排好简单再生产。经济调整过程中发现，三年大冒进中许多经济部门把计划分配的基本建设投资都去安排了扩大再生产，尤其是新建项目的投资，挤掉了维持简单再生产投资，留下了维持现有生产水平投资不足的后遗症。1961年暴露出天津、北京、上海、沈阳这四大工业城市汽车、工业锅炉、柴油机的维修欠账，以及铁道部机车车辆的带病运转，都是年久失修，欠账严重。为此，国家财政不得不连续三年拨出13亿元更新改造专款来偿还欠账。与此同时，孙冶方调查了上海机床厂和棉纺厂，揭露出老企业设备更新欠账的问题，由此在经济界引起了一场关于折旧资金和简单再生产的大讨论。孙冶方建议把折旧基金留给企业用于固定资产的更新改造，这一建议没有得到实施，所以20年后他旧事重提，再三呼吁要重视“几十万个现有企业的技术改造”，不再“冻结技术”、“复制古董”。这个建议在驾驭资本上的重要意义，是把国有企业的存量资本和增量资本彻底区分，“把企业资金简单再生产范围内的事务交给企业自己去管”。维持简单再生产投资不足的另一方面，是暴露出采掘、采伐工业中开拓延伸费用的欠账。这是“大跃进”中采掘和采伐工业部门只注重搞新矿井、新林区的基本建设，没有安排好老矿井、老林区的开拓延伸，导致矿井、林区吃老本留下的另一个后遗症。1962 年，党中央、国务院总结这方面的教训，得出了一个结论：社会主义经济建设的任何工作，不论是编计划也好，搞经济管理也好，做物资供应工作也好，都必须先安排好简单再生产，再去安排扩大再生产。这是驾驭资本的一条可贵经验。

驾驭资本的另一个可贵经验，是工业企业试办托拉斯。经济调整中，刘少奇总结了工业企业的管理缺陷。他认为，管理经济应该用经济的方法和手段，而我们是用行政的手段去管理经济，是“超经济的办法”，“封建主义的办法”。多次提出要发展专业化和分工协作，不能搞“自给经济”；他提出利用托拉斯这一类形式，组织联合公司。首先试办托拉斯的是烟草公司，统管全国卷烟的原料收购和产品销售。接着又试办煤炭、汽车、拖拉机、制铝、橡胶、纺织机械等 11 个托拉斯。尽管这次短命的试办不久即遭到不公正的批判，被说成复辟资本主义，但毕竟有一批先行者向先进的科学的工业化管理迈出了第一步。

1961—1965 年的五年经济调整刚刚恢复了元气，1966 年又来了十年“文化大革命”的大折腾，这是第三阶段。当时强调备战，重提建立地方工业体系和“块块为主”的计划体制；要求“省自为战”一省一个工业体系。1970—1975 年的“四五计划纲要”提出大办“五小”（即小钢铁、小煤矿、小化肥、小电站和小机械厂，后来又加上小有色、小水泥、小农机等），扭转南粮北调和北煤南运。这样，就使全国经济形成一种不顾规模经济、盲目蛮干的顽固意识。这是地道的“分兵把口”，分散了财力物力，打了消耗战，这是驾驭资本的又一大败笔。加上十年“文革”的大折腾，到 1976 年我国国民经济已濒临崩溃的边缘。

这一时期驾驭资本上唯一的亮点，是 1972 年周恩来主持制定了引进 43 亿美元外国成套设备的方案，简称“四三”方案。当时是利用中国同美日关系的缓和以及西方经济衰退，从美国、日本、法国和联邦德国，进口了武钢一米七轧机、13 套大化肥、3套石油化工、4套大化纤和3套大型电站，还有43套机械化综合采煤机组，以及当时具有世界先进水平的透平压缩机、燃气轮机、工业汽轮机等成套技术设备，并利用分期付款等优惠方式驾驭了外国资本，使我国有了一批具有70年代技术水平的符合规模经济的大型企业，促进了石油化工工业现代化，改造了工业结构，对发展我国农业和轻纺工业，解决吃穿用起了积极的作用。

第四个阶段，1978年“大干快上”和“洋跃进”。1976年粉碎“四人帮”，本来应当拿出一段时间进行经济调整和整顿，解决重大比例失调的问题。当时华国锋担任中央领导，急于想把“四人帮”干扰、破坏所耽误的时间夺回来，在1977年就提出要实现“新的跃进”。1978年更是强调“大干快上”，全国要搞“十来个鞍钢”、“十来个大庆”，还要在利用外资上开辟“第二战场”，仓促搞了22个特大引进项目的“洋跃进”，而国内的配套建设没有跟上，是又一次在驾驭资本上冒进。但是这次失误，再次证明了陈云的“国力论”即“建设规模的大小必须和国家的财力物力相适应”这一原则的正确。在纠正这次失误中，陈云又补充两条：一条是“先生活，后建设”。一要吃饭二要建设，农业是国力的基础，“无农不稳”、“无粮则乱”，任何情况下都不能放松粮食生产，必须在保证有饭吃后，国家还有余力进行建设。再一条是利用外资搞建设，不决定于主观愿望，而是要考虑国内投资配套能力。

中国计划经济的30年，强调“计划就是法律”，却多次犯下了扩张投资的错误，这个扩张投资的急先锋，恰恰就是国家计委的投资扩张冲动，几次追求高速度、高指标，导致通货膨胀，形成“生产压基建，基建压财政，财政挤银行，银行发票子”。在基层，则是企业乱拉资金，或是挪用银行贷款，或是“基建挤大修，大修进成本”，最后银行逼债，少交税利，仍然是挤了财政和银行。另一方面，是国家计委和主管部门热衷于布局经济、分配投资，追求用投资来振兴经济，却又缺少资本文化，不懂得遵循资本的客观运动规律来进行指导、调控和驾驭，在投资失控和资本扩张面前，缺少对资本运动的常识和应对的智慧。

二、国有企业体制的缺陷

计划经济时期的国有企业体制，国家垄断了一切社会资源的配置，是一种弊端丛生的僵化落后的管理体制，它同市场和商品经济是完全隔绝的。为此，这里先对计划经济时期国有企业体制的弊端做一点简要概括。

第一，理论的僵化。前面说过，因为马克思认为“资产阶级社会的症结正是在于，对生产自始就不存在有意识的社会调节。合理的东西和自然必需的东西都只是作为盲目起作用的平均数而实现”，因此，社会主义的公有制及其计划经济，应当一反资本主义之道，善于根据合理的东西和自然必需的东西进行有意识的社会调节。并且“要把整个社会视同一个工厂、一个管理处一样，施行其管理”。由此堕入了一种难以自拔的僵化理论。

这种僵化的理论认为，国家按部门（如工商、外贸、交通）管理企业，企业只是一个按国家计划指令从事产品生产的生产单位，不是独立的商品生产者。认为全民所有制的经济，是一种产品经济，不是商品经济，否定资本，否定商业信用，而且排斥商品交换，更不允许产权流动。认为企业生产的产品包括生产资料和消费资料，都只是按国家计划生产和分配的产品，已经“失去商品属性，不再是商品，并且脱出了价值规律发生作用的范围，仅仅保持商品的外壳”（斯大林）；认为只是在两种公有制之间以及对外贸易领域，才存在商品和商品交换。认为社会主义不存在剥削，当然也不存在剥削剩余劳动的资本。认为“商业信用是资本家相互给予的信用”，社会主义不存在资本家，当然也不存在商业信用。

第二，政府垄断了企业一切资源的配置。企业的人财物一律由国家按计划分配和供应，一切由政府说了算，不需要市场染指。劳动力的招工，由国家分配。企业生产经营需要的原材料或零部件，以及生产的产品，一律按计划调拨。资金实行“收支两条线”的管理：固定资产的基本建设和更新改造投资以及铺底流动资金（指新建企业投入生产时所需的第一套工卡模具和备品备件以及一部分低值易耗品等的购置费用）由财政拨款；企业经营中流动资金遇有季节性或超定额的需要，都由银行贷款。但是企业的固定资产投资不允许向银行贷款。企业的利润以及提取的折旧基金也要按计划上缴财政，不允许把折旧基金直接留给企业使用。银行吸收的存款，只能用于弥补企业短期的流动资金，不能用于发放投资性贷款。由此又使原本可以动用银行借款的长期性投资全都仰仗财政支付，形成了三十多年“大财政、小银行”的畸形格局。企业之间、部门之间禁绝一切赊销和预付，这叫作“一切信用集中于银行”。

第三,企业不是独立的商品生产者。这时的企业是“大而全”、“小而全”,政企不分,“企业办社会”的“包袱”很重。当然也就不计工本,不需要独立核算。所以“七大姑”“八大姨”,冗员繁多,乃至“三个人的饭五个人吃”,不讲经济效益。

第四,部门对国有企业的管理,是“管人、管事、管资产”,完全是行政管理,看重的是产业和企业,是衙门对衙门,行政对行政,官对官,你不听话就撤职、给行政处分。

第五,过于集中。正如毛主席指出的,“把什么东西统统都集中在中央或省市,不给工厂一点权力,一点机动的余地”,抑制了基层的积极性,也扼杀了一切改革和创新。

正是因为国有企业的管理体制僵化落后而又弊端丛生,所以改革开放后,无论是有计划的商品经济,还是向社会主义市场经济转轨,首先都必须改革国有企业体制。

但是,国有经济的集中体制也有一个最大的长处,就是能够集中使用财力和物力,办成一些大事。现在人们称作“集中力量办大事”的举国体制。

三、“包干”和“拨改贷”的改革及其副作用

1978 年 12 月,中共十一届三中全会实行改革开放。在 1979 年到 90 年代初期,还存在着诸多僵化理论的禁锢。当时,理论界批评国有企业患了投资饥渴症,主要是因为国家的软预算约束和政府对企业“慈父”般的无微不至的关怀。对应的改革,就是中央放权让利,扩大企业自主权,在企业体制上实行“利改税”、“包干”和“拨改贷”,强化财税约束和信贷约束。但“利改税”虽然强化了税收约束,却混淆了政府的社会管理者职能和国有资产所有者职能,也混淆了利税关系,后来又重新实行“税利分流”,直到 1994 年实行分税制,这是一段弯路。

中央放权让利,重点要说说“包干”。包干在新中国的理财思想中占有重要地位,主要是国家允许经营者完成国家任务之后有机会分享“包干结余”,以调动经营者的积极性。我国在革命战争时期和解放初期,对干部薪饷和生活待遇就曾实行过包干制,每人每月除按一定标准供给伙食外,再发给若干零花钱,虽然也是大锅饭的平均主义,但比完全的供给制更能调动节余归己的积极性。新中国成立初

期,邓小平当财政部长,曾对地方政府和中央各部实行“归口包干节余不上交”的政策,也调动了部门和地方的积极性。直到1953年实行第一个五年计划,才全面实行统收统支的财政体制,部门、地方和企业的一切收入全部上缴财政;一切支出都由财政拨款。这一体制的缺点是过于集中,地方和企业没有积极性。1958年“大跃进”,石景山钢厂对其基本建设投资首倡投资包干,号称“投资一顶二、产量翻一番”,获得刘少奇的赞许。为此,财政部派我到石景山钢厂蹲点,1958年在石景山钢厂召开现场会议,全面推行基本建设投资包干的办法。这次会议受到毛主席的接见。后来浮夸风盛行,“投资包干”演变成“层层加码”,又恢复到原来的办法。1959年庐山会议“反右倾”,1960年财政部又在广州召开会议,重新推行“投资包干”。地方财政也推行包干,突出的如1977年对江苏省试行“比例包干”,中央有了稳定的收入,也调动了地方积极性。

1978年的改革开放,扩大企业自主权,这时人们对包干能够调动理财的积极性有广泛的认同。先是1979年,首钢、二汽等8家企业实行扩大企业经营管理自主权试点,到1980年6月底,全国试点企业已达6000多个。后来又试行承包经营责任制,实行“定额上缴、超收归己”的包干。于是,经济部门实行投入产出包干,国有企业实行经营承包责任制。1984年,马胜利毛遂自荐承包石家庄造纸厂,迅速扭亏为盈,以“承包国有企业第一人”引发关注,承包经营责任制也逐渐推广。到1987年年底,全民所有制企业有78%实行承包制。1980年,财政部总结江苏包干经验,地方财政全面推行“分灶吃饭”的包干。到80年代中期,部门、企业的包干结余和地方超收分成,汇合成预算外收入,竟发展到与预算内收入旗鼓相当。1988年2月,国务院发布《承包经营责任制暂行条例》,3.6万家国有企业掀起了承包高潮。从1989年起,又调整基数,实行“划分税种,核定收支,分级包干”的体制。

但是,包干在调动积极性的同时,也带来新的问题。

一是地方和企业纷纷用包干增长的预算外收入,“一哄而上”地安排计划外项目,用于快速增加地方收入的产品如手表、缝纫机和自行车,或者彩电、冰箱等高税利产品,或者地方有权分配的物资(如小型企业生产的水泥、钢材等产品),等等,由此导致一个时期的投资膨胀。这时,计划部门苦守“基本建设投资只能由国家计划安排、不能由市场调节”的教条，而手足无措，只能采取指标限制，或者对预算外投资征集能源交通基金和建筑税，等等，由此陷入又要调动积极性、又害怕积极性以至要限制积极性的悖论的困境。

二是企业办社会。当时的多数企业本来就是“大而全”“小而全”，附属有医院、学校、餐饮、娱乐、商贸以及社区管理等办社会的职能机构。实行包干以后，企业的工资总额与经济效益挂钩。为了弥补在低工资制下的福利欠账，一些富裕企业以“包干结余”，用于兴建职工宿舍、食堂、大礼堂、俱乐部和浴室、医疗所、幼儿园、职工子弟学校乃至农牧副业基地等方面的非生产性建设，固然这是国家财力短绌情况下，为解决消费品和消费服务措施不足难题而不得已的应急举措，但这又加剧了“企业办社会”和主辅业庞杂的弊端。

三是，企业承包制助长了短期行为，在承包期内难免出现拼设备、滥发工资奖金、掠夺性地利用企业资源等现象，实际承包的兑现往往也是包盈不包亏，事实上，两手空空的厂长，你是无法要他拿钱来弥补企业的亏损的。

从 1978 年改革开放到 1992 年十四届三中全会，通过放权让利、实行承包经营责任制等措施，大体上用了 15 年时间，尽管一度也导致了投资扩张和通货膨胀，但相对于计划经济的财权高度集中，毕竟调整了生产关系，解放了生产力，让企业部分地获得了对资本经营的自主权，逐步地把国有企业引向市场，并使国民经济经过短暂的调整获得迅速增长。但是，企业承包制的最大问题是，只承认企业是相对独立的商品生产者，只承认国有企业经营权，不承认企业作为法人有财产权，企业不能实现真正的自主经营，不能成为市场经济真正独立的商品生产者。因此在 1993 年，朱镕基决定终止企业承包，实行现代企业制度试点。另一方面，财政包干包死了基数还强化了地区分割，结果是中央财政收入比重由 1984 年的 40.5％下降至 1993 年的 22％，使中央财力短绌而难以为继。这为 1994 年分税制的财政改革埋下了伏笔。

20 世纪 80 年代同时实行的另一项改革，是对企业增量资本实行“拨改贷”，即把原来由国家财政拨款的基本建设投资改为由企业向建设银行贷款，项目建成投产后，还本付息。这一改革的目的是强化信贷约束。人们说，还不了款，他就不敢借，这有利于缩短战线。

“拨改贷”和信贷介入投资的改革，在驾驭资本上的功绩，一是把企业推向市场竞争去从事真正独立的商品生产，由此懂得不能无偿地使用资本，并且要以利息作为资金的机会成本再去经营收益。二是使得银行冲破30年固定资产只能用拨款不能用贷款的禁区，启动了银行职能的回归。这一改革的最实际的功绩，是在“七五”、“八五”计划的10年间在投融资政策上改行间接金融为主的方针，依靠银行动员国民储蓄完成了8.1万亿元的全社会固定资产投资（其中相当部分是靠银行贷款完成的），实现了这一时期国民经济快速增长的奇迹。

“拨改贷”的最大荒谬，是把本来应由财政拨款的企业自有资本、铺底流动资金以及一些原来应由财政拨款的科研试制费等经费也改为贷款或财政信用，以致债本错位，以债为本，颠倒了“债”与“本”的关系。到90年代中期，国有企业的负债高达83.3％，陷入全面过度负债的困境。此外，是助长了地方和企业用银行贷款来扩张投资，又引发了新的信贷膨胀。

还要说到，改革开放初期，尽管国有企业很多，总体上处于一种“小散乱破”的状态，大企业并不多，上下游布点分散，隶属关系混乱，厂房设备破旧，仍然没有摆脱那种同市场隔绝的政企不分、官商不分的国家直接控制的产品生产者的地位；改革的目标只允许它成为“相对独立的商品生产者”，它也担当不起面对市场竞争的独立商品生产者的重任。

这一时期，陆续推行的一系列改革措施，包括：1981年实行经济责任制，打破“两个大锅饭”；1984年缩小指令性计划范围、扩大指导性计划和市场调节范围，确定了政企分开与两权分离；1981—1984年间，实行了通称为“价格双轨制”的改革，即允许对若干超计划生产的产品，以及按国家规定的比例允许企业自销的产品，可以在规定的价格之外实行市场价格，让企业获得超额利润。1987年以后，大力推行承包经营责任制。1990年在上海和深圳开办证券交易所，开放了证券市场，为企业发行股票和债券的直接融资开辟了道路。

四、向社会主义市场经济转轨

1992年10月，中共十四大确立了“社会主义市场经济”的改革目标，对国有企业是一大转折。国有企业为了要参与市场竞争，必须从相对独立的商品生产者转变为独立的商品生产者，逐步地做到同市场经济相融合。但当时，一是国有经济布局分布过广，国有资本过于分散；二是政企不分，“企业办社会”的“包袱”很重；三是“拨改贷”造成的债本错位，留下了全面过度负债的后遗症；四是冗员太多；五是长期脱离市场，经营不善，大量企业亏损。在向社会主义市场经济转轨的20年间，中国国有企业的改革，针对这些沉疴痼疾，进行体制转换和结构调整的攻坚，在驾驭资本上，主要抓了增资减债即解困、主辅业分离即减负、抓大放小即调整国有经济布局、产业整合即重点抓好一批大型企业和企业集团等四个方面的工作。国有企业改革冲关越隘，可以说是脱胎换骨，在伤痕累累中重新崛起。

第一是增资减债，为过度负债的国有企业解困。

从1994年开始，在一百多个工业城市进行“优化(企业)资本结构”的试点，政府以“红头文件”鼓励兼并、规范破产，逾期贷款挂账停息，核销呆账，对一部分企业的技术改造项目给予贴息贷款，等等，但都不能从根本上帮助国有企业摆脱困境。当时对12万户国有企业统计显示，资产负债率为75.1%，扣除挂账资产和坏账，实际的国有企业资本与负债的比例已是16.7∶83.3，即不到2∶8，陷入全面过度负债的困境。若要把负债率降低20个点，至少要补充9500亿国有资本。而且亏损面逐年扩大，1万多家大中型国企中有六成以上亏损，1996年全面亏损。尽管朱镕基在1995年两次严词否定“债转股”，但国家财政拮据，无力补充资本和弥补亏损。1997年中共十五大又提出了“三年脱困”的目标，要求从1998—2000年的三年内，使国有大中型亏损企业基本脱困。到了1999年下半年，朱镕基迫于三年解困的时限，决定全面推行“债转股”。当时成立4家金融资产管理公司，剥离银行的不良资产。后来统计，国有银行转入的大中型企业拖欠的贷款债权共计1.3万亿元，其中“债转股”为4596亿元，号称4600亿。“债转股”在驾驭资本上的奇妙之处，是化腐朽为神奇，给本来是背负4600亿元过度负债的国有企业一下子增加了4600亿元的承债能力，由此优化了企业资本结构；而它更加奇妙的作用，是在严重通货紧缩的情况下，意想不到地增加4000多亿元的银行贷款需求。它实际上起到前面说的补充9500亿国有资本的作用。直到今天，很多经济学家只是限于赞许每年1000亿的“国债工程”，却大都忽略了“债转股”化腐朽为神奇，从整体上增加了4600亿元的承债能力和增添4000多亿银行贷款需求在化解通货紧缩上的独特的作用，这是比国有企业三年解困更为伟大的一项成就。还要说到，这次用红头文件推行“债转股”，确实增加了逢迎权力的官场气习，以至出现了官员“寻租”等负面影响，但多年后全面衡量，当时用红头文件以命令方式快速推行，确实避免了投资银行度身定做的慢吞吞运作，以及银行企业间在资产评估价格上必然会产生的诸多扯皮，为企业增资减债和化解通货紧缩赢得了时间。

第二是在突出主业的条件下，主辅业分离，解除了企业办社会这个“大包袱”的负担。

当时推行“破三铁”（铁饭碗、铁工资、铁交椅），实施减员增效，承受了2000多万下岗职工被抛弃的骂名（温铁军说有4500万），确实伤痕累累。但是主辅分离在驾驭资本上的功绩，主要是区分企业的主辅业资本，把企业生产主业以外的医院、学校、餐饮、娱乐、商贸以及社区管理等办社会的职能机构剥离出去，桥归桥，路归路，产权进一步明晰，企业的结构得到调整优化。既促进了主业更加精干高效，也极大地提高了企业的劳动生产率，促进了收入分配机制的转变，为国有企业做强做大、增强市场竞争力创造了条件。同时，剥离出的辅业企业，九成以上经过改制，成为非国有控股公司，其中职工股占到总股本的57%，为民营资本的发展提供了机会。主辅业分离的工作，从20世纪90年代中期到2003年国资委成立以后还在继续，至今尚有不少国有企业办社会职能没有完全分离。据说隶属中央的医院、学校及其管理的社区等，还附属有办社会职能的机构8000多个，企业每年还补贴费用几百亿元，机构不大，但都号称是中央企业，实际上都可以让给民间资本去经营，可见改革的任务繁重。此外，1995年国有企业还为1023万退休工人支付了604亿元的退休工资。

第三是抓大放小，坚持有进有退，有所不为有所为。

这一时期，对地方中小国有企业，分别采取改组、联合、兼并、股份合作制、租赁、承包经营和出售等形式，直接推向市场。尽管在意识形态方面争论不断，问题是国有企业过度负债，而地方政府又无力补充资本和弥补亏损。不久就以“整体拍卖”、“经营者与职工持股”，甚至“破产兼并”、“零资产出让”等措施，鼓励民营资本参与改组、联合和并购。抓大放小的结果，以四川省为例，1998—2005年，中小国企由1.4万户降至820户，减少了94%。邵宁说得很坦率，国有经济的布局结构实质性的变化，主要就是“我们的国有经济从中小企业层面实现了退出”。由此，调整了国有经济布局，推动了国退民进，也推动了民营经济的成长。而放掉的一大群中小企业，恰恰为民营资本的进入和发展提供了机会。

1990 年开放了股市，从此有了一个“资本化”即从市场上开发资本的机制。但初期的股市还存在“姓资姓社”的意识形态争论，最先只有一些中小型股份制试点企业（如所谓“历史遗留问题股”）上市融资扩张了资本；1992 年后，才有一些大中型国有企业如上海石化、马鞍山钢铁公司相继在国内外上市融资，为产权多元化和通过证券市场扩张资本夺得了先声。

第四是产业整合。

1994 年 11 月，国务院在大中型国有企业中批准百家现代企业制度试点，但试点并不那么成功，80％的企业转成了国有独资公司，“翻牌”味道很浓，还是政企无法分开。1997 年中共十五大前夕，中央重点抓了分别隶属于石化总公司、化工部、纺织部和地方管理的号称“南京四鹤”的四个石油化工企业（即扬子石化、仪征化纤、金陵石化、南京化工）等，改造成具有规模经济的大企业，成为启动强强联合的一个样板。由此突破了条块分割的体制障碍和管理障碍，开启了在产业整合上“重点抓好一批大型企业和企业集团，以资本为纽带，联结和带动一批企业的改组和发展，形成规模经济”，成为具有破冰意义的重大事件。中共十五大更要求“力争到本世纪末大多数国有大中型骨干企业初步建立现代企业制度”，这才初步改变了国有企业的“小散乱破”，逐步有了一批比较像样的大企业和企业集团。

改革开放的三十多年，特别是向社会主义市场经济体制转轨的这 20 年，国有企业通过这一系列改革措施，着力解决企业走向市场后暴露出来的结构不合理、机制不适应、社会负担重、历史包袱多、冗员严重等问题，脱贫脱困，成绩斐然。如果说有什么不足，那就是在改革开放初期，在纠正原来实行的福利分房、公费医疗、免费教育等方面的“大锅饭”政策时矫枉过正，追求完全的市场自由，完全抛弃了当时全世界大部分国家在社会保障、住房、医疗、教育、消费者保护和环境保护等方面都已经在实行的那些社会主义政策，在一个时期内助长了贫富两极分化。所以，后来有人批评所谓“陷入权贵资本主义陷阱”，这不是没有道理的。

2003 年，国家成立了国有资产管理委员会（国资委），在政府机构设置上，实现了社会公共管理职能与所有者职能的分离，明确了国有资产出资人代表，直接通过管人管事管资产的结合，推动了央企的整合，让国企做大。

五、国有经济管控最重要的国民经济领域，力推股份制改造与公司上市

中国在改革开放中要不要发展国有经济，要不要把国有企业做大做强，争论不断。特别是 20 世纪进入 90 年代，正是苏东剧变、公有经济被攻讦得一无是处。中国政府排除了“华盛顿共识”和国内众多私有化议论的误导，在驾驭国有资本方面，做了两件大事：

第一件大事，是延续了“集中力量办大事”的传统，更主要的是对最重要的国民经济领域和创新型国家建设领域，无论是建设、投资、技术引进、运行管理，乃至重要的话语权，都牢牢地掌握在国家手中。惟其如此，中国才创造出高速铁路、量子计算机、系列航天工程、空间技术、核电站项目、国产航空母舰、新一代通信标准等战略产业的辉煌奇迹。还有 C919 大飞机在上海首飞成功，中国修建了世界最大的高速公路网、最大最好的高铁网，所有能建地铁的城市都在修建地铁，上海已经修建了 688 公里的地铁，这是世界上最长的城市地铁线。2012 年的中共十八大报告，把高速铁路与载人航天、探月工程、载人深潜和超级计算机一起，并称为创新型国家建设的“重大突破”。这个评价，令人振奋。

与此同时，政府没有听从那些休克疗法的误导和自由主义市场经济论者食洋不化的书生之见，没有把国企“一卖了之”、全部退出竞争性领域，而是从战略上调整国有经济布局，坚持有进有退，有所为有所不为，“抓大放小”，把国有资本集中到重要行业和关键领域整合成大企业集团，使这些行业在较短时间内能够拥有私营企业需要很多年才能建立起来的实力。

大国博弈，任何一国都是主权国家，综合国力越来越成为决定国家前途命运的主导因素。中国又是后发国家，以往备受诸多帝国侵略与凌辱的记忆犹新。面对西方列强的霸权主义和强权政治，我们要增强国家的经济实力、国防实力和民族凝聚力，就不得不强化本国大企业的实力，要有更多又大又优又强的大企业和企业集团，来同西方跨国企业集团对垒和应对意外的挑衅。何况在市场化改革初期，中国民营企业还处于个体经营的起步阶段，而国有经济是一个现实的存在。

用中国的通俗说法，这是我们的"命根子"，是我国国民经济的支柱。所以中国经济当局没有听从那些自由主义市场经济论者食洋不化的书生之见，毫不犹豫地紧紧抓住国有企业，进行脱胎换骨的改革，不断促进国有经济的发展壮大。

中国在驾驭国有资本方面做的另一件大事，是没有保持计划经济时期的国有企业体制的原封不动，而是撇开了国有企业那种弊端丛生的僵化落后的体制，把股份制改造和现代企业制度作为国有企业改革的方向，力推产权多元化和公司上市，使股份制成为公有制的主要实现形式，使国有控股参股公司为核心的公有经济成为市场的主体，并具有了当代发达国家现代企业的最先进的财产组织形式，当然也是最具活力的管理形式。

中国国有企业改革走上股份制改革和公司上市的道路，要感谢两个人。

一位是朱镕基。20 世纪 90 年代中期，朱镕基是国务院常务副总理，正为国有企业如何走出全面过度负债的困境、如何补充资本而困扰。1997 年辽河化肥厂（辽化）上市，以 IPO 的募股融资收购了过度负债的锦州天然气化肥厂，"上市加收购"，一举而兼收产业整合、建立大型企业集团、企业改制和上市，以及利用资本市场支持国企增资减债等多重效应。1997 年 7 月，朱镕基在辽宁考察，对辽化模式予以首肯，证监会决定在上市公司中加以推广。此后就使股市成为国企改制上市筹资解困的一条出路！问题是当时的股市也是小企业居多，一度也确实存在把上市当作"扶贫"，以"捆绑上市"来追求发股圈钱的负面影响并遭人诟病，但对于相当部分的国有企业来说，从此力推产权多元化和公司上市，成为国有企业改革的方向。

另一位是王岐山。1993 年王岐山是建设银行行长，正在为上万亿国有企业过度负债和银行逾期贷款的泰山压顶而忧心忡忡。1995 年王岐山创建中金公司（中国国际金融股份有限公司）兼任中金公司董事长，本来就想借投资银行的力量为国有企业的改革出奇制胜。中金公司创立后，我们耗时半年多尝试上海星火造纸厂"破产和解重组"的绕道"债转股"，没有获得高层首肯；王岐山派方风雷考察美国和欧洲的投资银行业务，正好赶上国际上电信行业从垄断经营走向股份化（西方称为私有化）和国际化的热潮。德国电信改制上市一举融入资本 137 亿美元；以此为借鉴，王岐山和时任邮电部部长吴基传策划"中国电信（香港）"在香港和纽约同时上市，中国电信没有出卖资产、不要还本付息，就以 190 亿元人民币的净资产，融入资本金 42.2 亿美元。而更大的成果还在于，吴基传和邮电部为了“中国电信（香港）”的上市，下大力量改革旧体制，运作邮电分业、政企分开、产业整合的改革，实现同国际电信业接轨。而“中国电信”的上市，确立了以行业重组为导向，龙头企业整体改制，分步实施国企改制上市的发展模式，为各行各业提供了一个能够更好地贯彻实施中共十五大提出的“重点抓好一批大型企业和企业集团，以资本为纽带，联结和带动一批企业的改组和发展，形成规模经济”的榜样，成了一个比整合“南京四鹤”更具影响力的突发事件。由此，以中国电信为起点，进而整合成了像中石油、中石化、中国移动、中国联通、中国铝业那样的具有跨国公司规模的巨型企业集团，就把深陷旧体制的一大批国有企业推上了资本市场，至少是首先在国有经济领域真正做到了“使市场在社会主义国家宏观调控下对资源配置起基础性作用”。

现在看来，这两大举措确实为国有企业改革带来了两个意想不到的伟大成果：第一大成果是推进了国有企业股份制改造和公司上市，使国有资本获得了当代发达国家的现代企业所具有的那种先进的财产组织形式和最具活力的管理形式。另一大成果是股份企业上市导致资本的社会化，带来了一个资本化即从资本市场上开发资本的新机制，从此使国有控股参股公司为核心的混合所有制经济成为社会主义市场经济的主体。

马克思早就指出，股份资本是由资本主义生产方式转向联合的生产方式的过渡形式。2003 年的中共十六届三中全会提出“大力发展国有资本、集体资本和非公有资本等参股的混合所有制经济，实现投资主体多元化，使股份制成为公有制的主要实现形式”。2013 年 11 月中共十八届三中全会的《决定》更明确提出“公有制为主体、多种所有制经济共同发展的基本经济制度，是中国特色社会主义制度的重要支柱，也是社会主义市场经济体制的根基”；明确提出“积极发展混合所有制经济”，把“国有资本、集体资本、非公有资本等交叉持股、相互融合的混合所有制经济”，称作“有利于国有资本放大功能、保值增值、提高竞争力，有利于各种所有制资本取长补短、相互促进、共同发展”的“基本经济制度的重要实现形式”。这一理论阐述，体现了马克思主义股份制理论在我国实践中的重大突破，从此有

“更多国有经济和其他所有制经济发展成为混合所有制经济”，有更多企业“实行员工持股，形成资本所有者和劳动者利益共同体”，股份公司上市的通道畅行无阻，进而形成一批大而优的国有控股参股公司为核心的公有经济的控制力，为保证国家经济安全和快速稳定增长奠定了基础。

现在，有些文章提出一个“国企民营化改革”的概念，认为“绝大部分国企都应该走民营化的道路”。如果说民营化改革就包括了股份制改造和投资主体多元化，那就不如旗帜鲜明地直接论说股份制的改革方向，不必另起一个“国企民营化改革”的炉灶。如果是想脱离股份制的改革方向另树“民营化改革”的旗帜，其结果，势必是分掉央企，或者如某些学者说的分股，这些巨型企业将落入原高管家族与官僚权贵手中，苏联和我国早前改制的某些中小国企就是前车之鉴。很显然，这是没有脱离“华盛顿共识”的窠臼。

其实，西方国家的私人企业为了扩张资本早就向股份制改革，现在除了家族企业仍保持单纯的私人资本之外，凡是股份制企业，都已经是所有权与经营权分离，是由资本主义生产方式转向了“联合的生产方式”，在所有制上已经实现了产权多元化的混合所有制经济形式，体现为某种公有制的经济形式，当然就更不是原来的那种资本主义经济形式了。所以，国有企业改革的方向，应当是股份制，即产权多元化，而不是另外再搞一个“民营化”。

1992 年以来的这二十多年，在国有企业改革方面特别值得称道的，先是 1999 年 9 月中共十五届四中全会通过了中共中央关于国有企业改革和发展若干重大问题的决定，抓紧了从战略上调整国有经济布局和推进国有企业战略性改组，着力培育实力雄厚、竞争力强的大型企业和企业集团；接着是在 2003 年国务院成立国资委，针对中央企业行业分布过宽、层级过多、规模参差不齐、产业链不完善等问题，加大了企业调整重组的工作力度。这二十多年调整国有经济的布局，中央企业户数，2003 年为 196 家，2006 年减少到 157 家；2013 年为 113 家。2015 年末，央企 106 家，资产总额 47 万亿元；有 60%的资产分布在电力、石油石化、建筑、军工和通信五大行业。进入世界 500 强的中央企业，2003 年只有 6 家，2006 年为 10 家，2010 年 30 家，2013 年增至 44 家，2016 年增至 48 家，中央企业参与国际竞争的能力进一步增强。

目前，国资背景的上市公司市值庞大，占了整个市场的“半壁江山”。2015 年两市上市公司中实际控制人为国务院国资委的有 259 家，另外还有教育部、财政部、体育总局等央企控股的上市公司也不少，再加上各个省市地方国资控股的上市公司共有千家左右，占整个 A 股上市公司总家数的三分之一以上。当然，这又揭示出国企改革还面临着远为艰巨的任务。

综上所述，中国在国有企业改革方面成功地驾驭了资本，让国有企业经受了深刻的体制变革和无情的市场洗礼。尽管许多工作未必尽如人意，存在国有股一股独大、公司治理很不规范等诸多缺陷。但是如果没有这样一批大而优的国有控股(参股)公司为核心的混合所有制经济的控制力，我们就不可能在这么短的时间把国家做大做强，也不可能在 2008 年抵御住那次严重的全球金融危机，当然也就谈不上担负起世界经济竞争主体的重任，谈不上保证我国的经济安全和国民经济快速稳定的增长。面对金融危机，我们国家没有像西方发达国家一样萎靡不振，正是这些国有企业起的作用。即便如此，我们仍然摆脱不了西方国家对出口科技产品的诸多限制，以及在跨国企业兼并上的诸多歧视性审查和排斥。

中国从计划经济向社会主义市场经济转轨中，成功地实现国有企业的改革，既发展了国有资本控股参股的若干大企业集团，壮大了我国参与国际竞争的实力，又没有走回计划经济政府直接配置资源的老路，确实是世界经济史上值得大书特书的伟大成就！

六、执行两个“毫不动摇”上的偏颇

当然，这并不意味着，政府对国有经济布局的战略调整已经到位。

必须指出，2002 年党的十六大提出两个“毫不动摇”：一个是“毫不动摇地巩固和发展公有制经济”；另一个是“必须毫不动摇地鼓励、支持和引导非公有制经济发展”。问题正在于，这十多年间，政府部门以很大的力度，做大了国有控股(参股)公司为核心的公有经济，却没有同样以很大的力度来放宽行业准入条件，“促进非公有制经济发展”。2003 年中共十六届三中全会提出非公企业应“享受同等待遇”，实行“非禁即入”的市场准入原则，不久又发布“非公经济 36 条”。但实施并没有到位。2006 年国资委调整国有经济布局集中国有资本控制力也过分挤压了民营经济的发展。特别是 2008 年应对全球经济危机,政府果断推出 4 万亿元投资的拯救方案,意想不到的是,国有经济超出了原定的"具有战略意义的领域",扩展到许多盈利领域,大大挤占了属于民营企业的空间。

2012 年世界银行的一份报告提到中国国企居于垄断地位,其盈利能力常得益于竞争少、廉价资本、土地和自然资源。并提到有研究显示,国企的活力不如私企,1978－2007 年,国有企业板块全要素生产力的增长只是民营产业的1/3。2015 年中纪委在对第二批国企巡视情况的通报就指出,企业中拉帮结派、关联交易、链条性腐败问题让人触目惊心。

还有学者提到国企运营中的不良案例:不听指挥、各自为政者有之;不分红、不还贷者有之;假公济私、高薪自养者有之;其他如服务差、收费高、操控市场,等等。与此同时,许多民企感到发展前景迷茫、缺乏安全感,移民和转移资产的数量、规模日益上升;很多国有企业也反对政府过度干预,认为在较大程度上抑制了经济活力,呼吁让企业"回归本位"。

总的说来,国企改革的问题:一是一些企业市场主体地位尚未真正确立,现代企业制度还不健全,国有资产监管体制还有待完善,国有资本运行效率还需要进一步提高;二是一些企业管理混乱,内部人控制、利益输送、国有资产流失等问题还比较突出;三是一些企业党组织的作用被弱化,企业党建亟待加强。

七、进一步调整国有经济布局,深化国有企业改革

2015 年 9 月,中共中央、国务院公布《关于深化国有企业改革的指导意见》,国企改革顶层设计终于面世,要按照十八届三中全会提出的,把市场的决定性作用作为改革的一个很重要的方向。国有企业要以独立主体身份进入市场,面临再改革的问题。

第一,深化国有企业改革,有一个着眼于提高国有企业活力和国有经济竞争力、进一步调整国有经济布局的问题。有资料说,我国国有及国有控股企业近 15 万户,除了 106 家央企是重点以外,涉及中央各部门的中小央企有 1 万多户,包括教育部门高校和卫生部门医院办的附属企业也是央企;至于地方国有企业包括省地市县级有近 10 万户,更是范围宽广。关键是如何抓大放小,向具有核心竞争力

的优势企业集中，增强国有经济整体功能和效率。

十八届三中全会过后，国有企业出现了以市场为导向的重组趋势。一类是强强联合的重组，一类是同一集团旗下公司的整合，旨在增强实力，更好地参与全球竞争。再一类是集团之间的强强合作，都是共同面对外部竞争。

在国企改革中，国资委还对一些小企业提出了一个平台化实施央企重组的思路，接收、托管三级以上的企业达 70 多户，人员 1.8 万人，接收账面资产30.14亿元。这些企业因多种原因经营陷入困境，涉及资产整合、人员安置和企业发展等多方面棘手问题。重组中针对不同情况，因企制宜，制定解决方案，确保了企业发展与社会的和谐稳定。

看来，以国有资产资本化为重点，通过完善产业链，进行跨区域、跨所有制的企业并购和重组是个方向。同时要建立健全优胜劣汰市场化退出机制。对于“僵尸”企业、长期亏损和低效无效企业，则要加大处置力度，就是要清理退出一批乃至全部退出。

第二，打破垄断。很多人批评国有企业“所有者缺位”和“垄断经营”。我以为，这个问题不能人云亦云。国际上经济发展的事实表明，像能源、航空、铁道、电信等需要集中巨额资本的事业走向垄断有其必然性。史正富教授关于垄断的研究就认为，“现在央企所处的主要行业，举凡能源、航空、铁道、电信等等，国际上也都是少数巨型企业之间的寡头竞争。”至于“所有者缺位”，国际上这类企业在产权制度上也都具有“真实所有者的缺位”的共同特征。区别只是在于，美国财富 500 强企业的主要股东，基本都是由共同基金、养老保险基金、社会公益基金等机构投资人形成的“替身所有者”，中国则是国务院国资委。史正富教授认为，“既然是寡头竞争，行业利润自然高于自然竞争的部门，区别只是在于这种较高的‘垄断’利润归谁所有？如果通过健全国有企业利润分配与国有资本的预算制度，那么资本化的国有企业应该成为社会主义市场经济的产权依托”。所以，国企改革的出路不在私有化或完全竞争，而是在实事求是基础上的自主制度创新，比如国有企业的资产资本化，国有资本管理方式的社会化、权益化及年金化；再比如选择性开放行业准入、增加不同所有制企业加入竞争形成压力；还有重构公司治理机制，实施总裁团队的职业化与市场化，等等。

崔之元也认为，从与西方超大型企业"求同"的角度来论证国有资本，有其合理之处。认为中国大型国有企业应对标的只能是美孚、埃克森、BP这类公司，在产权制度上也应如此，"真实所有者的缺位"是其共同特征，这个量级的企业是国家级发展战略的必要工具。

不过崔之元也指出这一论证的不足之处，他认为应该继续往前推，尤其在政治哲学层面。"同一个'产权明晰'的口号，可以包含着十分不同的指导产权安排的政治哲学"。"社会主义的价值体系与政治哲学应指导公有资本的产权安排和经营预算管理，例如中共十八大提出的'效率与公平兼顾'，'全体人民共享改革发展成果'等，其政策工具可以借鉴社会分红理论等。这又涉及公有资本与经济体系的一般效率之间的关系问题。"

如何打破垄断？在国有资本继续控股经营的自然垄断行业，如运输和能源领域，如何根据不同特点实行网运分开，对特殊业务和竞争性业务实行业务板块有效分离，分别由政府和市场来运作，一直是改革的焦点。

最早提出"网运分离"的是铁路，一头是"网"，把一些基础设施类特殊业务，组建国家铁路路网公司，管理政府提供的铁路线路、桥梁、隧道、信号、供电设备等自然垄断性的路网基础设施；路网公司可以是特殊的企业法人，也可以是由政府直管的机构。另一头是"运"，对一般竞争性业务，则按《公司法》组建客运公司、货运公司，主要承担客货运输任务。路网公司对客货运公司收取线路使用费，负责路网的维修改造和建设，公益性线路的亏损则由政府给予补贴；客货运公司则要支持非国有资本参股，直接从市场取得收入。

在能源领域，"网运分开"体现为"管住中间、放开两头"。如电网企业是收取过网费，发电售电价格高低与电网无关，由此在发电企业与电力用户交易中保持中立地位，排除了电网与发售电企业利益之争，有利于明晰输配成本，加强对"中间"的监管。在油气改革中，热议的也是"管住中间、放开两头"，创建输气管道垄断企业，由此将为民营企业和规模较小的国企松绑，让它们放手开发和营销天然气，不至于被封闭的管道系统卡住。

至于一般企业，将实行统一的市场准入制度，在制定负面清单基础上，各类市场主体可依法平等进入清单之外领域；清单之外，"法无禁止即可为"。

第三，区分公益类国企和商业类国企，准确界定不同国有企业功能，分类推进改革。

公益类国有企业以保障民生、服务社会、提供公共产品和服务为主。这类提供重要公共产品和普遍性服务的事业，一般不以营利为目的，民营资本不愿涉足，只宜由国有部门承担。但是，对于有盈利的公益类企业，则应提倡投资主体多元化，可以国有独资，可以吸收民营参股，还可以通过购买服务、特许经营、委托代理等方式，鼓励民营企业参与经营。

商业类国有企业，大量处于充分竞争行业，应当放宽非公有经济的准入条件，实行市场化商业化运作，原则上都要股权多元化。国有资本应集中于特定领域，不应到处伸手，与民企争利。有些竞争性领域，可以引入非公资本形成混合所有制企业。当然，也不是说国有资本只能从事公共服务事业，不能从事竞争性行业，甚至认为国企就应退出所有竞争性领域。

第四，发展混合所有制经济，完善现代企业制度。

对于混合所有制，应明确国企、非国企之间“双向进入”的方向，重在引入非国有资本参与国有企业改革，这是推进股份制改革实现股权多元化的前提。对于国有资本占股较多的企业，有些在试行“优先股”，既提升非国有资本拥有表决权的股权占比，又能保证退让的国有股优先分配利润和剩余财产，为国资有进有退提供稳妥的途径。在股权转让上，要为国有企业和其他所有制企业之间的并购重组清除障碍；优先支持人才资本和技术要素贡献率较高的科研院所、高技术企业、科技服务型企业开展员工持股试点。

第五，深化国有企业改革，必须切实降低国有资本的持股比重，乃至让出一些企业由非公有资本控股，这是防止走向权贵资本主义、避免政府支配资源权力过大的关键性举措。

2015 年末，国有企业资产总额 119.2 万亿元，净资产 40.1 万亿元。如何降低国有资本的持股比重？一个可行的方案，是政府把一部分国有资本转到公共服务事业上来，要提供充分的公共交通、公立学校、公立医院和公园，以及环保、污水处理、机场经营等公共品。

再一个方案，是将更多的国有资本分别注入社会保险基金、扶贫开发基金、教育发展基金、西部大开发基金等，这是既能降低国资持股比重，又能惠及社会民生的两全举措。

另一个大胆的方案，是大幅降低国资持股比重，拿出几万亿元作为 2.6 亿进城务工的农民工市民化的补贴或扶助基金，这将有利于缩小收入差距，增进安定团结，完善成本分担机制。

前几年，几家央企在引进数十家外部投资者、成功融资千亿元之后，国有股仍占 60%—70%，仍然是一股独大。外界议论，改革而不放弃一股独大，显然难以实质性改变经营机制，有评论称之为“彻底迷航”。钟伟曾经试想，如果汇金拿出中国工商银行 10%的股权和 2 个董事席位，同腾讯换股的话，会对市场有怎样的影响？问题是钟伟敢想，汇金敢不敢想，敢不敢做？

发展混合所有制，不但是民营资本可以参股、控股，民营资本更关心的是，能不能在法律框架的保护下，和国有经济享有平等的权利。不能今天让做，明天叫停；今天准入，明天就被踢出。要让民营经济进得来，站得住，让民营资本享有和国有经济平等的权利。

第六，完善国有资产管理体制，重在组建若干国有资本运营公司，从管企业到管资本。

其实，1988 年组建六大投资公司，本来就是希望以投资公司取代各部门分配投资的职能，像新加坡政府投资公司（淡马锡）那样，以管理国有资本为主从事控股和走向投资经营。问题是当时各主管部门都想保持既有权益，不肯退出投资分配的舞台，正像一位世界银行专家说的，投资公司反而是在“已经非常复杂的体制上再增加了一个管理层次”，“比起那些轰然作响的爆竹来说，它成了一发哑炮！”另一个原因是当时还未开放股票市场，企业的资产不能资本化，投资公司也缺少可以进行资本运营的条件。现在重提组建国有资本运营公司，是要从过去管企业为主转向管国有资本为主，更好地依仗市场的力量，在体制创新上取得突破。

直到目前为止，中国对国有企业的管理有两种方式。一种是国资委对国有企业的管理，用陈清泰的说法，是以实物形态的“国有企业”作为国有资产的实现形式，“管人、管事、管资产”，离市场化相对较远；国资委对控股上市公司的管理，也是“进行着无规制、无边界的干预，使上市公司的重要决策往往通过非正常渠道进行，机制和流程不透明、很特殊，甚至特殊到投资者都无法看清”。这种管理，看重的是产业和企业，是衙门对衙门，行政对行政，官对官，你不听话就撤职、给行政处分。说到底，还是政府行为，不是市场行为。

另一种管理，主要是组建国有资本运营公司，通过持股和市场化运作的保值增值来管资本。这是全国社保基金、四大资产管理公司以及中央投资公司也包括汇金公司的管理方式。它们管理的对象都不是产业和企业，而是“资本”，就是“国有资产的资本化”。现在各类资本市场比较齐全，企业可以在国内外上市。而以持股方式管资本的实质，就是寸步不离市场，尽管企业是国有的，但是用人机制和管理机制都是按市场化进行，“使市场在资源配置中起决定性作用”。这时，所有权与经营权分离，能够保障企业在市场竞争中独立的市场主体地位，较好地实现管资本与市场的对接，同市场经济相融合。

有人质疑，以持股方式来管资本，追求的是财务目标，会不会失去对企业的控制？

这里除了股权交易，还有一个企业控制权交易的问题，通俗的说法就是“国退民进”。其实，国有控股、民营控股，都不是永恒不变的，只有经过控制权的流动，经过真正的资产重组、产业结构调整，才能有“1＋1＞2”的协同效应，也才能有真正的优化资源配置。这时，关键是规范民营资本同国有资本之间的企业并购和资产重组，推进真正的市场化运作。

在政府方面，应是规范“国退民进”和保护“民进”的积极性，要让国有控股方甘心“退”出，让民营资本站得住、能发展、不受习惯势力的歧视和干扰。现在央企数量太多，在并购重组中，往往出现外合里不合、企合人不和的情况。人们发现，一些“国退民进”公司发生的股权之争，常常是在国有控股方走投无路时不得不向民营资本求救，一旦化险为夷，国有控股方的代理人往往会从“旧体制”的多方联系中重新谋取主动，乃至借口“防止国有资产流失”，导演出旧势力的“逼宫”或“复辟”。这时，国有控股方对其代理人特别要严加掌控和约束。

说到底，有一个利益问题。充当国有控股方代理人的高层管理人员，有诸多毋庸讳言的利益，有些人往往想通过 MBO 持股谋求管理层收购，存在对未来财富追求的贪婪和幻想。国资管理机构特别要对某些有才能又有抱负的高层管理人员有相应的激励机制。罗昌平在2009年8月《财经》杂志上发表《通钢改制之殇》一文，就谈到吉林省通化钢厂(通钢)上下游产销链中，有一种与高层管理人员的利益勾结和腐败的"围钢经济"。我联想到一起中药企业并购中，也碰到过一种围绕药厂上下游产销链中的利益勾结的"围药经济"，它同地方官僚、药厂高管有说不清的利益联系，拼命为并购制造障碍。看来这种"围X经济"带有普遍性，它寄生于国企周围且滋生腐败，在国有企业体制改革乃至反腐斗争上，必须认真对待！

现在提出发展国有资本运营公司，就是要在"股份制"和现代企业制度实践上真正同国际接轨，将混合所有制的控股(参股)公司更好地置于市场、股东和民众的监督之下。总之，深化国有企业改革，必须改弦易辙，从管企业到学会管资本，从当婆婆到学会当股东，所谓从体制上实现政企分开、政资分开，应当从这里开始。

第七，建立职业经理人制度，要有一个市场化的任用企业家的机制。对于企业管理人才，也要"使市场在资源配置中起决定性作用"。即便国有控股公司的高管也要通过市场任用企业家来实现控股方对企业的控制，不能总是搞"官本位"、论资排辈、行政任命。一定要市场化、商业化，从市场上的企业家人才中选贤任能，乃至高薪礼聘，并建立相关的约束和激励机制。要抓紧企业家成长集聚的制度建设，完善激励机制、任职机制和改革创新的容错机制。

人才问题，一定要学会计算人才的机会成本账，不能总是凡马驾辕，千里马套磨！比如，认股期权是一种有利于集聚高管人才的激励机制，前提是高管必须经过拼搏作出业绩；不能把它看作一种无须付出的福利或权利，哪怕是"草包经理"，也应该坐享其成。

但是对于控制权交易来说，人的管理从来是一项高明的艺术。即便是并购，对企业原有高层管理者如何进退的安排，也是个不可小视的大问题。西方企业并购，还要给个"金降落伞"，下岗员工还有个"买断工龄"的问题，中国国企是"官本位"，企业领导是"准官僚"，有个比"买断工龄"更大的"赎买"问题。这些问题，牵涉到真金白银，千万大意不得！

刘胜军认为，国企改革只有找准痛点，才能取得实质性进展。他认为，国企改革的痛点：一是央企在电信、石油、电力等行业的行政性垄断；二是央企在房地产等竞争性领域与民争利；三是国企高管的“官员化”，政企不分，不解决这个问题，国企高管薪酬问题亦无解；四是不少董事会的虚置，几乎没有实质性权力，独立董事大多是退休官员，国资委和组织部都能直接越过董事会干预国企。国企改革不能被国有资本运营公司、混合所有制这些浮云“遮望眼”，而应该时刻铭记究竟是为了解决什么问题。如果不触动这些痛点，那将是瞎折腾。

总之，国有企业改革，涉及的不仅是国有经济布局的战略调整，特别是在打破垄断和反腐方面还涉及政府自身权力的改革，必须有壮士断腕的勇气和决心，才能大有作为。

八、深化国有企业改革要有制度自信

国有企业是国民经济发展的中坚力量。2015 年 7 月 17 日，习近平同志考察了中国中车长春轨道客车股份有限公司。据报道，习近平在同吉林省企业职工座谈时指出，对国有企业要有制度自信。深化国有企业改革，要沿着符合国情的道路去改，要遵循市场经济规律，也要避免市场的盲目性，推动国有企业不断提高效益和效率，提高竞争力和抗风险能力，完善企业治理结构，在激烈的市场竞争中游刃有余。

现在，对国有企业的议论颇多。

新中国成立初期，坚持多种所有制共同发展，经济欣欣向荣。后来提出过渡时期总路线，开始向社会主义过渡，1956 年敲锣打鼓“全面公私合营”，1958 年全面人民公社化。再以后是十年“文革”的史无前例的批判资产阶级，连农民的自留地都被说成“资本主义的尾巴”，城市的个体户和私营工商业绝迹，中国经济濒于崩溃的边缘。直到 1978 年中共十一届三中全会“拨乱反正”，重新承认“目前在有限范围内继续存在的城乡劳动者的个体经济，是社会主义公有制经济的附属和补充”。80 年代才逐步把个体经济上升为“公有制经济的必要补充”。后来在邓小平的指引下，经过理论界的努力探索和创新，人们逐步恢复了新民主主义阶段对非公有经济的正确认识，但是并没有沿用“新民主主义阶段”的提法，而是承认现在还处于“社会主义初级阶段”，还必须“以公有制为主体的前提下发展多种经济成分”。

有人提到，1990 年苏东剧变，苏联是共产党执政，基本上是国有经济全覆盖。但民心不附，戈尔巴乔夫宣布解散共产党，没有一个党员出来抵制，只能是土崩瓦解！中国在这一时期，恰恰是改革开放以后，政府不断给市场“让”地盘，不断给非公有经济让出阵地，国退民进，发展了包括私有企业在内的多种所有制经济，解放了生产力。1992 年中共十四大确立社会主义市场经济，宣布“多种经济成分长期共同发展”的方针，才有了今天民营经济出人意料的发展。因而，现在又有一种厌乌毁屋的过激主张，认为“国有企业的低效率降低了人民的生活和政府的财力，已经变成了实实在在的负资产，它们导致的不公平、腐败和道德堕落引起了人们的强烈不满”。甚至设想把大部分国有企业民营化了，共产党的统治就更稳固了。书生误国！

习近平同志在 2016 年 10 月 10 日北京召开的全国国有企业党的建设工作会议上讲话中指出，新中国成立以来特别是改革开放以来，国有企业发展取得巨大成就。我国国有企业为我国经济社会发展、科技进步、国防建设、民生改善作出了历史性贡献，功勋卓著，功不可没。他强调，国有企业是中国特色社会主义的重要物质基础和政治基础，是我们党执政兴国的重要支柱和依靠力量。

参考文献

[1] 中共中央关于全面深化改革若干重大问题的决定[N].新华社，2013-11-15.

[2] 2015 年央企资产总额 47 万亿元[N].羊城晚报，2016-3-13.

[3] 国家发改委、世界银行.2030 年的中国：建设现代、和谐、有创造力的高收入社会(中文版)[N].安邦咨询，译.财经网，2012-3-22.

[4] 陈清泰.从管企业到管资本[J].新世纪，2013(51).

[5] 韩方明.演绎经济传奇的大国战略[N].新加坡《联合早报》，2007-1-5.

[6] 马静.当前国企十大争议话题剖析[N].人民论坛·学术前沿，2012-6-19.

[7] 叶檀.国企改革可以走第三条道路[N].每日经济新闻,2012-3-23.

[8] 杨卫东.试论第三轮国企改革[N].爱思想网,2011-12-1.

[9] 张茉楠.让市场在资源配置中起决定性作用[N].中国经济新闻网,2013-11-13.

[10] 邵宁.谈央企十一五发展情况和十二五发展[N].中国网,2011-2-22.

[11] 张卓元.30 年国有企业改革的回顾与展望[N].中国经济网,2011-3-4.

[12] 厉以宁.国企民企双赢是国资体制改革和民企体制转型[N]. 价值中国网,2013-10-30.

[13] 习近平.中央领导是人民的大勤务员[N].新华网,2015-7-17.

[14] 习近平.坚持党对国有企业的领导不动摇[N].人民网—人民日报,2016-10-12.

[15] 张文魁.绝大部分国企都应该走民营化的道路[N].东方早报,2012-5-17.

[16] 张维迎.改革必须走出理念陷阱[N].英国《金融时报》中文网,2013-12-10.

[17] 铝业"冰与火",中铝巨亏 82 亿,民企净赚 54 亿[N].新京报,2013-12-9.

[18] 陈昌智.混合所有制经济不能一股独大[N].中国经济新闻网,2014-1-28.

[19] 史正富.中国奇迹是如何出现的? [N].英国《金融时报》中文网,2014-1-14.

[20] 崔之元.我所理解的史正富.超常增长:1979—2049 的中国经济[N].人民论坛网,2013-11-8.

[21] 钟伟.中国经济呈现四点新因素[N].中国证券报·中证网,2015-4-21.

[22] 曹尔阶.资本是个好东西[M].北京:中国人民大学出版社,2012.

第二章　民间资本峰起壮大了非公有经济

在中国改革开放的奇迹中，包括私人工商业和个体手工业在内的民营经济成了中国发展出人意料的推动力量，为中国崛起建立了功勋。到 2013 年，民营经济占 GDP 的比重超过 60%；全国至少有 19 个省民营经济的 GDP 占比超过 50%（其中广东省超过了 80%）；在民营经济就业的人数，已占全国就业人数的 75%；在 2013 年出口额中，国企占 11%，外企占 47%，私企占 39%。2014 年实行工商登记制度改革、修改并发布《公司法》以来，市场主体增长呈现“井喷”态势，非公有制企业占据全国实有企业 90%以上，已是市场经济的主体。当时估算，到 2015 年私营企业及个体工商户总数将会超过 7000 万，带动就业近 3 亿人。民间资本峰起泉涌，民营经济出人意料的发展，助推了市场在资源配置中的决定性作用。

改革开放后，中国经济最大的难题，就是如何从无到有地聚集和扶植民间的私人资本。因而在民营企业风起云涌的后面，也有着强势政府因势利导的一份艰辛。

一、“从无到有”：多方面扶植民间资本

为什么说是“从无到有”？

新中国成立初期，全国政协的《共同纲领》提倡发展多种经济成分，对私人资本主义工商业采取和平赎买的方针，曾经吸引了私人工商业者和个体手工业者参加了中国共产党领导的新民主主义革命和新中国成立后的社会主义建设。1952 年毛主席急于宣布社会主义过渡时期总路线，要推进社会主义三大改造，即个体农业、个体手工业和私人工商业的社会主义改造，要求在三个五年计划时期内过

渡到社会主义，而不再是要等到“遥远的将来”才向社会主义过渡。而后是1956年敲锣打鼓“全面公私合营”，1958年全面人民公社化。再后是十年“文革”史无前例的批判资产阶级，批判修正主义。连农民的自留地都被说成“资本主义的尾巴”，就不用再说城市个体户和私营工商业了。正是因为在一个不短的时期内对非公有经济有过一系列的不正确对待和摧残，到“文革”后期，非公有经济几乎濒于覆灭。1978年年底统计，全国城镇个体户只剩有14万人，比1956年基本完成社会主义改造以后的16万人还少2万人。

1978年中共十一届三中全会“拨乱反正”，稍许扭转了对非公有经济的过“左”认识。为了解决几亿农民的温饱和1700万知青返城的就业问题，以及30年优先发展重工业造成的城市轻工业和消费品严重短缺，高层不得不从亿万草根民众那里首先提倡和恢复个体私营经济。中国民营经济三十多年出人意料的发展，为中国经济的超常增长发挥了重要的作用。

梳理起来，改革开放后中国政府在扶植和发展非公有制经济上，大体有十个方面的措施：

第一，广大农村的包产到户：让土地还原为个人和家庭的资本。

新中国成立初期，在土改中就把地主的土地分给了无地少地的农民，这是新中国最早的土地私有化。但是小农经济没有出路，所以后来提倡农业合作化，成了集体所有制。1958—1960年的“大跃进”和人民公社化，“共产风”泛滥，挫伤了农民生产积极性，农业生产遭到空前破坏。1961年曾希圣在安徽试行包产到户，在1962年七千人大会上，被指责为“方向性错误”，受到撤职处分。自此，包产到户被视为禁区。十年“文化大革命”，农业生产更是陷于崩溃。

1978年春，为了抗御旱灾，安徽凤阳的小岗村生产大队最早恢复包产到户“打响了改革开放的第一枪”，得到省委书记万里的支持。1979年全省包产到户的生产队约有10%。这时，贵州、四川、甘肃、河南等地的一些穷困生产队也自发实行包产到户。1980年9月中共中央在省委第一书记座谈会纪要中，承认包产到户“是联系群众，发展生产，解决温饱问题的一种必要的措施”。1981年6月全国实行包产到户的生产队从年初的1%增加到19.9%。

1982年1月中共中央发出第一个关于“三农”的“一号文件”，公开承认包产到户、包干到户或大包干“都是社会主义生产责任制”。这是时任中共中央书记处农村政策研究室主任杜润生的一个创造，包产到户、包干到户用上“责任制”这样一个非常中性的词，就使反对和赞成的不同意见逐步地趋向一致。一号文件的硕果，是 1983 年获得“创世纪的大丰收”。1978 年中国粮食产量只有 3 亿吨，1984 年达到 4 亿吨。包产之所以能调动积极性，关键就是让土地又还原为个人和家庭能够驾驭的资本，让承包人获得了有对产出盈余的支配权利。

联产承包的另一大成果，是它解放出很多农村剩余劳动力，发展了乡镇企业。

第二，知青返城大潮催生了城市的个体私营经济。

中国十年“文革”史无前例地批判资产阶级，城市个体户和私营工商业濒于覆灭。

“文革”后，1978—1979 年，从城市下放农村锻炼的 1700 万知识青年大批返城，相当于城市人口的 1/10。加上城市的待业青年千余万人，温铁军说有 4000 万，庶几近似。怎么解决这么多人的升学和就业？当时每年招工的名额有限；靠职工提前退休，让子女“顶岗”即顶替上岗的人数也有限。人们讳言失业，称为“待业青年”。

民以食为天！返城知青中自发地冒出了大批个体摊贩：修车、修鞋、补锅、照相、缝衣、开小吃摊铺……催生了中国的个体私营经济。人们啧有烦言：是不是搞资本主义？经济学家薛暮桥呼吁要准许搞个体劳动，广开就业门路。1979 年 2 月，中共中央、国务院批示：“各地可根据市场需要，在取得有关业务主管部门同意后，批准一些有正式户口的闲散劳动力从事修理、服务和手工业者个体劳动。”叶剑英在 1979 年国庆讲话中承认“目前在有限范围内继续存在的城乡劳动者的个体经济，是社会主义公有制经济的附属和补充”。全国城镇个体户，1979 年为 31 万人，1980 年增加到 80.6 万人，1981 年为 101 万人。

个体私营经济的进一步发展，减轻了就业压力，迫使地方政府不得不放松对轻工业国企的管制，让更多民间资本进入更多的城市轻工业新企业，去生产各类轻工业消费品。

第三，开放集贸市场，长途贩运不算投机倒把。

改革开放前，粮油糖豆肉蛋卷烟，都要凭票证供应。那时，摆摊做生意，鸡毛换糖，买进商品转手卖出的商贩，都被称作“二道贩子”，视同投机倒把，要割“资本主义尾巴”，经常受到城镇打击投机倒把办公室即人称“打办”的围追堵截。1979年1月，中共中央发出《关于加快农业发展若干问题的决定（草案）》在农村试行，规定“家庭副业和集市贸易是社会主义经济的必要补充，不得当作‘资本主义尾巴’加以取缔”。但是没有明确允许贩运倒卖。1980年6月20日《人民日报》填补空白，发表孙连成的一篇《长途贩运是投机倒把吗？》，宣称这不是“投机倒把”。不少商贩把这个“小豆腐块”文章贴在扁担上，仿佛找到了一张护身符。

20世纪80年代初，浙江的温州等城市出现了各种小商品集市，一度又引起非议。著名经济学家薛暮桥就曾亲身到北京北太平庄农副产品市场赶集，传媒及时报道，正面肯定了集贸市场。几乎是同时，胡耀邦下去视察，山东的领导试探着中央对个体经营和长途贩运的态度。胡耀邦就说这些人是搞活经济，搞活流通，他们是“二郎神”，不是“二道贩子”。

集贸市场的出现和长途贩运不是投机倒把，为个体经济的发展起了保驾护航的作用。1982年9月16日，国务院决定将160种小商品价格正式放开，实行市场调节。1986年费孝通在温州调查时“全市已有415个大大小小的专业市场，据统计，每天上市总人数达45万”。

第四，机关企事业单位办公司，解决职工子女就业和下岗职工再就业的出路。

最早是20世纪80年代初，大型国有企业为吸收自家职工返城的知青子女就业，开办了一批附属商店和供销网点，为工厂供应原材料并销售产品；一些大专院校和行政机关也兴办文印社、俱乐部或电影院，乃至把食堂独立成餐饮店，都是吸收职工子女就业。企业实行包干以后，富裕企业更是大举运用“包干结余”，兴建食堂、大礼堂、俱乐部和浴室、医疗所、幼儿园、职工子弟学校，乃至兴建农牧副业基地等，既是职工福利设施，又吸收职工子女就业。其后，90年代国有企业精简职工，也为下岗职工兴办了一些集体所有制的消费服务企业。这些附属商店和网点，后来在主辅分离改革中，九成以上转为职工参股的非公有制企业。

第五，科技人员下海经商办公司，人力资本崭露头角。

发展非公有制企业，科技人员下海经商办公司是一个重要方面。先是1980年10月23日，中科院物理所研究员陈春先在北京中关村创办首家民营科技公司

“北京等离子体学会先进技术发展服务部”；不少大专院校研究所，也都号召知识分子开设校办企业、所办企业，从此开创了中关村电子一条街。中关村的创业者首创“两不四自”的原则，即“不要国家预算投资、不要人员编制，自筹资金、自由组合、自主经营、自负盈亏”，称为“国有民办”。使一批民营科技企业在不明确拥有所有权的情况下，获得经营自主权，成为特定历史条件下的特殊运行机制。科技企业家办公司，对外自称儒商，显示与“倒爷”公司、官办公司有所不同。

20 世纪 70 年代后期，个人计算机进入中国，人们称它微机、个人电脑、PC 机、桌上电脑，最后正式称为“计算机”。80 年代初引进的计算机，只有加装带有汉字字库等功能的卡才能打印汉字。人们管这种卡叫“汉卡”。1984 年 5 月，中关村四通公司的技术人员王辑志在销售日本打印机时，对中文打印软件即“汉卡”产生了兴趣，但是缺少研发资金。1985 年 3 月在与日本三井物产交往中，他的一份中文文字处理机设计书引起三井物产的重视，双方协议共同开发，三井物产投入 100 万美元的开发费，按每年 10 万台的销量，由三井物产介绍日本一家著名公司贴牌生产，产品定名为“MS－2400 四通打字机”。自此，王辑志赚来 100 万美元的故事，被渲染为“最大的空手套白狼”，成为人力资本驾驭外商资本的典型案例。

人们把中关村民营科技企业称为“中关村模式”。1987 年 12 月，《人民日报》刊登了中央七个部委对电子一条街的调查报告——《希望的火光》。从此，中关村“电子一条街”正式加冕。

1988 年，国务院批准成立了我国第一个国家级高新技术产业开发区——北京新技术产业开发区，标志着“以中关村模式”为代表的民营高科技企业的发展受到了高度重视。

第六，国企改革抓大放小，国退民进，为民营企业让出了阵地。

改革开放后，很多地方小型国有企业经营不善。1993 年泉州市不堪重负，把市内几十家企业卖给黄鸿年的香港中策集团。不少人责骂泉州市长是“败家子”行为！

1995 年，调整国有经济布局，中央决定在国有企业改革上抓大放小。不少陷于过度负债和亏损的地方国有企业，央求职工转为职工持股自救，转成民办企业。经济当局通过改组、联合、兼并、股份合作、租赁、承包和出售等形式，鼓励职工和私人经营，发展了一批包括民营和各种合资合作的非国有股份公司，让"国有经济从中小企业层面实现了退出"（邵宁）。

第七，民间资本搞了一些"红帽子"企业。

改革开放初期，不少民营企业曾以"红帽子"企业大量存在，既是一段风光，也是一种对所有制歧视的无奈。当时，社会上对私人资本仍然视为禁区。对雇工超过7人的大户常常不给工商登记（直到1988年后才取消这一限制），而且在政策环境上有诸多歧视。如北京市工商部门规定公司必须有局级单位为主管才给予注册，中关村的众多公司，都必须成为某国有局级单位名下的挂靠企业，每年要给主管单位上交2—5万元的管理费。私营经济的地位，也比不上外资企业和乡镇企业。例如，私营企业出口必须经过外贸部门转手，也不如外资企业出口有种种优惠。私营经济在解决场地、能源问题方面也困难重重，并且很难从银行获得贷款。有些私营企业的所得税、调节税比乡镇企业高，等等。于是，不少私营企业只好以"红帽子"企业的形式，找个"保护伞"。比如1984年安徽的个体商户年广九，就同工商部门搞了"芜湖市傻子瓜子公司"的联营协议，戴上了"红帽子"，这是中国改革初期的特有现象。

当然，给"帽"和戴"帽"的公私双方，各有利益驱动。戴园晨分析，"红帽子"的作用：一是政治上的"安全帽"；二是经济上的"优惠卡"；三是额外负担的"避风港"；四是地方政府以此回避了搞资本主义的"大帽子"。但是，"红帽子"企业其实也有利于扶持民营企业的发展。

第八，贷款办企业。

改革开放后，不少地方也兴起了贷款办企业。比如建材行业中的小水泥，大概三年就能收回投资。不少建筑企业到异地施工向银行借款买设备办个小水泥厂，自产自用，还清贷款后，落下一个水泥厂，就成了施工队自己经营的民营企业。还有一些是政策变化形成的民营企业。如不少银行投资兴办了一些项目。后来政府下令银行不许投资，都改为贷款；在还清了贷款之后，就成了民办企业。北京有个"银建"出租汽车公司就是这样形成的民办企业。

著名的杭州娃哈哈集团，最初是杭州市上城区一个校办企业经销部，1987年在创始人宗庆后的带领下，靠借款起家，现已发展成为中国规模最大、软饮料产量位居全球第五的饮料生产企业，跻身全国大型工业企业百强之列。2011 年就拥有总资产 300 亿元，员工 30000 人，在全国 29 个省市建有 58 个基地 150 余家分公司，连续 13 年位居中国饮料行业首位。

第九，港澳台资到沿海开放城市搞了一批"三来一补"企业。

"三来一补"是指来料加工、来样加工、来件装配和补偿贸易。这是改革开放初期最早由深圳兴起、后来在珠三角和全国广为采用的以劳动密集型工业为主的利用外资的初级方式。其特点是原材料、产品市场"两头在外"，一般是由外商提供原料、技术、设备，由国内企业按外商要求的规格、质量和款式，加工成产品交给外商销售，并收取加工劳务费的合作方式。通常由外商与村镇企业(或有加工贸易资格的经济组织)订立加工装配业务合同，并设立加工车间或工厂，中方提供土地、厂房、劳力，外商出资金、设备、技术及来料、来样、来件并组织加工，出口后以工缴费结算，向中方交付相关的管理费用。这种方式，也称 OEM(Original Equipment Manufacturer)方式，俗称加工贸易，亦称定牌生产或授权贴牌生产。

第十，集体所有制乡镇工业企业演变为民营企业。

"乡镇工业是农村剩余劳动力以新的劳动手段与新的劳动对象相结合的产物"，费孝通教授一语中的。以苏南来说，70 年代初期苏南人多地少，农业上抢工分，就把搞工业的逼上了"梁山"。"文革"后期，城市"停产闹革命"，沪宁一线城市培养的大批技工也被"文革""内战"驱散到乡下。农村多余劳动力要找活路，城里下放的技工要工作，公社、大队要找财源，最终是社会需要商品，这众多因素凑在一起，就出现了初期社队工业的基本模式。

中国的民营企业，很多都是集体所有制演变而来，这同中国很早就提倡农业手工业的合作化有很大的关系。比如：著名的青岛海尔集团，前身原来是新中国成立初期个体手工业户组织起来的电机、电冰箱修配合作社，1958 年合并为大集体的青岛电机厂，1983 年试制电冰箱成功，改名青岛电冰箱总厂。1984 年因产品滞销和亏损，濒临倒闭。后来是张瑞敏带领新的领导班子接过了这个厂，发展成现在的海尔集团，成为全球最大的家用电器制造商之一。

内蒙古伊利集团，早期是 95 户养牛专业户组成的"呼市回民区合作奶牛场"，现在发展成中国乳业规模最大、产品线最健全的企业，这是中国乳业从小到大、从弱到强的历史缩影。

以上，发展非公有制经济十个方面的措施，概括得未必完全，只能窥其大概。正因为有政府在扶植和发展民营经济上的努力，民营经济才能从无到有地为中国崛起建立了功勋。

二、正名立法，排除意识形态的干扰

中国非公有经济的兴起，在排除意识形态干扰的方面，有一个不断深化的漫长过程。

第一，非公有经济在国民经济中的地位，是逐步提高的。

中国在"左"倾思潮的长期影响下，即使是改革开放，人们对非公有经济总还是存在一种"敬而远之"的惯性。经济当局对非公有经济的正名，也有一个逐步提高的过程。

先是 1979 年允许摆摊设店，宣布"家庭副业和集市贸易是社会主义经济的必要补充，不得当作'资本主义尾巴'加以取缔"。然后是 1979 年叶剑英的国庆讲话、1982 年中共十二届三中全会、《中华人民共和国宪法》以及 1987 年中共十三大报告陆续宣告我国现在尚处在社会主义初级阶段，承认城乡个体经济和私营经济是"公有制经济的必要的和有益的补充"。

1992 年邓小平南行讲话一锤定音，中共十四大在确立社会主义市场经济的同时，宣布"多种经济成分长期共同发展"。由此，私营企业蓬勃发展，从 1990 年的 9 万多户，猛增到 23.8 万户。1997 年 9 月，中共十五大提出"混合所有制"的概念，初次宣告把非公有经济从过去的"从属"或"有益的补充"提升到"我国社会主义市场经济的重要组成部分"，这是一个重大突破。

具有决定性影响的是 2002 年，中共十六大报告第一次明确提出"必须毫不动摇地鼓励、支持和引导非公有制经济发展"，把它与"必须毫不动摇地巩固和发展公有制经济"相并列。后来又经中共十七大重申，并且写进宪法。新的宪法把包括民营企业家在内的新的社会阶层，确定为社会主义事业的建设者。当然，这前后历经了 24 年，确实是一个漫长的过程。

第二，"左"倾思潮干扰不断。

1978年改革开放大步迈进。但是“左”倾思潮干扰不断。他们批评“家庭联产承包责任制”是“复辟资本主义”，批评个体工商业“小商品生产者会带来资本主义”；批评利用外资“多一个外资企业，就多一分资本主义”；批评搞开发区给外商开发是“搞租界，出卖国家主权”；批评发展乡镇企业“会腐蚀我们的党和干部，是对社会主义的威胁”；批评放开民营企业“会改变社会主义性质”，等等。小平同志说“不争论”，是怕浪费时间。回顾“左”倾干扰，主要有四次。

第一次是1989—1991年。1989年春夏之交的政治风波和1990年苏东剧变，党内姓“资”姓“社”的争论达到高潮，向“左”转的声音占据了主导。1992年邓小平南方谈话：“改革开放迈不开步子，不敢闯，说来说去就是怕资本主义的东西多了，走了资本主义道路。要害是姓‘资’还是姓‘社’的问题。”邓小平高瞻远瞩：“右可以葬送社会主义，‘左’也可以葬送社会主义。中国要警惕右，但主要是防止‘左’。”南方谈话之后，“左”倾思潮不再占据主要地位，但还是屡屡出现抹黑私营经济、怀念和肯定“文革”，以及以学术理论外衣为包装的极“左”理论等变相地阻碍改革开放的声音。不要小看了“左”倾干扰，1988年，私营企业已经发展到20万家；1989年有人重提“姓资姓社”，就再次遭受挫折，年底剩下大约9.6万家；个体户也减少到1234.3万户，从业人员减少到1943.6万人，分别比1988年下降了15%和15.7%。

1992年10月，中共十四大宣告“建立社会主义市场经济体制”的目标，再次肯定建立多种经济成分并存的必要性。接着，1993年中共十四届三中全会明确指出“要坚持以公有制为主体，多种经济成分共同发展的方针”，“国家为各种所有制平等参与市场竞争创造条件，对各类企业一视同仁”，使非公有制经济获得了平等参与市场竞争的地位。此后公司法、劳动法、公司登记管理条例、企业所得税暂行条例等法规陆续颁行。从1989年到1997年，我国私营企业户数、从业人员数和产值年递增率，分别达到34.3%、30.1%和58.8%；1997年个体工商户为2.851万户，比1989年的1234万户增长1倍多，这是我国非公有制经济快速发展的时期。

第二次是1995—1997年间。“左”派忧心忡忡，认为“中国已经产生了新的资产阶级”，“私营经济的比重超过一定的度，就会对我国经济的性质产生严重的影响”，影响“我国国家安全”。特别是 1997 年 2 月邓小平去世。有些人提出“姓公姓私”的争论，想要影响党中央重新思考方向道路问题。当时北京流传几篇长文章，质疑国企改革究竟是不是在变相搞私有化。

1997 年 9 月中共十五大宣告“要承前启后，继往开来，保证全党继承邓小平同志遗志，坚定不移地沿着十一届三中全会以来正确路线胜利前进”，“坚持十一届三中全会以来的路线不动摇，就是高举邓小平理论的旗帜不动摇”。狠狠地打了“左”倾思潮一记响亮的耳光！

十五大报告明确提出“以公有制为主体、多种所有制经济共同发展”的同时，第一次使用非公有制经济的概念，它涵盖了包括个体经济、私营经济以及外商独资和合资的经济等，统称为非公有制经济。并指出“非公有制经济是社会主义市场经济的重要组成部分。对个体经济、私营等非公有制经济要继续鼓励、引导，使之健康发展。这对满足人们多样化的需要，增加就业，促进国民经济的发展有重要作用”。这比之过去的非公有制经济是社会主义公有制经济的附属和补充，以及必要的有益的补充，等等，在理论概念上是一个重大的飞跃。

第三次干扰是在 2002 年中共十六大明确提出“必须毫不动摇地鼓励、支持和引导非公有制经济发展”，把它与“必须毫不动摇地巩固和发展公有制经济”相并列之后。2004—2005 年间，爆发了由郎咸平质疑中国国有企业改革方向为发端、迅速发展为涉及面很广的质疑整个中国改革开放方向的“大争论”，这是一股借所谓的批判新自由主义来否定改革、反对改革的思潮。当然，这成不了气候。2005 年国务院发布《关于鼓励支持和引导个体私营等非公有制经济发展的若干意见》（“非公 36 条”），则一度被视为民营经济走向成熟的重要标志。2007 年中共十七大重申“个体、私营等各种形式的非公有制经济是社会主义市场经济的重要组成部分”。新的宪法更是把包括民营企业家在内的新的社会阶层，确定为社会主义事业的建设者。

第四次干扰是十八大召开前的 2010—2011 年，这时中国改革开放已经三十多年，2010 年超过日本跃居世界第二大经济体，出现了很多新的矛盾和情况。经济上人口红利将逐渐消失，粗放型经济增长方式必须转型，社会上贫富分化，官员腐败严重，产生了一些经济学家称之为权贵阶层，还有社会诚信缺失、道德水平下降，即所谓社会价值迷茫；加上社会矛盾高发多发，群众信访和群体事件增多。正好赶上2011年是建党90周年，又是辛亥革命100周年、苏联剧变20周年、粉碎“四人帮”35周年、《关于建国以来党的若干历史问题的决议》发表30周年之际，一些人借着反思和总结经验教训，实际上仍然是争旗帜和道路问题，乃至提到是用改革解决问题还是用革命解决问题的尖锐程度。这当中还有个一度号称“对中国未来改革具有典型意义”的所谓“重庆模式”的争论，虽然随着薄熙来被移送司法机关而销声匿迹，但它确曾以“唱红打黑”拉起对“‘文革’重来”的忧虑而对中国改革有过不可小视的干扰。这些人实际是否定三中全会以来的改革开放路线，乃至妄图引导中国再走“文化大革命”的政治社会模式。

2013年11月，中共十八届三中全会通过《关于全面深化改革若干重大问题的决定》，进一步明确指出，“公有制经济和非公有制经济都是社会主义市场经济的重要组成部分，都是我国经济社会发展的重要基础。必须毫不动摇巩固和发展公有制经济，坚持公有制主体地位，发挥国有经济主导作用，不断增强国有经济活力、控制力、影响力。必须毫不动摇鼓励、支持、引导非公有制经济发展，激发非公有制经济活力和创造力。”并强调“支持非公有制经济健康发展。非公有制经济在支撑增长、促进创新、扩大就业、增加税收等方面具有重要作用。坚持权利平等、机会平等、规则平等，废除对非公有制经济各种形式的不合理规定，消除各种隐性壁垒，制定非公有制企业进入特许经营领域具体办法”。“鼓励非公有制企业参与国有企业改革，鼓励发展非公有资本控股的混合所有制企业，鼓励有条件的私营企业建立现代企业制度”。进一步支持促进非公有制经济的健康发展。

回顾这段历史，它说明一切排斥、限制非公有经济发展的举措，都是超越社会发展阶段的过“左”行为，是一种“左倾幼稚病”的表现；而发展非公有经济绝非一时的权宜措施，它将在一个很长时期，至少上百年时间，是“与社会主义初级阶段基本经济制度相适应”的长期方针。

有媒体报道，目前非公有制经济GDP所占的比重超过60%，税收贡献超过50%，就业贡献超过80%。如果从新增就业来看，它的贡献达到了90%。非公有制经济对基础设施的投入的比重超过60%。说明在我国经济超常发展中，非公有制经济占有非常重要的作用。

三、早期民营经济发展的三个模式

中国经济的超常增长，离不开民营经济发展的作用；而民营经济的发展又有一个发展模式问题。费孝通先生最早注意研究我国农村工业化的模式。费先生最主要的贡献是，他看到西方资本主义国家工业化的道路是以农村崩溃为代价的。欧洲工业化初期，在都市工业集中兴起的同时，农村却濒于破产，农民失去土地，不得不背井离乡涌进城市，充当新兴工业的劳动后备军。但是，与西方不同，我国农民是在农业繁荣的基础上，以巨大热情兴办集体所有制的乡镇工业。这是农民群众在实际生活中的创造。他说："由于这些地方工业办得好，因而富裕起来的乡村，农副业收入所占的比例不断降低。这个事实应当大书特书，中国社会基层的工业化是在农业繁荣的基础上发生、发展的，而且又促进了农业发展，走上化的道路。"由此，费孝通先生形成了模式的定义，认为模式是"在一定地区，一定历史条件下，具有特色的经济发展路子"。

费孝通先生最早把我国农村工业化的模式概括为苏南模式、温州模式和珠江三角洲模式，并对其特点做出理论上的概括。这就是以乡镇企业异军突起的"苏南模式"，以个私经济蓬勃兴起的"温州模式"，以外向型经济主导的"珠江模式"。他认为我国农村工业发展，应该是"因地制宜，多种模式"。但是这三地的模式确实对民营经济的发展起到了不可小视的推动作用。问题还在于，三地模式起步以后，不断碰到有关模式的争论，说明我们除了要了解客观世界的复杂性之外，还要克服自身的许多人为障碍，尤其是我们自己的许多思想禁锢。

1. 早期"苏南模式"：以集体经济为主的乡镇办企业发展民营非农业经济的模式

"苏南模式"通常是指江苏省苏州、无锡和常州等地区通过发展乡镇民营企业实现非农化发展的方式。苏南地少人多，农业劳动力过剩。早在计划经济时期，就形成了一些民营集体所有制的生产农副业商品的社队工业，既增加了农民的收入，也满足了城乡消费品短缺的供应。1966 年毛主席发出"五七指示"，农村社队小工厂遍地开花。1978 年改革开放，社队工业改为乡镇企业。后来家庭承包责任制推行，人多地少的矛盾更为乡镇企业提供了机会。

苏南乡镇企业迅速改变了人民生活和城乡面貌，邓小平称赞为“中国农民的伟大创造”。1983年邓小平到苏州考察，听说由于发展农村工业，改革开放五年苏州市工农业总产值翻了一番，他高兴地说：“看来四个现代化希望很大。”他后来评论，“农村改革中，我们完全没有预料到的最大收获，就是乡镇企业发展起来了，突然冒出搞多种行业，搞商品经济，搞各种小型企业，异军突起”。1983年，费孝通首提“苏南模式”。到80年代中期，“苏南模式”确立了“三分天下有其一”的地位，形成了别具特色的集体所有制的乡镇企业发展模式。

苏南乡镇企业异军突起，首先是得益于区位环境和历史传统。苏南农村紧靠中国最大的经济中心上海和苏锡常等工业发达的大中城市，接受经济、技术辐射能力较强，运输成本较低，产业和产品选择范围较大。当时商品短缺，很多消费品凭证供应。80年代推行价格双轨制，突显城乡对短缺消费品的市场需求，为苏南乡镇工业创造了商机和条件。

关于早期苏南模式的特点，学界政界的共同认识是：以集体经济为主、以乡镇企业为主、以市场调节为主、以乡村干部推动为主，重视协调发展，追求共同富裕。费孝通归纳为五个特征：一是集体所有制；二是接受大城市的辐射；三是政府经营；四是离土不离乡；五是工农相辅。这里，政府经营是一个很传神的特点，这同温州模式的无为而治恰好成为对照。

不过，我以为“苏南模式”的政府经营即政府发挥先导作用这一特点，很大程度上也是背负着计划经济的后遗症。一是要顶着集体所有制的帽子，不在公有制上离经叛道，贻人口实；由此也带来了过分强调集体所有制、投资主体单一、以公有借贷为主进行投资等诸多问题，很难摆脱旧体制陋习的影响。二是村镇党政干部对乡镇企业拍板和领头推动，容易排除干扰。如干部出面组织土地、资本和劳动力等生产资料，把能人和社区资本结合起来，依靠“政府信用”容易取得银行贷款；甚至在贷款限额紧张时，也是政府出面要银行“绕规模贷款”。“苏南模式”的政府经营，为乡镇工业的快速起步，减少了许多不必要的意识形态争论和发展阻力。所以，有学者称为镇企合一的经济发展模式，认为是一个政府超强干预的模式（张颢瀚）；还有学者认为“苏南模式”的乡镇工业，是“地方政府公司化”体制下的乡村两级政府都以总公司名义直接参与市场活动(温铁军)。这确实述及政府经营的本质。比较而言,温州模式的个体私营为主,却在意识形态上能不能站住脚,长时间压得地方干部抬不起头来。但政府经营也不是一成不变的,后来市场的空间逐步放宽,各级政府,从省到市到县到村都认识到政府干预的弊端,也开始逐步向股权开放和民营化演变。

附带说说,费孝通教授对江苏的研究为我们研究区域发展树立了榜样。他是从吴江到苏南再发展到江苏全省。80 年代中期,他从苏北起步,一路南行,考察了苏北、苏中(盐城地区)、里下河地区(苏北平原最低洼的地区),以及被称为银三角的宁(南京)、镇(镇江)、扬(扬州)地区。历来,江苏省的习惯是把全省划分成苏南、苏北,布置工作时一般也是这样,如"提高苏南,发展苏北"。费孝通教授考察后认为,这样似乎太笼统,各地区情况不同,应该把情况大致相同的地区划成一个小区,分别加以研究。怎样划分呢? 要有一个科学的标准。就 80 年代中期而言,他发现,从苏北到苏南,各地农业和工业(二、三产业)的比例是有差别的。工的比率越高,经济就发达,其他社会指标也随之发生变化。苏北:农七工三;盐城地区:农六工四;里下河地区农五工五;宁镇扬银三角地区农四工六;苏南地区农三工七。这样,就大体上反映了各地的发展水平。费孝通教授说:"我觉得要在整个江苏根据社会经济发展指标化出若干区域来。这种社会经济发展区域的划分,其意义在两个方面:一是对研究者来说,划区是一个必不可少的分析方法。因为各地小城镇(当时费先生的研究课题是小城镇。这种分析方法其实可以适用在更大范围——笔者)无论在人口数量、经济规划等发展水平上,或是在社会结构、生活方式等特征表现上都有共性和个性。这些共性与个性是由一定区划的经济水平和历史造成的……二是对决策者和实际工作者来说,划区可以确定它在全局中的地位。在制定政策时要充分注意到各地的不同特点……在指导工作上可以根据各自的长处和短处,扬长避短,发挥优势"①。

早期苏南的农民企业家赚了钱,往往是回报给家乡的父老乡亲,不光修路,而且给大家分配,当时叫共同富裕。邓小平同志就是根据苏南的发展到江苏不断地

---

① 费孝通:《小城镇,新开拓》,《瞭望周刊》1984 年第 51 期。

去视察，后来在苏州提出“共同富裕”。当时苏南提的是业有所就，老有所养，病有所医，弱有所扶，贫有所济。

苏南模式最辉煌的时候，占了全省 GDP 的 1/3，工业产值的 2/3，农村经济总量的 4/5，县域经济的 90%（张颢瀚）。但是“村村点火、处处冒烟”，环保上欠债较多。比如乡镇企业发展最早的江阴，90 年代末期河水基本上是黑的；无锡太湖污染，也是高投入、高消耗、低产出、高排放。苏南集体经济最大的问题是企业产权的界定模糊，乡镇企业负责人往往是村镇两级党政官员，政企职责不分，导致企业办社会的“包袱”沉重。90 年代以后，市场经济发展，苏南乡镇企业渐渐显示出类似国有企业的种种弊端，效益下滑，优势渐渐弱化。

1992 年和 1997 年前后，苏南乡镇企业经历两次改制，出现了向民营企业和股份制企业改制的趋势，恰逢温州模式升温发酵，不少人“扬温抑苏”，议论苏南模式走向历史的终结。但总体上对苏南模式起到的历史贡献并不否认。当时中央推行国有企业抓大放小的改革，也正是中国思想界和经济界的争议集中期。但这场争议也为后期苏南模式扬长避短提供了借鉴，促使苏南模式自身发生裂变，促进了苏南乡镇企业集体经济的股份化和民营化。

2. 早期“温州模式”：个体私营为主的家庭小工厂和小商品市场

温州地处浙南一隅，山海阻隔，交通不便，人多地少，农村人均耕地不足半亩。温州在改革开放前，社队企业就少。但温州农民祖祖辈辈既务农，又有从事个体手工技艺走南闯北做生意的历史传统，“鸡毛换糖”，个人经商的文化极具优势。所以十年“文革”中，温州被视作“资本主义泛滥”，一次又一次被“割资本主义尾巴”。1982 年全国经济整肃运动中，温州还以“投机倒把罪”把号称“八大王”的一批走在市场经济“风口浪尖”上的头面人物列为重要打击对象，直到 1984 年才给他们恢复名誉。尽管如此，温州家庭工业还是极具顽强的生命力。在改革开放的东风吹拂下，家庭手工业和小商品市场如春草丛生，绿遍城镇。

1984 年，温州是国务院决定对外开放 14 个沿海城市之一。当时温州号称十万家庭工厂、十万供销大军、十大专业市场，集体和民营企业迅猛发展，成了全国著名的商品集散地。

但是,"温州模式"四个字的见报却经历了一个曲折的过程。先是1983年底到次年年初,《人民日报》围绕温州农村商品生产的发展,比较系统地发表了报道和评论文章。由此,温州步入专家学者的视野。但是社会上对私营经济非议的声浪很高,压得地方干部抬不起头来;只要有人去温州调查,省市干部总是反复声明"温州经济仍是集体所有制占主体"。

1985年3月18日,参与主持起草了五个"中央一号文件"的杜润生等一行来温州视察,评价"温州商品经济搞得活跃、有特色"。4月,《人民日报》发表《温州的谜——浙江农村采访札记》,报道温州私营经济,感言"温州是个谜","这里不像苏南、浙北,有较雄厚的乡镇企业的底子,而是很不相同的另一种模式异军突起的家庭工业挑大梁"。这是最早把温州提到"模式"层面的报道。不过,1985年温州已有10.7万个家庭工厂,2.5万个联户工厂,40多万人从业;在417个商品市场中,有10个年成交额在亿元左右,民间信贷十分活跃。

20天后,1985年5月12日,《解放日报》头版头条刊出记者桑晋泉《温州三十三万人从事家庭工业》的报道和评论员张也平的《温州的启示》,最终把谜底精确地浓缩到"温州模式":地处浙南的温州广大乡镇,这几年走出了一条发展经济、治穷致富的新路子,家庭工业蓬勃发展,各种专业市场兴起。它同乡镇工业发达的长江三角洲相比,具有鲜明的特色。苏南的特点是集体经济,温州则是个体私有经济,以小商品直接面对市场,更多的是强调让一部分人先富起来。温州是不是可以成为"模式"?张也平是机智的,他也顾虑如果过于醒目地在标题上提出"温州模式",很可能引发争论,所以还是绕开这颗"地雷",只在新闻导语和评论里提到"被一些经济学家称为'温州模式'",促成"温州模式"公开亮相。

还有一个背景,1985年中共中央顾问委员会的一批老同志来温州参观后,到杭州和省委书记王芳交换意见。老前辈们的态度是,温州确实搞活了经济,人民生活水平也显著提高了。但他们又不无担心:温州这样做符合社会主义的大方向么?这样搞下去的后果如何?语重心长!王芳非常支持温州的探索,作为省委书记,必须对这些老同志有一个负责任的交代。

1985年8月,王芳带领调查组到温州考察了半个月,然后在温州市委、市政府召开千人大会,"肯定了温州农村经济发展的新路子,是温州人民创造的,是符合社会主义发展方向的”。1986年3月,王芳在《红旗》杂志发表了《温州农村商品经济发展的调查》:“温州的做法是符合社会主义方向的,理由有四点:其一,温州也是在坚持社会主义公有制占主导地位的前提下,充分发挥家庭功能来发展社会生产力的。其二,温州充分发挥了市场调节的功能,搞活城乡经济。其三,温州加快了农村小城镇建设,形成新型的城乡关系。龙港的崛起就说明了这点。其四,温州还造就了一大批懂技术、善经营的人才。你到温州城乡去跑一跑,就可以看到这么一大批人才。”表明了他对温州农村改革最真实、最彻底的立场与态度。

附带说说,1984年温州农民在龙港白手建镇,闻名遐迩。1986年我创办中国投资咨询公司,人大和辽财的硕士研究生来公司实习,我还安排他们到龙港作过专题调查研究,回来汇报时有声有色,给我留下了深刻的印象。

1986年2月,费孝通先生考察温州,他要看看颇为闻名的“温州模式”,“探求它们之间的不同之处”。之后,费孝通首次形象地把“温州模式”概括为“以商带工的小商品大市场”。也是在1986年2月,正当“苏南模式”备受推崇,“温州模式”还备受怀疑排斥的时候,著名经济学家董辅礽与赵人伟等共赴温州考察,发表了《温州农村商品经济考察与中国农村现代化道路探索》,称赞温州模式为“发展农村商品经济、治穷致富”的“一条可供选择的路子”。

费孝通曾对“温州模式”与“苏南模式”的不同特色作过概括:苏南历史传统是农工相辅、男耕女织,可以说是“牛郎织女”;温州历史传统却是“八仙过海”,是石刻、竹编、弹花、箍桶、裁缝、理发、厨师等百工手艺人和挑担卖糖、卖小百货的生意郎周游各地,养家立业。这些漂泊的手艺人和商贩同居家耕地的农家女相结合,是艺商与农业的结合。两种不同的根基,苏南长出的是社队工业和后来的乡镇工业,浙南冒出的是家庭工业和加工专业市场。苏南是农副业出工业,以工补农;浙南是商贩出工业,以工扩商。“温州家庭工业起步要比苏南约迟五年,这是由于温州的经济发展方式所需的客观条件成熟得较晚”。温州地区“原是个名不符实的‘商埠’,在历史上没有发展起像上海这样的工业基地。解放后又由于它面对台湾,地处前线,长期没有投资,加上温州人传统的商贩活动,又被斥为‘资本主义泛滥’,多次被抑制。……只有到三中全会以后,农村落实了生产责任制,农业经济有了起色……只有个体商贩合法化后,温州人民的传统技艺才有用武之地。据估计，目前温州在外流动的手艺工人已达22万，其中经商的约10万。这是构成‘温州模式’的骨干”。费孝通用“个体所有制”“家庭所有制”界定了温州模式的特征，以此区别于苏南模式的“社区所有制”。

正当社会上“扬苏抑温”的时候，费孝通肯定了“温州模式”，认为“温州模式的重要意义倒不在它发展了家庭工业，而在于它提出了一个民间自发的遍及全国的小商品大市场，直接在生产者和消费者之间建立起一个无孔不入的流通网络”。

对此，原浙江省委书记王芳讲过一段桥头纽扣市场如何形成的有趣故事，可以作为补充。当时，桥头镇有两兄弟跑供销，从苏南一家国营纽扣厂垃圾箱里捡了一堆丢弃的纽扣，在桥头镇摆摊很快就卖出去了。兄弟俩找到这家企业，要为它们推销纽扣。兄弟俩在桥头镇摊位越摆越大。其他人也纷纷仿效，逐渐形成了大规模的纽扣市场。许多人问：在大城市（如南京、杭州）都形不成这样的纽扣市场，为什么在桥头镇这个山区偏僻小镇却形成了纽扣市场？奥妙在于：大城市是计划经济的顽固堡垒，虽有交通发达、设施先进等优势，但机制不活，人们积极性不高，经济无法搞活。企业生产了纽扣卖不出，只好丢到垃圾箱；同样一个纽扣，对温州农民是个宝，在市场经济机制面前它却活起来，会源源不断地转换为金钱。王芳由此得出结论：“市场的形成与发展靠的是人，是农民供销员的智慧与创造性，创立了市场，他们是市场的营销主体”。这个市场，印证了费先生说的“直接在生产者和消费者之间建立起一个无孔不入的流通网络”。所以王芳说，“农民破解了经济学家感到困惑的问题”。

1986年7月，杜润生在北京主持召开了温州农村改革试验问题座谈会。1987年9月16日，国务院批准温州市为全国首批13个农村改革试验区之一。正是这时，国有企业还在争论股份制是不是私有化而在热衷于承包制的时候，1987年11月温州市政府发布了我国股份合作制企业第一个政策性文件，使温州的股份合作企业由群众自发联合转变为政府引导的规范化发展。直到1997年中共十五大明确提出“股份制是现代企业的一种资本组织形式，资本主义可以用，社会主义也可以用”，温州的探索整整提前了10年。2000年5月，87岁高龄的杜润生第五次来到温州，在一场座谈会上，杜老动情地说，温州经济确实值得研究，“温州经济，民办、民营、民有、民享，是自发的，又是稳定的可持续发展的经济秩序”。

同苏南模式不同，温州模式自产生之日起，一直伴随着意识形态的争论，温州的股份合作制和民营企业常常被斥之为“资本主义的禾苗”，被人斥之为复辟资本主义。直到1992年邓小平南方谈话，解决了中国改革开放的方向性问题，也解决了对“温州模式”的争论。

“温州模式”还有一个重大特点，是温州具有一种其他城市没有的中小企业“集群经济”的优势；完整地说，是集群经济分工协作的优势。在温州，往往是某一类产品或某一种产业会在一个村或邻近几个村搭建起较高的社会化分工和专业化协作的基本生产体系（生产链），形成一个产销基地甚至是大基地，由此形成温州中小企业的群体规模、技术和资金等生产要素以及品牌的集聚优势。这种优势最终体现到成本优势、价格优势和竞争优势。1992年我在温州考察过，人们拿到一个产品，比如打火机或眼镜，马上分解各道工序，分给各家各户，一家生产一个零件，分散生产，集中装配。温州的打火机就是凭借这个优势，打破了日、韩等国垄断世界打火机市场几十年的局面。再如温州没有汽车厂，而瑞安市的塘下镇凭借这种集群经济优势，形成了上千家汽摩配生产企业，成了全国四大汽摩配产销基地之一。

温州这种中小企业集群经济优势，也同产品侧重于轻工产品有关。直到2007年，温州轻工产业产值占全部工业产值的2/3。行业发展水平上，有50多类轻工产品品种，占全国轻工产品总数一半左右；从市场竞争力看，温州产业在国内市场的占有率：鞋25%、服装10%、金属打火机90%、眼镜50%、剃须刀60%、锁具65%、合成革70%、低压电器35%。

“温州模式”的另一个重要特征是温州人敢冒风险，勇于创业，走南闯北，会做生意。几乎哪里有市场，哪里就有温州人。据不完全统计，在外温州人约210多万，其中国内约160万，侨居世界上81个国家与地区的有50多万，仅在法国巴黎的温州人就有十多万。温州人构筑了庞大的国内外市场网络。他们在全国各地建起了40多万个销售网点，架起了温州中小企业与国内外合作的桥梁，带动了温州本土中小企业的发展。近几年来，温州市约有1000家企业到上海建立总部或研发中心。他们合作创业形成的“温州店”、“温州村”、“温州街”、“温州城”、“温州团”，遍布世界各国。温州人这种跨区域、跨国流动的特点以及敢于闯荡、锲而不舍的创业精神，是中国人的骄傲。以致有学者认为，这对于人们思考未来中国经济的持续高速发展，乃至中华民族在全球的生存战略，都带来了有益的启示。

3. 早期珠江模式：面向境外资金与世界市场发展村镇企业的外向型经济模式

"珠江模式"的形成，与苏南和温州不同，是得益于我国的开放政策，依托港澳等大都市的产业辐射，利用境外资金与世界市场，最早闯出了中国的改革开放发展之路。

珠江三角洲毗邻港澳，有华侨250多万人，港澳同胞278万人。本来，珠三角地区很多国有企业或集体经济就是依靠出口的外向型经济。最早是1972年尼克松访华，出现了扩大国际经济交流的新形势。1973年经李先念批准，选择一部分企业和县社，试办出口工业品专厂、专车间和出口农副土特产生产基地；一些有供应港澳市场任务的城市，建起了鲜活产品和农副产品生产基地。1976年"文革"结束，珠三角人敢为天下先，还在十一届三中全会之前，东莞、顺德、深圳和珠海，就发生一连串的三来一补的创业奇闻。

大约同是在1978年8—9月，一个是顺德容奇镇与香港大进有限公司悄然合作，办起了"大进制衣厂"，容奇镇只负责提供厂房和劳动力，香港厂家提供全部资金、设备、技术、管理人员、原材料和销路，仅300人的小厂，当年即获利20万美元；一个是东莞二轻局与香港信孚手袋制品公司签下了"东莞太平手袋厂"第一宗来料加工合同，号称是外来资金、外来原料、外来技术，第一年就获得加工费100万元，赚得外汇60万港币；一个是深圳经济特区建立之前的石岩公社上屋大队，同香港一位谢女士合作，把大队一个小编织厂改建成了一家怡高电业厂；另一个是澳门商人曹光彪在珠海建了外资香洲毛纺厂，并签订了毛纺来料加工协议。日后，经济学家把这种率先打响了"外资牌"的合作方式概括为"三来一补"或"两头在外"的"珠江模式"。在改革开放三十多年后的今天，究竟哪一家是"第一个吃螃蟹"的企业，已经很难判断。但正如媒体赞誉，它们几乎是同时在珠三角点燃了村镇农民致富的希望火种。

珠三角乡镇企业的发展，一是铁路、公路、水路交通非常方便，为吸收外来信息、技术和资金形成了独特的优势；二是引进外资中，港澳资本占绝大部分，小部分是华侨和国际资本；三是珠三角通过联办企业了解国外信息，也引进各种技术设备，培训技术和管理人才；四是改革开放初期，香港正面临产业结构转型，看中了珠三角土地和劳动力价格便宜。

更大的开放，是1979年中央决定开放特区。广东人敢想敢干，东莞、顺德、中山、南海四个城市更是借着特区的东风，招徕八方资金。四市也各有特点。东莞模式是以“三来一补”吸引外资著称，主要是利用美国以及港台地区制造业向内地转移的时机，积极融入跨国公司供应链，并最早以OEM方式从事贴牌生产，成为国际性对外加工基地。其他三市在利用外资之外，顺德、中山模式是以乡镇企业民营资本居于主导地位；南海模式则是“国营、集体、个体经济一起上”，县、公社、村、生产队、个体、联合体企业“六个轮子一起转”。

1985年，国务院批准成立了“珠江三角洲经济开发区”，香港资本大举入粤，东莞等地区凭借毗邻港澳、华侨众多及国家优惠政策倾斜的优势，成为香港劳动密集型产业外迁的首选之地，与之实现“前店后厂”的产业格局。在20世纪80年代，香港经济向产业高度化发展，迁入珠三角的工业企业达两万多家，投入资金达4000多亿港币，劳动密集型工业几乎全部内迁。

“珠江模式”是费孝通教授提出的一个有影响的区域经济发展模式。费先生在1988—2003年的15年间，11次赴广东对珠三角地区进行追踪调查。1988年在实地调查之后，费先生将东莞模式、顺德模式、南海模式、中山模式统称为“珠江模式”。从此，“珠江模式”与“苏南模式”、“温州模式”并驾齐驱，被经济学界合称为中国民营经济发展与工业化进程的三大成功模式。

1998年费孝通三访珠江三角洲时，已经看到这里面临新的挑战，如市场竞争越发激烈等。他深有远见地提出“香港自身的经济需要更深一层地考虑如何进入国际市场，珠江三角洲地区新兴的经济中心和中等城市也需要从战略上考虑其腹地的建设”。他还指出，要提高经营大市场的能力，在新时代的跨国经济联系的国际市场竞争中，学会掌握主动权和自主权。

四、民营经济在新世纪的新发展

进入新世纪以后，经济全球化，境外资本向中国寻找机会，中国产品要寻找国际市场，民营资本要向股份制和产权多元化发展，加上高速铁路催生了城市群，苏南、温州、珠江乡镇企业的三种模式，也碰到新的矛盾和机会，苏南、温州企业逐渐吸引外资，珠三角的低端产业要"腾笼换鸟"向高附加价值的产业转换，因而出现了"苏南模式"向"温州模式"靠拢，苏南、温州企业向"珠江模式"靠拢，以及"珠江模式"向内地靠拢，等等，不同程度地出现了某种趋同性。

1. "新苏南模式"的发展

1992 年，邓小平南方谈话，中国改革开放掀开了新的一页。苏南乡镇企业局限于地方市场的小打小闹，难以做强做大，这时适逢上海浦东开发的大背景，诸多乡镇企业吸引了外商的参股合资，纷纷以生产"配套"方式参与上海大开发。这也同政府善于造势有关。

先是江苏省受到浦东开发的启示，与新加坡经济合作。1994 年 2 月国务院批准设立苏州工业园[①]，为园区创造了"不特有特、比特更特"的发展环境。此后，苏州、无锡、常州大力发展高新技术开发区，并自费建设昆山经济技术开发区。苏南地区实施"三外（外资、外贸、外经）齐上、以外养内"的战略，政府发挥引导作用。加上苏南工业基础较好，外资进来有现成的平台，乡镇企业大规模地同外资跨国公司实行成熟技术、先进技术的合作，走到国际科技前沿，进一步打开国际市场，加快了向现代企业转变的步伐。另外，苏锡常离上海较近，也有利于吸引外资的强劲增长。有资料说，1997 年江苏集体经济比重高达 54.1%。1999 年苏南中小乡镇企业全面完成了改制，多数转为私有制和股份合作制，发展成集团公司，2000 年并组建了一批大中型乡镇企业集团。但乡镇村的政府经营、政企不分问题仍然存在。所以后来苏南又进行第二次改制，实行真正的政企分开，打破地方产权制度，让市场发挥作用。

20 世纪 90 年代中期以来，苏南工业化逐渐向"新苏南模式"孕育和发展。随着苏州、无锡、常州高新技术开发区等国家级开发区和一系列省级开发区的落成，

---

① 苏州工业园是中国和新加坡两国政府的重要合作项目，地处苏州城东金鸡湖畔的高科技工业园区和现代化、园林化、国际化的新城区，于 1994 年 5 月实施启动，行政区域面积 288 平方公里，下辖三个镇——娄葑、唯亭、胜浦（斜塘、车坊已并入娄葑，跨塘已并入唯亭），户籍人口约 30 万，其中，中新合作开发区规划面积 80 平方公里。苏州工业园区于 90 年代中后期发展，并明确"凡是符合改革方向的可在园区先行，一时看不准的也可在园区试行"，为园区创造了"不特有特、比特更特"的发展环境。

三市外向型经济得到了迅猛发展。到2002年末，苏南三市共有三资企业22063家，外商直接投资91.2亿美元。2003年，仅苏州市实际利用外资68.25亿美元，占全国的12.7%，居全国之首，人称“苏南速度与规模”。至此，苏南出现了一个更具包容性和稳定性的外资、民营双核心的经济发展模式。

进入新世纪以后，2002年党的十六大提出了全面建设小康社会的奋斗目标。2004年春天，胡锦涛总书记来苏南视察，要求江苏在落实科学发展观上走在全国前列，并对苏南提出了“又快又好”的发展要求。核心问题是苏南能不能率先小康？

2004年，中共江苏省委提出“苏南发展的新思路”，要从原来的“高污染高能耗低技术低效益”转变为“高技术高效益低污染低能耗”，打造经济社会协调发展的新苏南。最突出的是治理污染。如太湖的水是工业、农业和生活三大污染源。通过三年努力，从原来的五、六类水，改造提升为四类水。2006年5月，号称苏南“四小龙”的常熟、张家港、昆山和江阴，成为首批国家生态市。江阴空气优良率达到94%，全市轻污染、无污染企业占90%以上。

2006年江苏省委倡导“新苏南模式”，有个形象化的概括，说苏南模式是快，新苏南模式是又好又快。2007年，苏南正处在人均GDP从5000美元向10000美元迈进的发展新阶段。江苏省党代会总结，认为苏南有五个比较突出的现象令人瞩目，称之为“新苏南”现象：一是苏锡常地区所有的县市都进入全国百强县。二是苏南的城乡收入差距最小。2005年苏南城乡居民收入比仅为2.06∶1，苏州为1.98∶1(全国为3.23∶1，江苏为2.33∶1)，在全国已是最低。三是全国47个“国家环保模范城市”中苏南有13个市、县，形成了最大的环保模范城市群，生态重建成效最显著。四是苏南社会治安管理好，人民群众对社会治安的满意率为94.5%。五是科技教育发达。2005年苏南高等教育毛入学率超过50%，基本达到发达国家和地区的水平；研发投入(R&D)占全国比重7.5%，五年上升了2.3个百分点。

一般认为，“新苏南模式”的主要特点，是外向度比较突出、规模经济比较明显、国资民资外资“三足鼎立”的互补型混合经济发展模式。在区域内民资发展最快，五年翻了两番；在全国是国资发展快，五年翻一番；从全球看则是外资增长最突出。这意味着是在更深层次更广范围实现了市场化、国际化和现代化。这时，一些倾向自由化市场经济的人士见树不见林，看到苏南乡镇企业在产权改革上向民营企业和股份制转型，就说“新苏南模式”是向温州模式靠拢，自然引起新的争论。其实，在“新苏南模式”中，政府仍然发挥了重要的作用。有学者分析，一是推动外向开拓；二是推动社会事业发展；三是推动经济发展方式的转变。

从“苏南模式”向“新苏南模式”转变发展，还有一个重大背景，是京沪高速铁路和沪宁城际铁路的开通产生了新的“城市群”集聚现象：人口向城市群聚集，工业向园区聚集。南京成为副中心城市，无锡、苏州、常州、镇江成为更有竞争力的大城市，一般城市如昆山、吴江、常熟则获得升级，有些中心镇如阳澄湖将发展成中小城市，城市群更催生了新的“同城效应”。另一个变化则是农业现代化，农业生产向大户聚集，呈现出新的规模经营的态势。

2014 年 10 月，国务院批准 8 个国家高新区和苏州工业园区组成苏南国家自主创新示范区，横跨南京、无锡、常州、苏州、镇江 5 个国家创新型试点城市，成为我国首个以城市群为基本单元的国家自主创新示范区。这预示着“新苏南模式”还将向城市群方面有新的突破。

2. “温州模式”向外向化发展

从 1978 年到 2004 年，温州市国内生产总值从 13 亿元增加到 1400 亿元，翻了近七番。2007 年，温州已有 15 个商标获得中国驰名商标称号。在温州经济中，民营企业约占 GDP 的 85%左右，占工业总产值和社会消费品零售总额的 98%左右；经济增长连续 20 多年保持全国前列。但自 1997 年之后增长速度开始下滑，到 2003 年温州市落至全省倒数第一。

人们分析，“温州模式”的“小商品、大市场”，都是劳动密集型、科技含量不高、附加值低的产业，如打火机和眼镜分别占据世界市场的 90%和 70%以上。现在的问题：一是家庭工厂的小打小闹，许多劳动密集型民营企业面临市场萎缩，难以通过重组、兼并以及股份制改造等形式迅速扩张；二是专业市场的局限性，以小商品为主的产品结构，在世界强手面前显得软弱无力；三是以血缘、亲缘为基础的传统家族式管理的局限弊端日益显露；四是产品档次和质量的局限，国内外针对温州产品的各种形式的贸易摩擦事件有所增加；五是需要借助于资本市场向现代企业制度提升；六是市场过度自由化，需要适度的政府引导和扶持。这时，大量温州人四处“炒房”“炒煤”，说明温州民营资本也正想从旧有模式寻求突围和超越。

回过来说，费孝通教授曾经将温州模式的发展归结为三个台阶。第一个台阶是温州模式的雏形，即发展了家庭工业，开辟了专业市场。第二个台阶是“走向联合”，即从个体经济走向股份合作经济。1999 年费孝通三访温州时，已经迈上第三个台阶，即出现了“三个变革，两个趋势”。三个变革是，产权制度变革、董事会制度变革和企业家制度变革；两个趋势是，集团化趋势和大量股份合作企业向现代企业制度转轨的趋势。同时，在新一轮经济结构调整与产业升级中，温州也走在向专业化、国际化并向建设综合性的流通基地发展。

首先，20 世纪 90 年代中期以后，温州工业走向国际贸易和连锁经营、网络营销等多种现代营销方式相结合的道路，提升了产业层次和自主创新能力。2004 年提出“以民引外，民外合璧”的发展战略，推动民企与外资企业合作，吸引了美国通用电气、意大利杰尼亚、日本荏原制作所、瑞士汽巴精化、德国嘉利达、法国罗赛络、瑞士凯兰蒂等世界级产业巨头的合资合作。同时，温州对电力、交通、水利等垄断行业允许民营企业参与竞争。据统计，2005 年温州新增 10—20 亿元以上、含有高新技术的项目 30 多个，5000 万元以上企业 400 多家。

其二，温州经济走向了企业联合、兼并、重组、优化的集团化规模发展的道路。特别是资本市场开放以后，不少企业注重股份制改造和公司上市，建立现代企业制度。随着工业化的深入，第三产业逐步取代了制造业。开始改变以农村能人为骨干的家庭经营，注意提高素质，造就了一批具有现代智慧和理性思考的新型企业精英；同时注重提升高科技含量产品的竞争，特别是提升产品质量和产品档次，与假冒伪劣决裂，日益注重发挥品牌的积极作用。

其三，随着城市的成长，2004 年，地方政府在遵循市场主导的同时，逐渐从“无为而治”转向“有为管理”，加强对城镇建设的引导，倡导“企业大型化、产业重型化、资本外向化”的温州新政，进一步发挥政府在服务、规划、引导、筑巢、搭台上的作用。

2013 年的长三角城市经济协调会上，确定把长三角城市群从原来的 22 个城市再次“扩容”为30个城市，温州市如愿进入“长三角”主要城市行列。同时在城市群形势下，温州也在加大市域轨道交通的建设，抓紧在温州都市区实现“一小时交通圈”。

3. 珠江三角洲向连接香港、澳门的新的“大珠三角”发展

早期的珠江模式在经济发展中也出现了新的变化，如东莞民营经济通过承接香港制造业转移，为外商做产业配套，发展成为香港、深圳同广州之间的经济走廊。再如南海靠近香港，在20世纪80年代国内化纤布流行时，引来全国经销商，形成了纺织专业市场。90年代初，全国基建热，南海制陶业趁机得到大发展。但是珠江模式利润大头在香港，当地人逐渐从“借船出海”尝试向“造船出海”转换，即利用合资企业消化吸收，改造原来的乡镇企业。

费孝通先生对珠三角的发展倾注了巨大的热情和心血。他认为珠三角要保证将来持续发展的活力和后劲，其路向：一是深化香港与珠三角的经济关系；二是协调珠三角中心城市的功能定位；三是增强珠江模式的自主创新能力；四是建设共同繁荣的“泛珠三角”经济共同体。

随着改革开放的深化和发展，“珠江模式”的外向化即中外合资办企业渐成主流，并成功承接了港台地区以及后来的日韩欧美的产业转移，顺利融入全球产业链，发展成为国际性对外加工基地。1998年珠三角GDP超过新加坡，2003年超过香港，2007年超过台湾地区。

2003年，中央政府与香港、澳门特区实施CEPA（即《关于建立更紧密经贸关系的安排》），珠三角的城市群突破了原来的地域概念，将广州、深圳、珠海、佛山、惠州、肇庆、江门、中山和东莞9个城市加上香港、澳门，整合为一个新的一体化的“大珠三角”大都市圈。2011年广深高铁和广珠轻轨相继通车，让珠三角的城市群如虎添翼。这个“大珠三角”的GDP是“长三角”的近两倍，成为仅次于纽约和东京的世界第三大都市圈。现在，由香港这个国际金融中心、物流中心、航运中心为主的国际服务业中心，作为龙头，支撑和带动“大珠三角”城市群制造业的发展，珠三角将成为世界级的先进制造业和现代服务业基地以及全国重要的经济中心；香港将继续巩固亚洲国际都会的地位，努力建设享有优质生活的全球城市；澳门将成为世界最具吸引力的旅游休闲中心和区域性商贸服务平台。

4. 乡镇企业发展模式的转型和企业财产组织形式的客观发展规律

经济发展中，乡镇企业早期的苏南、温州、珠江三种模式的转型，以及在发展上，不同程度地出现了某种趋同性，反映出企业财产的组织形式有其自身的客观发展规律。

企业发展，在财产组织形式的选择上，究竟是独资、合伙或股份制，是根据企业规模扩张及其现实的融资需求来决定的。工业化早期，工厂规模小，企业最初的财产组织形式，只由单个资本家或其家庭独自出资。当工厂规模渐次扩大，就会考虑几个资本家合伙合股。后来出现了一个有钱的出钱、有力的出力的有限合伙制：有智有才的管理者承担企业的决策和经营，承担无限责任，企业多赚他们可以多分；出资者冲着管理者的才智想多赚钱，所以出资，但只以所出资金承担有限责任。所以美国许多著名对冲基金都实行有限合伙制。我国《合伙企业法》也引入了有限合伙制，这一财产组织形式将逐渐融入我们的资本文化。

企业发展还有个规模问题。独资、合伙，毕竟是小企业居多。当工厂规模有更大的扩张，在资本筹集上，就必然会考虑从社会上集中资本的股份制。我国改革开放初期冒出来的股份公司，如烟台电厂、上海飞乐音响、北京天桥商场，其实都是为了资本扩张的需要而集资。但是，股份制毕竟突破了私人占有和单个资本的限制，创造出一种既能分散占有产权又能集中使用资金的社会化资本形成机制。股份制的另一个创新，是它只根据出资多少承担有限责任。

股份有限公司的出现，是生产的社会化，导致了资本的社会化。正如马克思说的："假如必须等待积累去使某些单个资本增长到能够修筑铁路的程度，那么恐怕直到今天世界上还没有铁路。但是，集中通过股份公司转瞬之间就把这件事完成了。"对于股份制，马克思称赞"它给资本的积聚以一种从未料到的推动力"。从此，企业可以突破个别资本的束缚，直接按照工业所要求的那种生产规模来集中社会资本建立起巨大的社会生产力。

现代市场经济的发展，出现了证券市场，并发掘出一种"资本化"的机制：当企业的事业规模和资本规模需要更大的扩张时，它可以通过 IPO 上市，把企业具有创造未来收入能力的资产“开发”成资本市场上可以交换的资本。尽管说公司上市不是“圈钱”，但企业确实可以通过发行股票或债券，获得一种持久扩张事业和资本的机制。应该说，这是当代发达国家的现代企业所具有的最先进的财产组织形式，当然也是最具活力的管理形式。

五、民营企业发展的几个案例

中国民营企业的发展，成功的案例多不胜数。青岛海尔、联想，比比皆是。各方面多有介绍。这里着重说说广州云康集团在医学科技专业化标准化上的社会协作服务、温州美特斯邦威的“虚拟经营”和青岛海尔集团企业兼并的故事。

1. 云康集团在医学科技专业化、标准化上开展社会化协作服务的故事

云康集团(原名达安健康)成立于2008年，是源于中山大学的，以专业医学服务、大众健康服务及相关技术支持服务为核心业务的高科技企业集团。

云康的社会化协作服务，让我想起在上海的一段经历。上海解放前的1948年，我在地下党领导下，从事进步青年读书会的活动，认识了余濆化验所的曹继昌同志，并经常借这个化验所开会，因而也对这个化验所的特殊的经营活动产生了兴趣。原来这个化验所是一个独立机构，并不从属于任何一家医院。但它在医学检验上标准化的专业服务，却能把上海各家大小医院病人需要化验的血液和排泄物都吸收来集中进行化验。这在当时来说是一种非常先进的社会化协作方式，它以标准化专业化的集中服务解决了社会上各个大小医院独立化验无法承担的成本问题。但是解放后，我们学习苏联，反而丢掉了这种非常先进和节约的社会化协作，各家医院却都各自搞了“大而全”、“小而全”的化验室所，并以此来炫耀医院的“全能”。

云康的可贵，就在于它们在医疗市场化方面，又在某些专业医疗技术上捡起了社会化协作方式。云康通过对医疗行业的分析研究，认为县区以下的基层卫生服务能力严重不足，特别是医疗健康服务共性基础环节——医学检验与诊断能力的不足，是制约分级诊疗和健康服务业发展的主要瓶颈之一。以医学检验为例，云康发现基层卫生机构有必要自行完成的实验室检验项目数量远少于三级医院

和大型第三方实验室，县区级医院检验科通常不超过200—300项，社区卫生中心（乡镇卫生院）实验室则只需50—100项。它们面临的主要问题不是增加检验项目搞大而全的实验室，而是需要通过某种可能的协作方式，实实在在地把需要自行开展的检验项目按照专业规范操作好，取得可靠的检验结果，从而提升居民对基层医疗机构专业能力的信任度。云康决定以医学检验与诊断的社会化服务为切入点，从专业标准、操作指引、流程优化、人员培训、软件硬件等各个方面向基层机构全方位、体系化地输出专业能力和支持工具，开展社会化协作服务。对于一些基础异常薄弱的基层社区，甚至是从最基本的手把手导入5S管理①进行实验室工作现场环境整治做起。由此云康积累了经验，并逐步形成了自身运营大型连锁实验室的技术能力和管理能力。它们还着重帮助基层合作单位导入基因检测等高端检验项目，进一步提升其专业水平和服务能力。同时，云康也通过自营的大型实验室承接基层卫生机构无法完成的高端特种检验项目，或协助它们外包给上级医院进行检测，从而初步实现了医学检验服务的网络化分级协同运营，为进一步建设和完善分级诊疗服务体系取得了良好开端。

云康积极响应国家推进和深化医改、发展健康服务业的政策导向，提出“健康社区·健康家”的产业愿景，依托中山大学的基础科研和产业化平台，在医学检验与诊断领域拥有了集“产学研服”于一体、国内最完整的产业链协作体系和最齐全的专业服务资质。在此基础上，它们更进一步与国内外合作伙伴携手努力，共同开展技术创新、产品创新、服务创新，打造线上与线下有机结合的医疗健康服务协同体系。云康已经开始与国内外专业伙伴合作，在部分区域合作单位中，借鉴上述医学检验与诊断社会化服务的成功经验和模式，率先开展针对慢性病及其并发症（如糖尿病）筛查、预防和管理的分级协同服务体系的试点，并已取得良好反响。目前，在全国主要省市已有数百家基层医疗机构实验室，依托云康的支持服务大幅度改善了运营质量和效率，步入良性发展的轨道。

---

① 5S管理，是指5S现场管理法。5S即整理（SEIRI）、整顿（SEITON）、清扫（SEISOU）、清洁（SEIKETSU）、素养（SHITSUKE）。因英语均以“S”开头，故简称5S，又被称为“五常法则”。5S起源于日本，是指在生产现场中对人员、机器、材料、方法等生产要素进行有效的管理，5S对于塑造企业的形象、降低成本、准时交货、安全生产、高度的标准化、创造令人心旷神怡的工作场所、现场改善等方面发挥了巨大作用，因此逐渐被各国的管理界所认识和接受。

云康把它们的社会化协作服务概括为“三化一同”，即标准化、专业化、智慧化和分级协同。在三化当中，专业化是根本基础。医疗健康服务产业是缘于现代医学的高度专业化的行业。云康始终坚持它们所提供的任何专业产品及服务都必须经得起专业规范的考验，包括云康旗下自营的所有大型医学实验室，都严格按照国际专业规范建设、运营和管理。标准化是大规模专业化推广的必要条件。没有标准化，就不可能实现包括检验结果在内的医疗健康服务信息的通用和互认，不同服务机构的彼此协同就无从谈起。云康集团的旗舰广州实验室，就是国内极少数同时通过医学检验行业国际标准 ISO15189 和 CAP 双认证的医学实验室。不仅如此，为了填补基层医学检验专业标准的空白，云康还专门与医学检验领域最高国际专业组织国际临床实验室标准化协会（CLSI）结成全球伙伴关系，共同打造和推广适应发展中国家基层需要的医学实验室专业标准体系，相关工作已经得到世界卫生组织（WHO）的关注和认可。智慧化是更好地实现专业化、标准化，提升服务和运营效率的手段与工具。当前互联网、物联网、人工智能等 IT 技术日新月异，必将更加广泛地替代标准化体力和脑力劳动，更方便地实现供需双方和各类要素资源的链接，极大地提高服务效率，释放专业医护人员的生产力。云康与电信运营商、IT 巨头广泛合作，在医学检验专业 IT 系统的开发应用方面，已经走在国内前列；未来将按照业务规划和市场需求，不断推出多样化、智慧化的信息系统和应用工具，支持不同医疗健康服务（如慢病管理）的开展。最后一个是分级协同。云康这一套完整的服务体系和“三化”的方法论，得到了国家和地方政府部门的支持、认可，先后承担并实施了诸如国家科技惠民（人口健康领域）重大专项、国家基因检测技术应用（广东省）示范中心等重大医学服务与科技创新项目，切实履行了作为国内领先的医学科技服务企业的社会责任。

2. 青岛海尔集团企业兼并的“吃休克鱼”理论

青岛海尔集团，前身为青岛电冰箱总厂，因资不抵债，产品滞销、濒临倒闭；1984 年由张瑞敏带领新的领导班子接过了这个厂，发展成海尔电冰箱厂；后来几经并购，发展成现在的海尔集团，成为全球最大的家用电器制造商之一。如今的海尔已经林立世界家电大品牌之列，在国际市场上与西门子、索尼、三星等巨型企业竞争。

海尔集团的发展，关键是企业兼并。海尔集团从 1988 年兼并青岛电镀厂开始，1991 年兼并青岛空调器厂、青岛冷柜厂，1992 年兼并冷凝器厂，1995 年兼并青岛红星电器集团与汉蓝波希岛公司。1997 年动作最大，先是兼并莱阳电熨斗厂，又以控股投资的方式，与广东爱德集团合资建立顺德海尔电器有限公司；同年还控股青岛市第三制药厂和山东莱阳家电总厂，接着海尔与西湖电子共同出资，在杭州经济技术开发区组建杭州海尔电器有限公司，合作开发大屏幕数字电视。年底，海尔又兼并了黄山电子 294 企业文化有限公司控股贵州风华电冰箱厂。从 1984—1997 年，海尔集团 13 年兼并了 18 家大中型企业，集团资产从 10 年前的几千万元发展至 66.6 亿元，成为中国家电第一特大型企业，是行业规模最大的一支"联合舰队"。

人们惯于将企业兼并比作大鱼吃小鱼，或是小鱼吃大鱼。海尔的张瑞敏喜欢把企业兼并称为"吃休克鱼"理论。从国际上看，企业间的兼并重组可以分成三个阶段：先是"大鱼吃小鱼"。这时技术含量尚未成为竞争的决定因素，企业的资本存量、经营规模决定着竞争的成败，并购的主要形式是大企业兼并小企业。再是"快鱼吃慢鱼"。这时技术含量已经超过资本的作用而成为决定性因素，并购的趋势是，新技术企业兼并传统产业，并以新技术统帅和改造传统企业。然后是"鲨鱼吃鲨鱼"，即强强联合。这是在资本高度集中、技术飞速发展、世界经济一体化形势下企业并购的最高形式。国际上，波音和麦道的合并，是其典型。

海尔的并购，张瑞敏认为，它们吃的不是"小鱼"、"慢鱼"和"鲨鱼"，而是"休克鱼"。"我们的国情决定了中国的企业搞兼并重组不可能照搬国外的模式。由于体制的原因，小鱼不觉其小，慢鱼不觉其慢，各有所倚，自得其乐，缺乏兼并重组的积极性、主动性。所以大鱼不可能吃小鱼，也不可能吃慢鱼，更不能吃掉鲨鱼。活鱼不会让你吃，吃死鱼你会闹肚子，因此只有吃'休克鱼'。"什么叫"休克鱼"？张瑞敏的解释：鱼的肌体没有腐烂，比喻企业硬件很好，而鱼处于休克状态，比喻企业的思想、观念有问题，导致企业停滞不前。这种企业一旦注入新的管理思想，有一套行之有效的管理办法，很快就能够被激活起来。

张瑞敏吃"休克鱼"的理论为海尔选择兼并对象提供了现实依据。海尔看重的不是兼并对象现有的资产，而是潜在的市场、潜在的活力、潜在的效益。在海尔18件兼并案中，被兼并企业的亏损总额达到5.5亿元，而最终盘活的资产为15.2亿元。在海尔看来，红星厂属于“休克鱼”，是18家兼并企业中最成功的一次，海尔没有投入一分钱，首次用自己的品牌、管理和企业文化等无形资产使红星厂扭亏为盈，是以自己的企业文化激活了“休克鱼”。

我以为，海尔集团企业兼并的“休克鱼”理论，有一个历史条件问题。在1984—1997年这13年，正是中国从计划经济向市场经济转轨，而海尔兼并的18家企业正反映出体制改革的现实需要。实际上，海尔的被兼并对象，基本上都是一些“硬件很好”，只是由于受旧体制积弊的影响暂时亏损乃至亏损很大，因而一旦重组和兼并，体制突变，就能迅速摆脱旧体制的束缚；张瑞敏的吃“休克鱼”，正是选准了被兼并的企业和把握住改革的时机，加上海尔的品牌、海尔的管理和海尔的企业文化，所以马上能够把“休克鱼”激活，出现改革红利。

附带说到，海尔在家电售后服务上坚持365天24小时服务。张瑞敏办公室里挂着“如履薄冰、战战兢兢”八字的墨迹。这都说明了海尔对待管理的态度，是海尔集团独具的企业文化。

3. 美特斯·邦威的“虚拟经营”和创业故事

温州美特斯·邦威，是温州模式中民营中小企业汇集集群经济优势创业发展的一个典型。董事长周成建，只有初中文化，当过农民，做过裁缝，搞过服装批发，是个不到20岁就开始创业的“温州式”企业家。1992年，周成建的服装作坊积累了大约400万元的原始资本。1993年注册了“邦威”商标，办理了浙江省温州美特斯制衣有限公司营业执照，立志成为中国休闲服市场的领导品牌，扬国邦之威、故邦之威。1995年4月，周成建在温州市开设了第一家邦威专卖店，美特斯·邦威正式迈进服饰连锁专卖零售行业。

当时，绝大部分国内品牌服装企业都是实行“生产＋销售”的一体化经营模式，周成建却是剑走偏锋，1996年他闯出一套“虚拟经营”的独特经营方式。即“生产外包、直营销售和特许加盟相结合的业务模式”。自己仅留下“美特斯·邦威”这个品牌，专门负责产品设计开发和品牌经营，而把生产和销售都外包给具有中小企业集群经济分工协作优势的温州厂商；一种是生产外包，他称之为“借鸡下蛋”和“借网捕鱼”，即“借厂制造”；一种是“特许加盟”，即“连锁经营”，他称之为“借店销售”；但周成建却在核心城市和热点地带自己设置了“直营店”，作为大店、旗舰店或形象店。由此节约了大量初始的生产成本，而且调动了其他企业或加盟者的积极性。尽管美特斯·邦威没有生产车间，但一年可以销售几十个亿。这一现象被称为“零资源现象”。当时很多人认为这是一种“皮包公司”的经营模式，其实这是一种以价值为驱动的轻资产战略。早期国际上耐克鞋的贴牌生产，广东珠江三角洲的 OEM，都是这种模式。

1998 年开始，美特斯·邦威逐步把经营管理中心、研发中心移到上海。产品设计开发上，建立并培育了一支具有国际水准的设计师队伍，并与法国、意大利及香港地区等地的知名设计师开展长期合作，每年设计服装新款 1000 多种。仅有 300 余人的美特斯·邦威总部在 40 余人的计算机中心的支持下，从容控制着 1000 余家专卖店和 100 余家远在江苏、广东的 OEM 生产厂。这种虚拟运营的业务模式起到了颠覆式的效果！当时国内服装行业，传统运作方式仍然占主流。通常，工厂生产出来的服装发送到公司物流中心，再向全国各个配送中心或分公司配发，存在巨大的库存积压风险。美特斯·邦威利用“虚拟库存”不仅帮助供应链的上下游化解了库存风险，而且通过提高整条供应链的资金利用效率，放大自有资金的杠杆效应。2003 年，美特斯·邦威在浦东建成了 2 万平方米面积的物流中心，全部实现信息技术调配货物的高效运转。2003 年 9 月，有广东、上海、江苏等地 200 多家服装加工厂为美特斯·邦威生产；遍布全国的近千家专卖店正以每 2 秒销售 1 件衣服的速度，向年销售额 20 多亿元冲刺。

美特斯·邦威的虚拟经营，采用的是将生产和物流外包，特许加盟连锁与直营连锁混搭经营，设计研发和品牌营销全部自控的供应链模式。公司在面料、辅料和成衣生产环节，全部实行外包 OEM 的生产方式。有资料说，它在全国拥有直营店和加盟店共计 2211 家，其中加盟店 1927 家，占 87%，直营店只有 284 家，直营店对主营业务收入的贡献约占 38%。据说周成建只在核心城市和热点地带设置“直营店”，主要是作为大店、旗舰店或形象店，可以直接感知市场竞争的冷暖，它事实上起着一种体验经营并指挥经营的作用。

美特斯·邦威公司已连续多年被全国工商联评为“上规模民营企业500强”。2008年8月28日，美特斯·邦威以“美邦服饰(002269.SZ)”在深圳交易所A股上市。2008年，美特斯·邦威在全国已设有专卖店近3000家，全系统销售额达70亿元，位居中国本土和国际休闲服品牌之首。2012胡润民营品牌榜，美特斯·邦威以78亿元品牌价值，排名第19位。

六、民营企业不必急于走出家族制

中国改革开放后，民营经济获得了历史上最大规模的发展。据估算，目前约有500万家民营企业，规模在20万亿人民币左右。其中，家族式企业约占90%以上(按全国人大常委会副委员长陈昌智的数据则为85.4%)。既有家庭作坊式企业或单一业主制企业，也有合伙制企业、共有制企业，甚至出现了家族成员保持临界控制权的企业集团。

一般来说，家族企业是经济社会化一个必然的长期阶段。其实，家族企业并非中国独有，在世界各国经济中家族企业发挥着重要作用。在全球500强中，有175家是家族控制的企业。家族企业占GDP总数的比例：韩国48.2%；中国台湾61.6%；马来西亚67.2%；菲律宾和印尼，最大的10个家族体现本国企业市值的一半；泰国和中国香港，五个最大家族体现了26%的企业市值；美国家族企业创造了78%就业机会，创造了全美GDP的50%。

在中国的民营企业中，有92.7%的业主同时是企业的主要管理者，经营决策和管理决定往往由业主单独或与其相关的人共同做出。事实上，国外确有很多家族式企业是做得很好的，比如李嘉诚家族、沃尔玛创始人家族等。而家族式管理也确有它的好处，比如向心力比较强，不容易被灾难打散等。乃至有报道说，一些非家族型的民营企业，往往也会想方设法用“家族化”的方法尽可能把它们变为“准家族”，然后实行家族化管理。

但是，随着社会主义市场经济的发展，一些家族企业管理机制的问题逐渐凸现，如裙带风盛行、绩效评价不公、管理效率低下、技术创新受到抑制，以及企业发展受限，等等。因而各方面常常提出走出家族式管理的问题。特别是经济学的主流观点，常常把家族制企业视为一种落后的产业组织象征，把这种组织形式当作企业进一步发展的障碍。受此影响,许多民营企业也纷纷声称自己要走出家族制。尤其是高科技的半导体民营企业如何进行体制创新,如何以现代企业制度来规范运作,提高企业治理的有效性,常常成为热门议题。

民营企业要不要走出家族式管理?是不是一定要走出家族式管理?颇受各方关注。

2002年,北大光华管理学院华人企业管理研究中心和中国社科院世界经济与政治研究所世界华商研究中心共同举办过一次主题为“家族化管理机制及其功效”的学术研讨会,专家学者达成的共识认为,家庭企业在竞争力方面是有优势的,民营企业不必急于走出家族制。

当然,证明家族企业存在的合理性,并不是说家族企业不需要改革。中国的家族企业逐渐出现三种行为取向:所有权家族化,经营层社会化,股权逐步公众化。因此有人主张,合理的治理结构将成为家族企业永续发展的关键。一个较为可行的办法是在家族制中引入现代企业制度,将二者有机结合起来,既保留家族制,又有所淡化和提高。但是,也有专家指出,在大企业成长道路上,华人企业与美国企业不同。美国的大企业很早就由经理制取代家族制成为主导,而华人大企业至今仍以家族制为主导。其中原因值得认真研究,不能简单地认为只有美国道路是正确的、先进的。另一种主张是认为,企业形式无所谓高下,只要在当地“管理交易成本最低就是好形式”。

2013年5月《江西日报》报道,我国经济学家戴园晨就认为,民营企业走出家族制的时机尚未成熟。戴园晨认为,由于发展历史短,中国绝大多数民企创业者都还没有到需要找接班人的时候,企业发展规模也没有达到非职业经营者管理不可的程度。同时,现行法律、道德规范缺乏对经营者的有效约束,所以民营企业走出家族制的时机并未成熟。

戴园晨认为,只有当企业发展到需要吸收大量资金来扩大其规模,提高其技术,在产权结构上打破了家族成员的垄断,这时才需要吸收家族之外的人参与管理。中小企业规模小,产权不需要向家族外扩散,就没有走出家族制的必要。美国90%的企业、英国70%的企业是家族企业,港澳台地区的企业很多是家族企业,为什么我们的企业一定要走出家族制呢?

戴园晨说，中国十大民营企业之一的浙江温州正泰集团，年销售额超过120亿元，其股权结构经过不断调整已大为分散，但大股东南存辉依然是董事长。南存辉一直说要交权，请了个美国名牌大学MBA背景的人先当副总，后来又当了总经理，没过多久还是解除了职位。南存辉为什么没交权？因为企业发展历史很短，创业者都还很年轻，没有到找继承人交班的年龄，股权结构也没有分散到非请职业经理人不可的程度。大多数中小企业的情况与此相似。

但是，戴园晨也认为，中国民营企业早晚有一个走出家族制的问题。企业经营者迟早要把手中的权力交出去，因此有一个寻求、选拔合适的接班人问题。接班人的选拔无非两条途径：一是家族内部培养，包括从企业内部挑选；另一个就是根据资历、能力从企业之外寻找。从社会上招聘专业化人才参与企业管理，经营者很容易与家族成员发生摩擦。任人唯亲的现象，在国有企业和政府部门都可能出现，在民营企业中，“亲”更是明摆在那里，不用不行。人们在批评家族制时，经常忽略了非家族成员对企业的忠诚度问题。民企所有者与经营者是老板与员工的关系，不可能把国有企业代理人的无私奉献应用到民营企业中去。在员工的忠诚度无法保证要老板放手用人时，他敢吗？民营企业在走出家族制的过程中，值得吸取的教训要远远超过可资借鉴的经验。创维、伊利、恩威、黄河啤酒都有过沉痛的教训。现在看来，约束机制是所有者与经营者之间建立联系的非常重要环节。民营企业要建立有效的激励约束机制，必须提高经营者待遇。家族制的问题，在于企业内部家族成员的亲属关系决定了管理上的随机决策和以情治企。现代企业与家族企业的区别就像汽车和马车的区别一样，对于汽车来说，只要有驾照谁都可以开，但拉车的马却只认一个老板。从这个意义来说，重要的是怎样建立科学管理、制度管理，减少决策失误，向现代企业转变。

我以为，应当慎重对待民营企业“走出家族制”的问题，如果全盘推翻家族制，无异于推翻了民营经济，这是不可取的。

2015年北京召开的第二届中国家族财富传承峰会上传出讯息：未来10—15年，以家族企业为主的中国民营企业将迎来重要的交接班的传承高峰。会上，峰会主席、原中国驻法大使吴建民比较乐观。他认为“即将接班的二代青年企业家们可能是在未来几十年中最有作为的人群的一部分”。因为他们有父辈的奋斗为之树立的榜样、提供的平台，“这部分人如果顺应时代，努力奋斗，应该能够实现自身价值”。

2016 年 1 月 22 日，根据新加坡中华总商会与普华永道会计事务所历时一年调查公布的《家族企业专项研究》报告显示，七成家族企业传不到第三代。报道称，有超过七成家族企业表示，它们接下来五年的增长目标将着眼于稳定增长，超过一成会维持现状，只有 9%表示会积极扩展业务，其余 8.1%则会放缓增长步伐。普华永道会计事务所合伙人吴绍均表示，“如何解决家族企业的专业治理，并没有一个‘正确’答案，但它们都面对相同的当务之急，那就是企业须朝向专业治理，家族之间也须以专业方式解决问题。更重要的是，大家必须在和睦共处的情况下展开家族企业专业治理的道路。”

2017 年 2 月，心理治疗师内奥米・沙拉盖为英国《金融时报》撰稿的《家族企业的“感情困境”》一文，认为长期以来家族企业的发展历程表明，使家庭内部紧密联系起来的亲密关系、忠诚以及承诺，同样能够解释家族企业的成功。但是沙拉盖又认为，只有 30%的家族企业能传续到下一代手中，很多此类问题的起因是将家庭事务和商业目标混为一谈。家庭关注的是人们的感情幸福，以及与爱和归属感有关的问题，而企业则主要关注经济上的成功。家庭看问题的方式更加内向，通常抗拒变化，而企业则要求创新，并关注外部事件以获取成功。家族企业应该理清家庭关系与企业经营的冲突，理清利益冲突，才能长远发展。

参考文献

[1] 邓小平文选[M].第 3 卷.北京：人民出版社，1993.

[2] 费孝通.小城镇，大问题[J].瞭望，1984(2—4).

[3] 费孝通.乡土中国[M].北京：三联书店，1985.

[4] 费孝通.江村经济：中国农民的生活[M].南京：江苏人民出版社，1986.

[5] 费孝通.论小城镇及其他[M].天津：天津人民出版社，1986.

[6] 费孝通.小商品・大市场[J].瞭望，1986(20—22).

[7] 费孝通.小城镇，新开拓[J].瞭望，1984(51).

[8] 董辅礽."温州模式"与中国民营经济的发展[N].2011-10-11.

[9] 理查德·库珀.民营经济仍在扩张[N].财新网《新世纪》,2014(42).

[10] 江苏省委党校课题组."新苏南模式"的内涵与启示[N].人民日报,2007-5-9.

[11] 张颢瀚.新苏南模式[N].南方网,2012-2-27.

[12] 谢健.民营经济发展模式比较[J].中国工业经济,2002(10).

[13] 1988年广东四小虎关键词:珠江模式[N].世纪商业评论,2004-12-3.

[14] 莫邦富.日本家电企业输在了什么地方?[N].日经中文网,2016-7-22.

[15] 戴园晨.民营企业走出家族制的时机尚未成熟[N].江西日报,2013-5-10.

[16] 赵明.民营企业不必急于走出家族制[N].中国经济时报,2002-9-23.

[17] 周文龙.家族企业报告:七成家族企业传不到第三代[N].新加坡《联合早报》,2016-1-22.

[18] 内奥米·沙拉盖.家族企业的"感情困境"[N].英国《金融时报》中文版,2017-2-10.

第三章　城市政府掌控城市资本驾驭城市经济

1949年，中国城市化率只有10.6%，1978年改革开放时为17.92%，29年的计划经济，城市化率才上升了7.32个百分点，平均每年上升0.25个百分点。1978—1992年向有计划商品经济转型，1992年城市化率为27.63%，比1978年提高了9.71个百分点，平均每年上升0.69个百分点。1992年中共十四大决定向社会主义市场经济体制转轨，到2016年城市化率为57.35%，24年上升了29.72个百分点，平均每年上升1.238个百分点。这二十多年，城市经济的奇峰突起，尤其是城市政府掌控城市资本发展城市经济，助推了中国社会主义市场经济的超常增长，为中国崛起建立了功勋，这是中国在市场经济中驾驭资本的又一成功范例。

中国城市经济的奇峰突起，是城市政府驾驭城市资本引导产业资本结出的硕果，它突破了传统经济学理论和西方市场经济的现实，是中国社会主义市场经济的一个创举。其特殊意义更在于，把中国从工业革命和工业时代，引向城市革命和以城市群为特征的新的城市时代。

在这里，不但城市群是一个新事物，城市资本是一个新事物，城市经济是一个新事物，城市政府作为准经济组织和经济体是一个新事物，城市政府驾驭城市资本引导产业资本，更是一个新事物。如果加上高速铁路，我们将面对六种新事物，它必然要有理论上的创新。

这一章我们将探讨城市经济，涉及的问题较多。一是现代化城市经济的特点，着重城市群和"时空压缩"这一新的城市特征；二是中国城市政府"以城引市"，掌控城市资本驾驭外来资本；三是中国高速铁路加城市群崛起及其引起的时空变化，它把城市化推向优化空间资源配置的新高；四是特别要从理论上探讨城市经济发展成为与产业经济相独立的经济，以及城市政府事实上已经成为类似工商企业的准经济组织和经济体的问题。

一、现代化城市经济的特点

西方城市理论家也是现代马克思主义者的亨利·列斐伏尔，认为城市革命同早期的由农业转向制造业的工业革命一样，具有重要的社会意义和影响。因而认为人类历史可以被划分为三个相互重叠、延续的时代：农业时代、工业时代和城市时代。我是赞同这个看法的。

联系到当前中国的高速铁路加城市群以及"互联网＋"的建设高潮带来的双重"时空压缩"条件下创造的种种机遇，我们更有理由确认"城市革命"和"城市时代"的来临！"城市革命"势将像早期的工业革命一样，颠覆人们在工业时代的传统生活，并重新塑造城市面貌和人们的社会生活，而当前以城市群为特征的新的城市化，正在塑造出一个崭新的"城市时代"。

现代城市经济以"经营空间"为己任，追求区域经济效益最大化，具有三个鲜明特点。

1. 首先，城市化不是"造城运动"，而是"人的城市化"

新的城市化不仅要面对工业化企业在新的空间上的生产扩张，而且要直接面对由大量农民转化成为工人形成的一个中高收入人群增加、中产阶级比重增大的橄榄型社会，因而必须注重改善庞大居民生活与消费需求的人的城市化。现今的城市化，面对的不再是马克思写《资本论》时的一贫如洗的工人队伍，而是马克思当年没有预料到的一个庞大的中产阶级。现今的城市化，面对的不仅是产业资本和工业生产的生产需求，而且要面对如何改善庞大居民的民生，如何发展丰富多彩的消费产业和消费设施，来满足庞大居民在住房、餐饮、交通、商店购物、医疗卫生、文化艺术、教育培训、居住环境以及旅游等诸多方面有更加多样性和质量更高的生活需求与消费需求。城市化的发展，在人口聚集到一定程度后，就会产生第三产业的服务需求，为方便居民生活的邮电、通信、银行、医院等现代服务行业的发展提供广阔的空间。城市基础设施加快了人口流动，不仅有利于劳动和资本等生产要素的集中，也更有利于现代服务行业和服务业资本以及高端服务业人员的集中，由此产生了城市特有的集聚经济效益。而城市化的进一步发展，中高收入的人群在满足了生存资料的消费以后，还要求在提高自己劳动素质所需的文化、教育、培训等发展资料和消闲、别墅等享受资料方面，也能有心满意足的消费；因而要求城市行政当局要有相当数量的与产业经济相独立的城市资本，用于提供城市基础设施和医疗卫生、文化教育等公用事业的需求，为改善民生、给居民多样性生活提供保证。总之，新的城市化，更加突出了居民生活和消费需求的地位，核心是“人的城市化”。

2. 城市群时代——“城市发展的高级阶段”

现在的城市化已进入城市群时代，这是“城市发展的高级阶段”。城市群是以一个特大城市为核心，向周围几个大城市或都市圈辐射构成的城市群体。它是依托发达的交通通信等基础设施网络形成空间相对紧凑、经济联系紧密并最终实现同城化和高度一体化的城市集合体。

早在 1961 年，法国地理学家简・戈特曼首次提出了“城市群”的概念和理论。1976 年他在《世界上的城市群体系》一文中，根据城市群的识别标准及演进规律，认为世界上有六大城市群，即美国东北部大西洋沿岸城市群、北美五大湖城市群、日本太平洋沿岸城市群、欧洲西北部城市群、英国以伦敦为核心的城市群和中国以上海为核心的长江三角洲城市群。当时中国正是十年“文革”，他这个以上海为核心的城市群的预言，35 年后才真正崭露峥嵘！

戈特曼的城市群概念，大体标准是指：人口规模在 2500 万人以上和人口密度超过每平方公里 250 人的特大城市。我国则有学者提出 2000 万人的标准。同时还有学者认为城市群的人均 GDP 要超过 3000 美元，经济密度大于每平方公里 500 万元（方创琳）；关键是城市群内大中小城市之间的分工协作，要形成由公路、铁路、航空、水运与通讯等叠加而成的综合性、一体化的网络系统，才能降低交易成本，让城市群的生产要素得到更充分的流动。

粗略观察，这 6 个世界级的大城市群，都是地处著名河流流域的水陆交通汇集地域，形成了这一带经济紧密相连的城市集群。比如，上海城市群地处长江三角洲经济腹地，还与有2500年历史的京杭大运河相连。伦敦城市群有横贯英国的泰晤士河，是英国的母亲河，泰晤士因为有河才有金融中心。欧洲西北部城市群，有巴黎、阿姆斯特丹、鹿特丹、海牙、安特卫普、布鲁塞尔、科隆等，地处塞纳河、莱茵河，还有好几条大运河。莱茵河正是欧洲经济起源地。美国东北部城市群，包括波士顿、纽约、费城、巴尔的摩、华盛顿，共40个城市，地处哈德逊河，本来已形成纽约与美国东北地区的纽带，1825年伊利运河完工，连通了哈德逊河，使东部第一大港纽约同整个东北地区相联结。北美五大湖城市群，从芝加哥向东到底特律、克利夫兰、匹兹堡，一直延伸到加拿大的多伦多和蒙特利尔。地处五大湖（伊利湖、苏必利尔湖、安大略湖、密歇根湖和休伦湖）、密西西比河和伊利运河，是北美内河航道网，因为美国开通运河，5个湖泊连为一体。该城市群与美国东北沿海城市群共同构成了北美的制造业经济带。日本太平洋沿岸城市群，把东京、大阪、名古屋三个城市圈的横滨、静冈等大城市串珠为盘。该城市群涵盖琵琶湖、濑户内海，是东京湾临海经济的典型代表。

另一个特点是铁路加速了美国大西洋沿岸城市群的形成；而上海城市群则与1908—1909年"沪宁铁路"(旧称为京沪铁路)和"沪杭铁路"通车加速了长江三角洲的城市繁荣有关。日本是1964年的高速铁路催生了日本城市群，并使日本快速攀登上世界经济的舞台。

当前的中国，是世界上高速铁路运营里程最长、城市群最多的国家。一是2015年中国高速铁路运营里程已经达到1.9万公里。二是城市群方面，已经基本建成的有珠三角、长三角等11个城市群，正在建设的有14个城市群；预计到2030年，全国将拥有32个城市群①。由此，中国将以率先驾驭高速铁路和城市群在全世界引领这次新型的城市化建设。

城市群建设是优化国土空间开发格局、增强城市综合承载能力不可回避的问题。中国在发展高速铁路的同时，在"十一五"规划中首次将城市群作为推进城镇

---

① 这32个城市群，一是已基本建成的包括珠三角、长三角、京津冀、山东半岛、辽宁半岛、长江中游、中原、成渝、关中、海峡西岸、海峡东岸等11个城市群；二是正在建设的包括大武汉、长株潭、江淮、呼包鄂、兰州、乌(鲁木齐)昌(吉)、黔中、银川、拉萨、太原、石家庄、滇中、环鄱阳湖、南宁等14个城市群；三是潜在城市群，包括豫皖(含阜阳、亳州、商丘、周口)、冀鲁豫(含安阳、鹤壁、濮阳、聊城、菏泽、邯郸)、鄂豫(含信阳、南阳、襄樊、随州、驻马店)、徐州、浙东、汕头、琼海等7个城市群。

化的主体空间形态。2013年的中央城镇化工作会议重申要按照“两横三纵”的战略格局，形成若干城市群，促进大中小城市和小城镇合理分工、功能互补、协同发展。所谓“两横三纵”，是以陆桥通道、沿长江通道为两条横轴，以沿海、京哈京广、包昆通道为三条纵轴。2013年的《全国国土规划纲要(2011—2030)》，进一步提出了“五横四纵”的布局：“五横”为沿江、欧亚大陆桥、沪昆通道、青岛兰州通道和天津兰州通道；“四纵”是东部沿海、中部京福高铁和京广高铁沿线、西部包兰—宝成—成昆铁路沿线。实践证明，城市群不仅可以发挥中心城市的规模效应和辐射作用，缓解其人口和资源承载压力，还能增强周边城市的区位优势，提高中小城市吸引力，实现大城市和中小城市的协同发展，成为带动区域经济发展的重要增长极。2016年的《中长期铁路网规划》，又勾画了新时期“八纵八横”高速铁路网的宏大蓝图。

3. 空间结构的优化：高速铁路加城市群把城市经济推向优化空间资源配置的新高

现在的城市化更加突出了空间要素(位置、运动和存在方式)对经济发展的影响，更加注重劳动空间的节约和组合的优化，以实现经济要素在空间的合理布局，要求在经济运行中实现价值平衡、实物平衡和“空间平衡”的完美结合。当前高速铁路一马当先，预计到2020年运营里程将达到3万公里。接下来要发展城际铁路，统筹解决国家铁路网与城际铁路等地方性铁路网的衔接问题。据报道，未来3年，将有40多个城市加快城市轨道交通建设；预计2030年将建成城际铁路1.7万公里，各种编组动车组需求约13600辆。有报道说，中国2013年地铁车辆招标数量已达3137辆，首次突破3000辆大关。这将有利于城市空间的合理利用，缓解大城市中心区过于拥挤的状态，为内需增长和结构转型增添了机遇。

在高速铁路加城市群的时代，城市经济更加注重追求空间结构优化和区域经济要素配置的整体效益最大化，格外重视对经济要素之间的相邻效益、布局效益、网络效益和城市区域的聚集效益。大中小城市需要通过城市规划，对城市土地的开发与利用、城市工业布局、基础设施和文化设施、公共福利设施、卫生设施、住宅和社区建设等方面的分工合作，优化公共经济资源的配置，提高经济效益；从而使城市群不仅成为联结生产和生活的丰富空间，而且成为文化的高地、科学技术的摇篮、人才的培育地和聚集地，并使城市具有鲜明的个性、独特的魅力和独具特色的竞争力，有力地推动城市经济的发展。

2012 年中共十八大提出要“优化国土空间开发格局”，强调“调整空间结构，促进生产空间集约高效、生活空间宜居适度、生态空间山清水秀”。2013 年中共十八届三中全会的决定更要求“建立空间规划体系，划定生产、生活、生态空间开发管制界限，落实用途管制”，并特别提到要“优化城市空间结构和管理格局，增强城市综合承载能力”。此后在 2013 年 12 月中共中央召开的城镇化工作会议上又再一次重申优化空间结构和生态文明建设的要求。

中共中央如此不厌其烦地强调优化空间开发格局，把“经营空间”作为城市政府工作的一项任务。特别是高速铁路加城市群以及“互联网+”，在“周转时间的加速和空间范围的缩减”上的双重“时空压缩”效应，给城市经济带来全新的时空环境，将迫使城市政府在追求资本的时间价值之外，更要懂得追求经济要素在空间的合理布局，让优化城市空间结构成为重要的经济增长点。2012 年深圳特区政府让几块农村集体工业土地放开入市，就特别提到要“优化空间资源配置、促进产业转型升级”，把“经营空间”再次引入经济的视野。

4. 中国的城市化，究竟是以发展大城市为中心，还是以发展中小城镇为中心？

这个问题一直争论不断。改革开放 35 年来，我们一直是实行发展小城镇、控制大城市发展的思路，这是按照所谓“离土不离乡”的思维定式演变过来的，但实际效果并不理想。

李剑阁提到，城市人口密度的标准应该是一平方公里容纳居住人口一万人。1980 年全国城镇建成区面积是 5000 平方公里，到 2011 年已是 4.3 万平方公里，扩大了 8 倍；城市人口的密度却由原来每平方公里 8500 人，下降到 7300 人。可见人口密度不高，土地使用效率太低。

中国社科院农村所党国英等发现，在 1980—2005 年我国经济快速发展、城市急剧扩张的时期，经济每增长 1%，占用农地 2 万公顷左右。而日本从 1965 年到 1984 年快速发展时期，GDP 每增长 1%，占用农地 2500 公顷左右；我国的占地面积是日本的8倍。[①] 他们担心中国城市的面积扩张会威胁到耕地保护。问题正在于中国土地短缺，而土地城市化的速度大大超过了人口城市化的速度，土地的浪费非常严重。

赵俊超提到了经济密度，我国三大城市群GDP之和占全国36.6%，同美国的67%、日本的70%差距不小。他认为，中国应当争取使城市群聚集经济占70%、人口占60%。

中国城市和小城镇改革发展中心主任李铁则表示：可持续发展的城市化道路，是面对着7.1亿人口以及两万个不同规模的城市和小城镇。在中国，100万人口以上的城市有27个，加上一千万人口以上的城市5个和四百万人口以上的城市21个，合共53个。按中国的总人口规模不是多了，而是远远不够。而5万人口的城市大概1600个，这些小城镇在外国就是城市。城市化代表着文明，大城市人多、交易密度大，更能集约利用土地资源，容易实现经济繁荣。

所以，我赞同李剑阁的看法：今后不能重复过去的老路，应该把城市化的重点放在发展百万人口以上的大型城市，兼顾小城镇的功能完善。对于特大型城市，要逐步通过经济手段将某些过于集中的功能向卫星城扩散分流，向城市圈、城市群发展。

陆铭研究发现，在中国，平均来看，只有在距离香港和上海这样的大港口450公里的范围内，城市面积的扩张才有利于发挥城市的规模经济，提高土地的产出效率。在内地，城市化进程应主要以推进区域型的大都市为主，而中小城市的发展则必须依赖大城市的带动。

可见，城市化的当务之急是要解决城市空间粗放扩张的问题。当前要转变城市规划理念，由扩张性规划转向限定城市边界、优化空间结构的规划。同时要科学设置开发强度，尽快划定每个城市特别是特大城市开发边界，把城市放在大自然中，把绿水青山保留给城市居民。

发改委有专家说，今后城市化空间布局，将按照特大城市群、大城市群、其他城市化地区（大都市区、城市圈、城市带）、边境口岸城市、点状分布的中小城市和

---

① 党国英：《土地浪费凸显经济增长的地耗之忧》，《改革内参》2010年第42期。

小城镇五类，实行有区别的城市化方针，促进大中小城市和小城镇合理分工、功能互补、协同发展。更重要的是借此打破城市间的行政分割，使得中心城市得以发挥带动周边城镇发展，促进城市间分工，吸纳农业转移人口的作用。专家预计，这五类城市空间未来可以集中 10 亿左右城市人口，基本可以满足 2030 年中国城市化达到 65%、人口高峰值达到 14.6 亿时对城市空间的需要。

2012—2015 年我国城镇化率分别为 52.57%、53.73%、54.77%和 56.1%。如果城镇化率每年平均提高 1%，2030 年可升至 70%以上。但徐匡迪说，按照中国特色，“中国城镇化的人口永远不可能像西方国家那样超过 80%，甚至 75%都不行，我们现在提出来到 2030 年就是 65%”。另外，根据国务院印发的《“十三五”现代综合交通运输体系发展规划》，到 2020 年，高速铁路将覆盖超过 113 个大城市(包括超大城市)。

附带说明，本书说的城市化，即通称的城镇化和新型城镇化。但作者倾向于重点发展大型城市并向都市圈、城市群发展，所以宁愿用城市化的提法，虽然本书有时也兼用城镇化和新型城镇化的用语，但只是主张兼顾小城镇的功能完善，避免在小城镇方面过多地分散力量。

二、“时空压缩”和城市化时空关系的实践

1. 哈维的“时空压缩”观，城市化与时空关系的变化

现代化经济的发展，进行社会生产经营活动所需要的各种社会资源，除了资本、劳动力、土地、技术、管理，也包括信息这些生产要素，有一个优化资源配置的问题以外，最关键的就是交通运输发展带来的时间因素和空间因素的变化从而对经济发展产生了至关重要的影响。最早是船舶和马车形成了历史上的港口和集镇。而后轮船、铁路、公路、飞机场、高速公路依次兴起，无不给交通汇集的城市带来巨大的经济利益。

在城市发展中，美国的大卫·哈维有关“时空压缩”的观点，更加强化了现代城市对“经营空间”的现实意义。哈维列举近代交通运输技术发展带来“时空压缩”的变化：1500—1840 年，马车和帆船的平均速度每小时 10 英里；1850—1930

年，蒸汽机车和轮船的平均速度每小时 65 英里和 36 英里；20 世纪 50 年代，螺旋桨飞机速度是每小时 300—400 英里；60 年代，喷气式客机速度是每小时 500—700 英里，由此导致了空间关系与空间再现的激烈重组。哈维认为，这种“时空压缩”变化的“一般趋势是朝向周转时间的加速和空间范围的缩减”。而公路、运河、铁路、汽船、电报、收音机、汽车、货柜化运输、航空货运、电视和电子通讯，这些事物都改变了时空关系，因而也改变了城市的面貌，强化了城市对“经营空间”的现实意义。

中国赶上了高速铁路加城市群以及互联网的时代，就把这两方面的“时空压缩”效应发挥到极致。最明显的例子是高速铁路使得长三角城市之间的到达时间加速，因而显得空间范围的缩减。不少城市都在扩张，如苏州市同昆山和吴江合并，无锡市从原来的梁溪区扩大到现在的五个区外加江阴、宜兴两个县级市，即是例证。所以，高速铁路加城市群再加互联网的双重“时空压缩”，是中国千载难逢的新机遇。

2. 深圳特区引入时间和空间因素，从市场竞争中追求“分秒必争”和“寸土寸金”

新中国成立后 30 年的计划经济，企业只懂得按计划指令生产，从来不计工本，也不懂得经营和竞争。中国的改革开放，是从设立特区开始的。1979 年 7 月 19 日中央下发了“50 号文件”，先在深圳、珠海、汕头、厦门试办“出口特区”。特区开放后，引入了时间和空间因素，却迫使城市政府和企业学会了在经营、竞争中懂得“分秒必争”与追求“寸土寸金”。

最早是时间因素的引入。1980 年，深圳蛇口工业区的袁庚提出“时间就是金钱，效率就是生命”的著名口号，当时还引起争论，被上纲到“资本主义复辟”。袁庚却有一个切身的体会。1978 年 10 月，他到香港花 2000 万港币为招商局买一栋大楼，卖方来人的汽车发动机都没有熄，交钱签字办手续后，拿着支票就走了。原来他们要赶在周五下午 3 点之前把支票存进银行，如果拖到下周一再存银行，3 天就会损失几万元利息收入。袁庚说，“时间就是金钱，这是我在香港上的第一课”。深圳特区试点，就是逼着特区企业以利率作为机会成本，学会在经营和竞争中追求“钱能生钱”，追求资本的增殖，追求“分秒必争”。

时间因素真正在中国经济上引起广泛影响的，是借外债要还本付息。1978年冶金部打算从国外借自由外汇贷款，争取时间把钢铁搞上去。陈云就说，自由外汇的“利息高达15%左右，是相当高的利息，过去当铺的年息是18%。这种自由外汇，我们借多了也还不起”。

时间因素上影响更大的，是1979年推行拨款改贷款（“拨改贷”），它引入了利率，在全国范围内承认了资金的时间价值，把复利、折现、套现这些同利率计算有关的时间概念重新引入人们的生活。它教育了企业、部门、政府和个人，从此摒弃计划经济中“不计工本”的陋习，一切经济行为都要以利率即资金的时间价值作为机会成本，作为衡量代价与效益的准绳。而20世纪80年代，正好是世界范围的普遍高利率，又为企业的经营和竞争下了一剂猛药，它把国有企业都逼向了过度负债的困境。从此，企业要在经营竞争中追求“钱能生钱”，考虑机会成本、边际效益和“沉没成本”，实现更多的资本增殖。但是借外债要还本付息，后来朱镕基担任上海市市长时就说，借外债务必谨慎，要尽量争取外商直接投资，意在让外商共担风险。

另一个是空间因素的引入，使特区政府从批租土地走向了“以城引市”，“经营空间”。

1980年深圳特区开放时，政府两手空空，只能学香港，靠批租土地招商引资。但是当时有一个历史的局限，直到1984年党的十二届三中全会，尽管明确提出要“发展社会主义商品经济”，还是只把商品经济限制在产品领域，特别是提出“在社会主义条件下，劳动力、银行、土地、矿山不是商品”。所以深圳特区政府的批租土地也是顶着很大的政治压力，由此成为人们诟病的土地财政的始作俑者，但土地财政的功绩却是激活了城市政府“经营空间”的职能，政府只能放开土地使用权的交易，让土地在经营和流通中发现价值，由此逐渐突出了空间要素（位置、运动和存在方式）对经济发展的影响。其后，特区政府利用所控制的“土地”加上“三通一平”（指通水、通电、通路、平整土地）、“七通一平”（指“三通一平”再加通邮、通讯、通暖气、通天然气或煤气）以及基础设施的城市资本，在招商引资上引导外来资本的竞争，逐渐地把“经营空间”和优化空间资源配置，追求“寸土寸金”，引入经济的视野。深圳特区开放三十多年，其发展速度创造了世界工业化、城市化和现代化发展史上的奇迹。

3. 开放特区为中国城市经济的发展积累了经验

中国在改革开放中把开放特区作为一种增量改革的方法在城市经济发展上独树一帜。

经济特区试点是中国改革开放初期的一种尝试，其实是用增量改革方式为开放探路，是典型的“摸着石头过河”，以开放促改革。它是绕开传统的计划经济体制和旧的经济秩序，在一个城市进行市场经济的增量改革，取得边际效益，可以减少改革的阻力，从而使改革大步推进。

经济特区真正引起广泛影响的，是继开放四个特区之后，1984 年开放 14 个沿海开放城市，1985 年扩大到长三角、珠三角与闽南三角洲，后来又加上海南省，延伸成各省争设开发区招商引资的竞争。特别是在 1992 年上海开发浦东以后，引起了开发区热，国家批准的开发区有 119 个，各地自发开张的开发区却有 8700 个。后来的开发区、工业园区、国家高新区、自由贸易区，基本上也同属这类增量改革的方法。90 年代的开发区热，正好与当时的全球化生产趋势接轨，遂令中国制造业出现跳跃式的发展，中国一举成为世界工厂。

三、城市政府驾驭资本“以城引市”

1. 中国走了一条“以城引市”的新路子，城市政府开始认识和掌控城市资本

本书引言中提到，西方国家是先有市，后乃有城，是工业化创造了城市并带动了城市化。中国超前一步，城市政府“以城引市(场)”，走了一条与西方国家完全不同的新路子。恰恰是这一中国特有的模式，成为中国经济超常增长的一个支柱。

过去人们谈论资本积累，较多地注意产业资本，忽略了在现代生产方式中，政府和城市基础设施资本的作用。第一个提出问题的是美国人大卫・哈维(David Harvey)。他在《资本的城市化》一书中，提到资本主义如何将“道路、住房、工厂、学校、商店等物质景观”作为空间扩展和资本积累的组成部分；然后从资本积累的角度提出生产资本、城市基础设施资本和科学教育、医疗等三个方面的资本积累的矛盾，以及金融机构和国家干预的作用，由此形成三方面的资本循环。他是基于生产区域与生活区域的自然分工，形成了他的城市观。

哈维关于城市基础设施资本和科学教育、医疗、住宅建设等资本的提法是一个启示。根据我对中国改革开放后城市经济的观察，其实可以把城市基础设施资本和科学教育、医疗以及社区住宅建设等资本合二而一，统称为城市资本。事实上，这种城市资本独立于产业资本，它在资本积累的运动中具有独特的作用。尽管地方政府并没有意识到它们掌控了城市资本，但它们在引进外资时不仅要考虑利用土地和“三通一平”、“七通一平”等基础设施条件，为生产资本服务，而且要考虑生产职工的住宅社区以及医疗卫生、学校教育等生活设施条件，让生产职工有一个良好的生活环境，这同样是必不可少的为生产服务。中国城市政府从实践探索中发现，把这两方面的投资汇合起来，有一个完整的规划，就能有利于对外来资本的吸引和驾驭，这已经成为地方政府和城市政府非常熟稔的“以城引市”的一条无师自通的捷径，也正是地方政府成功地驾驭了城市资本，发展了城市经济，因而推动了中国经济的超常增长。

2. 改革开放初期地方直接投资办国企和其后抓大放小、国退民进的一段曲折

这里必须提到，中国地方政府在认识“以城引市”方面，也经过了一段曲折。

改革开放后，在 1979 年到 90 年代初期的十来年，民营资本还来不及发展，地方在经济发展上，也走过一段追求投资中小国有企业导致投资扩张和通货膨胀的弯路。当时，中央放权让利，让地方分灶吃饭并实行财政包干，地方政府追求超收分成，纷纷用财政包干增长起来的预算外收入一哄而上地投资中小型国有企业，办了一大批棉纺厂、毛纺厂、啤酒厂、手表厂、缝纫机厂，等等。虽然在初期有过一段短暂的繁荣，不久就发现不少是盲目投资、低水平竞争并造成了生产能力过剩，背上了亏损和财政补贴的包袱。加上“拨改贷”和银行贷款过度介入投资，又带来了企业的过度负债。以至在 1987—1988 年和 1993 年连续发生投资规模膨胀，并出现了两位数的通货膨胀，通胀率高达 18%和 24%，受到中央和各方面的批评指责。90 年代初，面对地方国有企业的过度负债和亏损，这一大块本来是想追求超收分成的过度负债和亏损的中小国有企业却沦落成为地方政府甩不掉的烫手山芋。

1994年朱镕基实行分税制改革，是城市经济的一个转折点。1994—1997年间，朱镕基主持国有企业改革实行抓大放小，城市政府鼓励民营资本进入地方中小国有企业，实施“国退民进”，开启了地方经济的轻装和改组，由此有了今天民营经济占GDP的比重超过50%。因为有这一段挫折，此后地方政府不敢轻易从事工业投资，而把有限的财力更多地投向能源交通等基础设施，为改善投资环境吸引外来资本创造条件。而且即使在基础设施的投资上，也尽量采取合资合作方式，以有限的政府财力吸引更多的社会资本。现在通行的办法是将拟建的基础设施项目或公共工程项目采取PPP(Public—Private—Partnership，即公共私营合作制)、BOT(build—operate—transfer，即建设—经营—转让)、BT(build—transfer，即建设—移交)、TOT(Transfer—Operate—Transfer，即移交—经营—移交)等“特许权”融资方式。

3. 分税制在驾驭资本上意想不到的成就：为地方政府塑造了一个在招商引资上竞争以开拓税源的利益机制

真正引起变化的是1994年实行的分税制改革。这项改革主要是为了改变“悬崖边上的中央财政”而重新集中财权，但地方分税，却从利益机制上给地方政府之间的竞争增加了追逐经济增长的动力，发展成张五常说的“县际竞争”。不过当时多数县的中心任务还是发展农业即所谓“农业县”。因而更确切的提法应该是“城市竞争”，或“城市与城市的竞争”。

分税制在中央财政再集权的同时，鼓励地方政府发展经济扩大税源来实现增收。中国在工业品生产流通中的主要税种是增值税。一般来说，工业品在生产流通中按照其增值额征收17%的增值税，其中，75%为中央财政收入，25%为地方收入。就是说，每百元工业品新增值额，可以增加17元的税收，地方可以获得4.25元的分成。按照马克思的理论，地方政府的赋税也是剩余价值的一部分，体现了投资的收入分成率，因而实际上成为一种调节“社会需要”即“调节需求原则的东西”，对投资和投资的决策具有重大影响。分税制在驾驭资本上意想不到的成就，就是为地方政府塑造了一个在招商引资上竞争以开拓税源的利益机制。事实上，除了税收分成之外，在一个地方新增一个企业，还会在原材料、零部件供应和中间产品的生产上，对当地的关联企业以及商贸服务和就业等方面有一系列的带动。这样，就使中国的地方政府与西方国家的地方政府不同，它们不但是政府，而且要推动城市经济的发展，因而也成了一个与企业相类似的竞争性的经济主体。所不同的，地方政府掌控的不是工业资本，而是城市资本；与它相竞争的也不是企业，而是地位相当的城市政府和城市经济。

中国的地方政府要发展经济，面对资本的极度短缺，只有采取一系列的激励投资的政策和措施，在招商引资上参与竞争。常见的政策和措施，一是改善投资环境。地方政府要舍得直接从地方财税收入中拿出一笔支出，用于基础设施的投资。这就是人们常说的地方政府从“三通一平”“七通一平”等方面致力于组织水电路气热等基础设施的公共服务项目的投资，来吸引、鼓励和推动境内外的工业资本布局产业，发展城市经济。二是学会批租土地，学会利用土地和在“土地”上做足了文章的种种配套设施作资本，来改善投资环境。也包括提供低于市场价格的土地，包括地价减免，或其他有关土地的优惠措施，这就是张五常说的“负地价”效应，即“把土地视作地主提供的资本”那样，“县政府不仅可以免费提供土地，也可能免费为投资者建造厂房，或把若干年从投资者交出的增值税中的县的分成的一部分，送给投资者”。三是对引进先进设备和技术，地方有权减税的直接减税，或者直接实行财政补贴，以鼓励引进。四是地方政府还常常以地方所属的地方国有企业来同外商合资，这是为了分担投资风险，吸引外来企业的资本。当然这两条也属于前面张五常所说的“负地价”效应。五是地方政府出面组织融资。事实上也正是在分税制之后，地方政府在推进城市化的同时，想方设法，吸引、鼓励和推动境内外的工业化投资。地方政府在招商引资时常说的“不求所有、但求所在”，正是这个“负地价”效应的功能性概括。

林毅夫说，中国从 1998 年到 2012 年，实现了年均 10.8％的增长，经济增速比原来的 9.6％，还高 1.2 个百分点，而通胀最高只有 5％。他分析这“和 1998 年那一轮的宏观调控当中政府对很多交通、电力、港口等基础设施的投资有关，解除了中国增长的瓶颈”。就我接触的情况是，早在 1998 年以前，地方政府就致力于基础设施投资，这应当同分税制的推动有关。我记得，就在 1994 年筹组中金公司的时候，摩根士丹利就趁机主办各种座谈会，向地方政府推介各种利用外资的项目融资方式。当时沿海地区规划了诸多水电路气热等基础设施项目进行招标，并尝试着通过 BOT、TOT、政府集资以及合资合作等方式，利用社会资本和外资，来积累基础设施资本，推动城市经济的发展。正如后来世界银行首席财务官贝特朗·巴德利所说“基础设施(在城市成长中)在帮助为穷人提供基本服务、创造就业和机会、增加进入市场的机会以及确保可持续发展增长方面有着独一无二的作用”(巴德利，2014 年)。

张军说，“1994 年之后，虽然地方政府参与经济发展的程度加深了，但中国经济反而越来越开放，市场化程度越来越高。这个看似矛盾的现象，是地方政府开展为‘增长而竞争’的结果”。张军的贡献是论证了，正是 1994 年的分税制改革，帮助加速了中国经济的市场化、工业化和资本积累的进程。张军认为虽然这或许是朱镕基当初意想不到的结果，却“真是通过‘明智的经济和财政安排’改革诱导地方主义行为的那种激励机制”。张军说，1994 年后，工业化和资本积累的加速是地方政府追逐增值税而招商引资竞争的结果。招商引资的竞争“保证了地方政府致力于提供公共服务、制定城市规划、投入和改善公共基础设施以及降低政府官僚主义作风等方面的有效努力，也大大改善了政府公共支出的效率”。

中国二十多年城市经济的实践证明，正是分税制为地方政府塑造了一个在招商引资上竞争以开拓税源的利益机制，成为地方追逐经济振兴的动力；并且由此丰富了地方政府的职能，它们不但是政府，而且实际上成了一个与企业相类似的竞争性的经济主体。中国城市经济发展的实践还说明，政府干预和市场化并不都是对立的。中国的地方政府掌控城市资本吸引和驾驭外来资本，却意外地发挥了推动市场化、工业化和资本积累的作用。

4. 如何评价进入新世纪以后中国的重化工业化

1995 年的“九五规划”提出要实现经济增长方式的转变，从粗放增长转到集约增长，也称从“外延增长”转到“内涵增长”。当时人们从《资本论》找到几个词，主要靠资源投入的增长，叫作“外延增长”和“粗放增长”；靠效率提高的增长，叫作“集约增长”或者“内涵增长”。计委的口号，就是要实现经济增长方式的转变，从粗放转到集约。

后来,有的经济学家批评中国经济增长方式迟迟不能根本转型,指责是“2003年以后,各地都大规模向资本密集型的产业投资,要求实现产业的‘重型化’,希望用这种方法来支撑GDP的高速度增长”,批评是“用大量的投资去做重工业和化学工业”,并且认为“十五”计划期间的增长模式是倒退的。

其实,这一段的“重化工业化”是有其客观需要的,不能一概否定。

改革开放初期,中国为了纠正计划经济时期“优先发展重工业”造成的农轻重比例失调,有过一段“压积累、上消费”的调整。这二十多年,城市政府动用一切措施发展轻纺工业,满足人民对消费品和消费服务设施日益增长的需求,实际上是处于以市场为主导的轻工业化阶段。进入21世纪后,经济发展的现实压力,是产业结构需要转向重化工业化。所以2000年实施西部大开发战略,2002年提出振兴东北,2004年又提中部崛起。这时适逢发达国家的制造业跨国资本向中国转移,正好为各地的工业结构转型和城市经济的发展提供了机会。

进入21世纪,长三角工业园的建设重点已从电子、食品、纺织、制药等转向重化工园区建设,从南京到上海的长江沿岸建设了8个大型化工区。在珠三角,以轻工业为主的广东,在重工业化过程中也后来居上,继食品、纺织、建材三大传统产业长足发展后,汽车、石化、船舶、装备工业也异军突起。广州成为全国轿车的一个重要生产基地,惠州有中海油与壳牌的重大合资项目,广州石化和茂名石化80万吨乙烯扩建,英国BP在珠海投资10亿美元的PTA项目,等等。在此基础之上,珠三角的许多地级市在经济发展规划中纷纷加入装备工业、汽车零部件产业等重工业项目。广东调整了产业结构,成为全球重工业和石化工业产品的制造基地,在中国走向全球化过程中,迅速取得了新的定位。这次重化工业化,在沿海开放城市主要是以重化工园区建设为突破口,有先期基础设施巨额投入,因而能够成功吸引跨国公司的重大项目入驻,这已经成为城市政府驾驭外来资本的轻车熟路。

与此同时,东北老工业基地则是以国有企业的重工业同外资嫁接。比如,2003年以来,沈阳市老工业基地的铁西区,通过招商引资,初步形成了以汽车、装备制造等为主的6大产业集群。该区汽车产业集群的汽车零部件企业达到了70

多家。宝马公司在铁西老工业基地生产了第一台宝马车，为宝马配套的30多家国际著名零部件企业也落户铁西。再如，2003年哈飞和法国欧洲直升机公司、新加坡科技宇航有限公司合资在哈尔滨建立EC120直升机总装生产线。其他如美国通用电气进入哈尔滨、哈亚麻与台湾中悦合作等。东北老工业基地凭借招商引资的嫁接，使一批老国有企业重新焕发青春，实现了改革和开放的统一。

这次重化工业化，不仅成就了中国"世界工厂"的地位，支撑了各地GDP的高速增长，更重要的是解决了地方就业难题，也解决了2亿多农业劳动力的向城市转移。樊纲曾经引用2001年世界劳工组织的数据，全世界制造业的劳动岗位总数大约1.6亿，中国有8000万，其他国家8000万，发达国家和发展中国家各占一半。正如樊纲说的，最好是再转移到中国2000万，乘上一个系数，也就是加上由此带动的运输业、服务业等可能总共会有1亿个工作岗位，可见就业机会的珍贵(樊纲，2005)。所以，我同意樊纲说的，我们不能这个不要干、那个不要干。中国能够成为世界工厂，能创造越来越多的就业机会，这是中国的万幸。因此应该说，中国崛起最大的成就还不是人均GDP的上升，而是创造了就业，是各地政府不失时机地使中国在这次国际资本转移中成为世界工厂，解决了农业人口的转移和创造了就业！

四、城市政府成为从事"经营空间"的准经济组织

在工业化中，产业资本追求的是利润最大化。那么，在城市群时代，城市资本的追求是什么？按照中国的实践，城市政府的任务，以"经营空间"为己任，城市资本必然要追求空间结构布局的优化和城市的利益最大化。现在的问题是，城市政府能不能同工商企业一样，成为"经营空间"的准经济组织和经济体？事实上，在中国的现实中，城市政府已经走在了前头。

我在本书引言中已经谈到，中国社会主义市场经济，是一种独具特色的三层结构。在中央政府(调控主体)和企业(发展主体)之外，多了一个地方政府，而且是竞争性的"公司化了"的地方政府。它较之西方国家无为而治的地方政府，更是在布局经济、吸引外资、推动市场经济发展等方面起着一种能动的活跃的作用，成为中国经济超常增长的一个主导因素。

这里碰到一个最大的意识形态障碍是，西方市场经济传统意识上认为，政府与市场的最基本的定位是，政府应当做好“守夜人”，只能在市场失灵时担任补充角色。与西方不同，中国经济超常增长的奇迹，很大部分正是出自这个“三层结构”，特别是这个竞争性的“公司化了”的地方政府驾驭城市资本引导产业资本发展城市经济的创造。比较而言，西方国家诸多城市的小政府在经济上观棋不语无所作为，比之中国的城市政府，在经济发展上又何止慢了半拍。我以为，这正是中国超常增长与西方常规增长的差别所在。当然，这个问题可以争论。说到底，有中国特色的社会主义市场经济是一个空前的创举，它必然要有理论上的创新。

从改革开放后中国城市经济的实践观察，自从十一届三中全会提出将工作重点全面转移到经济建设上来，城市政府抓经济已经成了一项基本职能。政府要为生产企业提供能源交通基础设施、为生产服务；要解决就业、为改善民生服务；还要考虑居民的住宅社区以及医疗卫生、学校教育等生活设施条件，让居民有一个良好的生活环境，这同样是必不可少的为社会公共事业服务。因此地方政府必须抓经济，这已经成为地方政府应有的一项职能和定位。

从改革开放后的实践观察，现在城市政府已经深入地融入经济，成为经济增长的一个内在因素，城市政府事实上已经如同工商企业一样，成为“经营空间”的准经济组织和经济体，不但发挥了独特的作用，而且是客观经济运动逻辑发展的必然。

1. 中国城市经济的发展起了一种独立于产业资本和产业经济的引导作用

中国的地方政府掌控着包括“土地”在内的城市基础设施资本和医疗教育资本这两类公共事业资本，形成了城市资本，既是为工商企业的生产服务，也是为城市职工和居民的消费需求服务，并由此得以引导和驾驭外来的产业资本，进而形成了独立于产业经济的城市经济。这一点，其实与西方的城市政府并无不同。只不过西方国家的城市政府是跟在工业化产业资本分散自发地投资和配置资源的后面，亦步亦趋地动用工商税收被动从事城市基础设施建设和住宅社区、医疗教育等公共设施的建设，不断地矫正产业无序发展带来的贫民区城市病等诸多困扰。倒是林毅夫曾说到，国外在华盛顿共识盛行的相当长的一段时间内，反对政府投资基础设施，拉丁美洲按照华盛顿共识，改革是比较彻底的，但是拉美的交通基础设施 30 年没有任何改善，到处是瓶颈。西方国家的政府也承认必须拿出一块财政支出用于公共服务，但是从不承认城市资本这个概念，当然就更不必谈驾驭资本了。中国的地方政府因为要致力于发展经济来解决就业和改善民生，政府只能“以城引市(场)”，即以土地和城市基础设施引导外来资本，结果却真正发展了区域经济，提升了就业，也繁荣了城市。中国的城市政府(包括特区政府和各地城市政府)，是以自己的实践超越传统认识，创造性地闯出了一条“以城引市”的道路，作出了率先成为经营城市资本的准经济组织和经济体的中国特例。

2. 城市资本致力于空间结构布局优化，必然要追求城市的利益最大化

城市政府掌控着城市资本，致力于空间结构布局优化，必然要追求城市的利益最大化。除了招商引资发展经济能带来就业和地方税收收入以外，重点关注的是以下几块效益：

第一，基础设施投入带来的边际收益。比如，开放城市厦门，地处东南沿海，与金门岛隔海相望，曾是国共炮火连绵的前线阵地，交通设施落后，一直没有经济建设的机会。改革开放后的 1980 年，全国人大常委会批准厦门成立经济特区。1981 年厦门市利用科威特贷款 2100 万美元，扩建了高崎国际机场和购买飞机，招商引资的状况顿时改观，突显出超乎经济发展的城市化红利，突显出基础设施对吸引和驾驭外来资本起了很好的作用。2015 年 9 月，习近平主席访美期间，参观波音公司商用飞机制造厂，登上了波音公司即将交付厦门航空公司的波音 787 飞机时，就提到这是他担任厦门市常务副市长，分管厦门航空公司，参与了组建和初创阶段利用国际贷款发展的一个决策。习主席感慨系之：“当时也就几架、十几架飞机。现在发展到了这个规模！这是中国航空业发展的缩影，也是中国经济发展的缩影。”

第二，城市合理规划提高的效益或者减少无序竞争的效益。如海南侧重于发展旅游，避免了一般加工工业对环境的污染。又如，苏州与新加坡合资工业园区，对新加坡是建设商业、金融、高科技工业相配套的新加坡“裕廊园”式的工业园区，考虑境内外经济的整体整合，主要是引进跨国公司进入园区进行制造业生产，与新加坡本土的高科技产业紧密配合，建立起超越本土的完整的工业体系（在这方面，它比香港商人在珠三角自发地建立工业基地，更有计划，更主动，含金量也更高）；对苏州却是利用外资发展了区域经济，从当时的策划来看，苏州接近上海这个具有强大磁力的城市，苏州势将成为上海的后院，大有发展潜力。又如，重庆市把信息产业列为支柱产业，并以整机加零部件一体化的加工贸易模式引来了惠普、宏碁和整个笔记本电脑产业链陆续落户重庆，则是把城市规划的规模经济效益运用到极致。

第三，空间结构优化对经济要素之间的相邻效益。同一般城市追求基础设施带来的边际效益一样，在高速铁路建设和开通以后，不少城市都加快了城市轨道交通的建设。这不仅是由于城市轨道交通具有较大的运输能力，较高的准时性、速达性、舒适性和安全性，而且因为大城市地面拥挤、土地稀缺而昂贵，城市轨道交通的开发能充分利用地下和地上空间，不占用地面街道，能有效缓解由于汽车大量发展而造成道路拥挤、堵塞，有利于城市空间合理利用，特别有利于缓解大城市中心区过于拥挤的状态，提高了土地利用价值，并能改善城市景观，优化经济要素之间资源配置的相邻效益。

据报道，中国已经进入城市轨道交通快速发展期。国家批准建设轨道交通的城市有 36 个，高居世界第一。未来 3 年至少还有 10 个以上城市将获得批准，建设热潮至少持续 10 年以上。

第四，城市群是“城市发展的高级阶段”，更加重视对经济要素之间的网络效益。城市群的大中小城市，无论是工商金融、医疗教育、消费购物、道路交通，水电气热、广播电视、电子电讯，乃至污水和垃圾的处理，无不需要网络管理。城市群内特别需要形成由公路、铁路、航空、水运与通讯等叠加而成的综合性、一体化网络。现在，高速铁路网络加上城市轨道交通网络的形成，将会为城市群的大中小城市之间，更有效地优化资源配置、调整工商产业和生产生活的区域布局，提高物流效率提供机会，这方面的市场作用发挥得好，将能够更有效地提高城市群的路网系统，提高经济要素之间的网络效益。可见，城市资本在追求城市利益最大化方面，同产业资本追求企业利润最大化并无二致。

3. 城市经济要关注城市区域的集聚效益，即关注和追求产业结构越来越高度化的效益

事实上，也正由于城市产业向高度化集聚，导致生产成本升高，会推动企业向最低成本点转移，低附加价值的产业让位于高附加价值的产业，促进了空间结构优化即产业结构高度化（高附加价值化）的级差收益。最突出的是北京的金融街，吸引了高端产业和高端人才的集聚，其中金融业的税收接近北京市金融业税收的70％。原来这里有个窗纱厂，很早就搬迁到郊区。

产业结构高度化的问题，在高速铁路加城市群的条件下，在大中小城市之间，表现得特别明显，高附加价值产业尤其是高端服务业，会越来越向大城市和中心城市集中；低附加价值产业和劳动密集型产业，则因为负担不起大城市的成本费用，会不断向中小城市转移。

产业结构高度化的问题，还表现为工业城市转型升级和劳动密集型企业转移的新矛盾，广东省称之为“腾笼换鸟”，又称“双转移”。具体是指珠三角一些城市如深圳、东莞等地，改革开放后原本是得益于利用外商投资的一些低端产业和轻型制造业，即附加值较低的劳动和资源密集型产业，获得了经济发展和城市繁荣；现在这些城市因为劳动密集型产业过于集中而面临城市转型升级，需要把附加值较低的劳动密集型外资产业向经济发展比较滞后的地区（如粤西、粤北）转移，并设法把一些附加值高的资本和技术含量较高的高端产业吸引进来。在西方国家，这种“双转移”更多是靠市场这只“看不见的手”在优胜劣汰的市场竞争中自发形成的。“二战”后的日本曾经靠产业结构高度化政策，调整产业方向，集中发展了重工业和化学工业，实现了日本的重化工业化。进入新世纪以来，广东省政府预见到这种“双转移”的需求，主动提出“腾笼换鸟”，想把换下来的鸟尽量留在广东。为此，广东省在粤西、粤北计划花几百亿建设33个承接省级产业的转移园，与产业转出城市一一对接，希望“一箭双雕”，尽量避免摩擦和阵痛。但是，产业集群的迁移毕竟是市场行为。这里不仅有承接城市的转移园投资安排的问题，还要有完善的金融、物流、保险、信息、技术等一系列的配套服务，经济滞后地区并不一定能轻易跟上。况且粤西、粤北的劳动力工资也不低，外资企业更可能愿意迁往中国

中西部或者外迁到劳动成本更低的越南、柬埔寨等地。比如，20 世纪 80 年代，富士康在深圳等珠三角城市构筑了代工巨头的商业帝国，后来则加速向河南郑州、南阳、河北廊坊、秦皇岛等城市转移。所以，“一箭双雕”的结局，很可能是箭的成本不低，雕的生死难料。也很可能“凤凰飞不来、乌鸦赶不走”，或者鸟飞笼空。当然，议论归议论，广东的“双转移”还是付诸实施，但从东莞的情况看仍然并不理想。可见，不是想腾就能腾、想换就能换。

城市转型升级，我们在这方面是有经验教训的。20 世纪 80 年代初，不少原料产地纷纷上烟厂、纺织厂。中央强调支援上海的纺织工业和卷烟工业，下命令停掉江苏、湖北的小纺织厂和云南、河南的小烟厂，就是违反了客观经济规律。实际上，产业结构高度化就有一个对级差地租的经济杠杆运用问题。政府可以在土地或物业税收上充分利用级差地租这个城市经济特有的经济杠杆，使企业在承受级差地租的基础上充分考虑机会成本、沉没成本、边际效益和级差收益等因素，在市场竞争中优胜劣汰，这是许多国家通行的做法，可以逼使滞留上海的纺织厂、卷烟厂迁往原料产地，既能发展原料产地的工业，又能促进上海产业结构向更高附加价值的工业发展。当时河南省服从命令，一百多个小烟厂下了马；云南的褚时健却乘机发展了具有先进技术水平和规模经济的玉溪烟厂，最终占领了卷烟市场的一方天下。90 年代，我们接受教训，把包括上海在内的沿海地区的一些纺织企业迁到西部地区，例如新疆这样的原棉产地，既发展了原料产地的加工工业，又促进了沿海城市转型升级。但是，这里用得太多的还是政府这只“闲不住的手”，还是不善于运用经济杠杆和遵从市场运动规律。

4. 城市政府在致力于发展城市经济时，也同一切准经济组织和经济体一样，致力于尽量利用社会上一切可能利用的社会资本，以求用最少的城市资本发挥最大的效率

这导致了两方面的结果。一方面，城市政府尽可能利用城市资本同一切可能利用的社会资本合资合作，从事城市基础设施和居民社区、医疗教育等公共事业及公共设施的建设和经营，把这些公共事业和公共设施推向产业化、市场化和资本化。另一方面，城市政府利用它所控制的城市资本，在经济特区和开发区，通过长期规划和产业政策，对于招商引资在经济布局、产业结构、资本投向、环境创造等方面作出大体引导，实际上起到一种以城市资本驾驭外来资本的作用。

其实，西方国家许多城市政府关心地方经济发展的程度并不比中国城市差。美国依阿华州的官员来到中国，就不会忘记推销他们的玉米和大豆；而南卡罗来纳州还设有驻亚洲的商务代表，专门负责招商引资；前一段就有报道介绍他们促成了浙江的民营企业科尔(Keer)在南卡州办了一个 15 万平方米的纺织厂，创造了 500 余人的就业机会。

所以，随着市场经济的发展，特别是城市资本在资本积累中新的定位，对城市政府"经营空间"的准经济组织和经济体的职能也要有新的定位。中国地方政府抓经济，从中共十一届三中全会算起，已经有 39 年的实践；地方政府"公司化"，从 1994 年分税制改革算起，也已经有 23 年的实践了。实践是检验真理的标准，中国地方政府抓经济这个 20 多年近 40 年的实践已经证明，这正是比之西方国家地方政府的无为而治和仅仅充当守夜人要高明得多的一个实验，是此前在经济学和西方市场经济中从来没有出现过的一个创举。根据我对中国城市经济实践的观察，只有画龙点睛地指明城市政府具有"经营空间"的职能，并给予准经济组织和经济体的定位，才是反映了市场经济在"空间要素"上的事物本来面目及其运动的常态。即使这样，中国城市经济也还有不少缺陷。例如有资料说，北京平原面积是东京的 3 倍，GDP 是东京的 1/10，人口是东京的 3/5，城市病这么严重，空间结构不合理，城市综合承载力有限，正是表明北京市政府在"经营空间"上存在某种缺失。进一步说，对于西方市场经济，美国加州前一段电力短缺，美国把高速铁路推迟了半个多世纪，又何尝不正是反映了西方政府不敢正面面对"空间经营"讳疾忌医的管理缺失？

有些人担心把城市政府定位为"经营空间"的准经济组织和经济体，会不会强化政府主导资源配置、削弱市场对资源配置的决定性的作用。当然，地方政府掌控着城市资本，在城市经济发展中也会产生某些副作用(这一点，后面将专门议论)，这确实是政府"经营空间"主导资源配置容易产生浪费的致命弱点。正因为如此，正面明确城市政府"经营空间"的准经济组织和经济体的定位，同时明确强调"经营空间"方面市场对资源配置的决定性作用，才能有利于推进城市经济的市场化。至于如何防止规划决策上的失误和浪费，则需要通过科学民主的决策程序和有效的监督方式来加以改进。我以为，对于地方政府公司化，应当采取呵护的态度，帮助地方政府克服负面影响和工作中的困难；全盘否定，绝不是马克思主义的正确态度。

附带说说，20世纪中期，西方国家工业化、城市化兴旺发展，带动了城市规划科学的兴起；现在这个学科濒于边缘化，乃至不少西方的大学要取消这门专业，无疑也同西方城市化进程尘埃落定有关。这时，中国城市经济在城镇化实践中，以“优化空间资源配置”丰富了城市规划科学的内涵，填补了经济学和市场经济在“空间要素”上的空白，并使城市经济独树一帜而大放异彩，成为社会主义经济学的一朵奇葩。

综上所述，我认为，中国特色市场经济所引发的超常增长，主要是包括分税制和竞争性的“公司化了”的地方政府的一份功绩。中国经济改革和发展的实践说明，强势政府和市场化并不都是对立的，尤其是地方政府掌控城市资本吸引和驾驭产业资本，却出人意料地推动了中国的市场化、工业化和资本积累，这正是政府发挥了一种强势推动市场化的作用，我称之为强势政府的主导作用，这也正是城市政府掌控城市资本驾驭外来资本的一个突出贡献。

五、城市经济发展的三个典型案例

1. 深圳从边陲小镇发展成超千万人口、人均GDP突破2万美元的现代化的特大城市

改革开放前，深圳是一个名为宝安县的贫穷落后的边陲小镇，与香港一水之隔，仅有3万人口、两三条小街道。十年“文革”使中国经济濒于崩溃的边缘，广东有6万多人经宝安偷渡到香港，5万多人被收容遣返。1979年5月，习仲勋、杨尚昆向邓小平汇报深圳情况，邓小平觉察到“是我们的政策出了问题”，决定设立深圳特区。他说：“深圳，就叫特区吧。当年陕甘宁就叫特区嘛。中央没有钱，要你们自己搞，杀出一条血路来！”1979年7月19日，中央下发了设立深圳特区的“50号文件”；1981年3月，深圳市升格为副省级市。

深圳建立经济特区三十多年来，创造了工业化、城市化、现代化的罕见奇迹。

一是创造了经济发展的“深圳速度”。1979—2014年的35年，GDP从1.96亿元增长到16001.98亿元，年均增长25%。2014年，深圳人均GDP为14.95万元，合24336美元，相当于2013年韩国水平。21世纪初，深圳经济增速放缓，经过一轮产业调整后，经济竞争力强势回归。2016年，深圳GDP预计增长10%，明显高于北上广3座城市。

二是初步形成了以高新技术产业、金融业、现代物流业、文化产业等为支柱产业的现代产业体系。1990年深圳开办了证券交易所，2014年资金总量达到3.74万亿，仅次于北京10万亿和上海7.39万亿。2004年深圳已是全国第一个无农村无农民的城市；2014年深圳二、三产业结构为42.7∶57.3。2015年数据显示，深圳服装行业从10年前占全国40%，现在占到75%，销售收入10年涨了4倍。相对北上广，深圳GDP背后的支撑力量不是国企，不是外企，不是合资企业，而是深圳本土崛起的“深商”！

三是深圳的总部经济独具特色。深圳规划的五大总部经济基地——福田中心区、深圳湾、后海、留仙洞和龙华核心区发展迅猛，引入了诸如中海油、阿里巴巴、百度、喜之郎等总部企业。在福田中心区和后海金融商务区，一共有25家金融企业在建自己的总部或者区域总部。

四是初步建立起产学研紧密结合的比较完整的区域创新体系，成为中国硅谷。“四大金刚”之一的华为，成为全球最大的通信设备制造商。华大基因研究院，在基因筛选方面世界领先，已是世界最大的基因工厂。深圳重点扶持的六大战略性新兴产业也卓有成效。2008年，深圳成为我国首个建设国家创新型城市试点城市。《福布斯》杂志连续三年将深圳评为中国最具创新的城市，有人把深圳称之为高科技之城、创新之都，并非过誉。

五是深圳是一座拥有全国最多的创业公司的城市。深圳市拥有逾350家上市公司，其中约220家是在上海和深圳上市，约130家在香港地区，以及美国等地上市。深圳已经成长为全球最重要的移动通信设备生产和技术创新城市，正在成长为生物、新能源与材料科学的引领中心。深圳生产着近万种高新技术产品，是十年前的十几倍，其中半数以上拥有自主知识产权。深圳是我国重要的经济重镇、贸易金融中心和创新发展的代表。

六是深圳拥有上万家高新技术企业，已成为全球信息产业技术创新的引领者，是中国拥有 PCT 专利最多的创新型城市，是最重要的科技创新成果、科技创新人才和创新性企业的聚集地。哈尔滨工业大学(深圳)经管学院教授唐杰日前讲到，企业家与城市的创新精神是深圳最宝贵的财富，深圳成为我国创新增长的标志，其创业、创新、创意与金融中心互动，使深圳在全球金融中心排名持续在15—22 名之间。此外，深圳也正在成为科学发现的重镇。

七是发挥毗邻香港的区位优势，成为中国对外开放的重要窗口。先后获得国家生态园林城市、国家环保模范城市、联合国人居环境奖、全球环境 500 强等荣誉。深圳 30 年前的经济总量仅相当于香港的千分之二，目前约为香港的 95%，21 世纪初，深圳人均 GDP 只是台湾的 1/3，2013 年已经超越台湾。

八是实现了从温饱向富裕的飞跃。2014 年年末，深圳常住人口 1077.89 万人，其中户籍人口 332.21 万人，占常住人口 30.8%。城镇居民人均可支配收入 40948 元，人均消费支出 28853 元，恩格尔系数为 33.1%。在全国率先实现"全民医保"。

中金公司 2015 年发布《变革中的中国系列之一：腾笼换鸟，深圳引领创新大潮》研究报告，从 1979 年到 2014 年，深圳 GDP 年均复合实际增长率达到 23%，人均 GDP 突破 2.4 万美元，高于北上广，在大中城市中排名首位。2016 年，深圳的 GDP 总量超过广州，直追香港。

深圳的发展，验证了 1984 年邓小平视察深圳的题词："深圳的发展和经验证明，我们建立经济特区的政策是正确的。"1992 年邓小平第二次南行，视察深圳，又说："特区是个窗口，是技术的窗口，管理的窗口，知识的窗口……特区成为开放的基地，不仅在经济方面、培养人才方面使我们得到好处，而且会扩大我国的对外影响。"

说到国内城市的创业环境，不少人首推北上广，其实一座城市是否适合创业，创业者除了考虑能从城市索取什么，或许更要思量自身能够给予城市什么、城市有多需要创业者的存在(在这方面，让我想起王岐山同志常说的三句话：你想要什么，你有什么，你准备放弃什么?)。《南方都市报》有文章说，相对于北上广这种老字辈大城市，深圳这个新兴城市没有老本可吃，创业更是生命之源、是城市的内燃机，甚至这个城市本身就是一次次“创业”产生的果实。2013 年深圳市商事主体总量突破 100 万户，也就是说，如果按常住人口推算的话，深圳平均每 13 个人中就有一个商事主体，平均每 26 个人开有一家公司！在深圳，你不需要有钱，不需要有背景，不需要有人脉，只要你有想法，你坐下来把你的想法告诉身边的朋友，就会找到一群跟你一样对创业饥渴的人。深圳有的是对机会饥渴的资本，又有一个对场地不限条件的硅谷科技园，深圳已是名副其实的“创业之都，创新之城”！

2. 重庆市敢闯敢试，是把沿海的加工贸易方式创造性地移植到了重庆这个内陆城市，并开拓渝新欧铁路拓展国际贸易，把一个内陆城市发展成新的大型国际通商口岸城市

我们知道，在中国沿海地区，大进大出、两头在外的加工贸易占有重要位置。2014 年中国进出口贸易 4 万亿美元，其中有 1.8 万亿美元即 45%左右是加工贸易的产值。加工贸易的一个特点是它在中国产业链很短。比如，一台产值 500 美元的电脑，进口零部件、原材料约 250 美元；品牌商的研发费和售后服务约 75 美元；零部件、原材料运输以及整机销售到世界，整个物流运输、仓储、销售约 100 美元；最后在中国沿海加工的增加值，只有约 75 美元，只占 500 美元的 15%。另一个特点，两头在外的物流结构，只适合在沿海加工。所以几乎 99%的加工贸易在沿海。如果在内陆加工，物流成本和运转时间上都不合算。但是近几年劳动力成本升高，不少加工贸易订单又转到越南等东南亚沿海的地区。

能不能把沿海的加工贸易转移到重庆市？重庆在认真研究以后，做了两件大事。

第一件大事，是创新发展加工贸易，延伸产业链，扩大加工贸易产品在中国的附加值。如何创新？2008 年，重庆市市长黄奇帆提出一个整机加零部件一体化的加工贸易模式，引来了惠普 4000 万台笔记本电脑项目，随后钓来了富士康、伟达、英业达等代工巨头和上百家零部件厂商。因为有惠普笔电的产业链，经国务院批准，开创了内陆设立两个保税区的先河，而且比沿海面积还大。2010 年 1 月，惠普中国第二座电脑生产基地在重庆投产，惠普把年结算额 1000 亿美元的结算中心搬到重庆。2010 年 2 月，英业达在重庆开建中国第二生产基地，也携来 70 余家核心供应商。2010 年 12 月，宏碁投资 1.5 亿美元，搬来了 4000 万笔电的产业链，又带来 3 个世界级的代工商和 100 多个零部件厂商，还建立了第二运营总部，结算、研发也都搬过来了。这样，雪球越滚越大，把加工贸易的“微笑曲线”大部分留在重庆。

2014 年全球 2 亿台笔记本电脑销售，中国制造占了 2/3。其中，重庆产量是 6300 万台，沿海地区也是 6000 多万台，各占 1/3，重庆一夜成名。不同的是，沿海地区总装 6000 多万台电脑，产值可能只有 15％、20％；而重庆，除了总装这个 75 美元以外，250 美元的零部件、原材料中，有 80％即大约有 200 多美元也在重庆生产，就一下子降低了物流成本。

还有，过去中国不允许有离岸金融结算账户，因而 1.8 万亿美元的加工贸易结算，5000 亿在新加坡，3000 亿在香港，2000 多亿在爱尔兰，还有一部分在首尔、台湾、东京，大陆基本上没有份。2010 年圣诞节，惠普老总与黄奇帆通电话，说是离岸金融结算账户有 1 亿多美元的税收，要交给重庆财政，问重庆的账户在哪儿。经重庆市向央行、国家外管局提出试点的申请，终于在重庆开通离岸金融结算账户，自此，跨国公司销售结算也留在重庆。重庆离岸金融结算，从 2011 年的 200 多亿美元，增加到 2015 年的 1000 亿美元。这样，一台 500 美元的电脑，重庆能拿 350 多美元，约占 70％。现在经济低迷，电子产业效益也是下降，但 2015 年 1—4 月，重庆电子产业利润上涨 66％，就是和创新了加工贸易发展方式有关。

整机加零部件一体化的落实，涉及产业整合问题。重庆提出“三个集群在重庆”。一是零部件、原材料、整机上中下游产业链的集群，号称是“5＋6＋860”，即五大品牌商，六大整机商，860 多家零部件厂商，都集聚在重庆。二是同类项产品、同类企业的集群在重庆。在沿海，富士康、仁宝、纬创、英业达、广达，基本上各省都有，互相分隔。现在是加工贸易总装厂都落户重庆，各种电脑、网络终端产品的品牌商也落户重庆。三是物流运输、销售结算等生产性服务业的集群。重庆以“三个集群在重庆”的方式整合了产业链，克服了沿海加工贸易在产业链和物流的两个薄弱环节，于是一个世界级的笔记本电脑基地在重庆诞生。

第二件大事，是大胆设想能不能让重庆也像沿海城市那样，成为国际通商口岸?

中国内陆开放滞后,主要是内陆地区要依赖沿海的物流运输和通商口岸走向世界。重庆在和惠普以及台湾地区,日本企业多方合作时,引出了一个命题,就是全球的网络终端产品和各种智能设施,有40%是销往欧洲,即包括西欧、东欧以及俄罗斯,30%是销往美国、加拿大、巴西,还有30%是销往东南亚、日本、韩国,包括中国。在这样的消费格局下,即使重庆搞世界级的电子产品基地,如果40%的产品要运到欧洲,那就要从重庆2000多公里铁路运到广东,再从广东2万公里海路坐船到欧洲,不仅时间上要消耗一个半月到两个月,运费、物流成本上也划不来。重庆就想到为什么不走渝新欧铁路?把它变成欧亚之间的运输大通道?

渝新欧是中国内陆到新疆的铁路,从50年代以来一直就有。重庆市的研究发现,长途运输有三个问题。一是沿线六七个国家,每个国家的海关都要关检,既耽误时间,也消耗成本,不当心还损坏货物;这种运输方式尤其不适用于高附加值的电子终端产品,所以没有人敢设想走这条运输线路。二是各国铁路运输,各有运行时刻表。火车横跨几个国家,如果没有编入运行时刻表,就是编外,就是开开停停的慢车。在进行渝新欧协调之前,我国火车开到欧洲要开25天。三是各国铁路运输价格有高有低。一个集装箱,哈萨克斯坦是每公里0.6美元,中国是0.8美元,俄罗斯是1美元,有一个价格协调问题。只要把这三个问题解决好,不仅重庆的三四千万台电子终端产品可以直接通过火车运到欧洲,还能吸引沿海的货物运到重庆再运往欧洲。一旦成功,就会把重庆的劣势变成战略优势,从后位变成开放的前端。

世界上的事情就怕认真。在中央支持下,2010年重庆同六国海关,经过六个多月的协商,2010年12月六国海关达成协议:重庆海关关检以后,各国海关不再重复关检,叫作关检互认,执法互助,信息共享;反之亦然,欧洲国家关检过来,我们也不再重复关检。在共同签署协议时,温家宝总理和普京总理一起站台,欧洲人称为渝新欧自由贸易海关协议。

在火车班列时刻上,经过六国铁路公司协调,形成了“五定班列”:一是起点定在重庆;二是终点定在德国杜伊斯堡;三是路径确定沿线1.1万公里只停12个车站;因为起点站是重庆,经过新疆到达欧洲,所以线路叫“渝新欧”;四是运行时间定为 13、14 天；五是定运输费价格，这个最难，因为价格低的都想向价格高的看齐。首先是同俄罗斯铁路公司协调，最初一个集装箱每公里 1 美元，后来降到 0.8 美元、0.7 美元，现在降到 0.55 美元，这就意味着渝新欧的综合运价比海运还便宜。海运运费，一个集装箱从沿海运到鹿特丹，一般需要 2500 美元；加上先从内陆运到沿海，欧洲到岸后也要转运，总共需要 4000 美元左右；此外，价值 500 万人民币的集装箱货物，海运多出一个月运输时间的利息，也要五六千美元。所以资本利息加水运费用再加铁海联运或者汽车运输费用，总共运费要七八千美元。现在渝新欧只要五六千美元，就比海运划算。六国铁路还商定每年开会协商一次。同时把渝新欧在六国铁路定作最高等级，只要渝新欧列车开到，其他所有的特快、普快、快车、货车都让路，每小时 120 公里。渝新欧开通以后，义新欧、武新欧、郑新欧、蓉欧等中欧班列纷纷跟进。

渝新欧成功运行，2014 年 3 月习近平总书记访欧，就和德国副总理参加了渝新欧火车进入杜伊斯堡车站的一个仪式。总书记说，中国正在推动丝绸之路经济带发展，渝新欧是丝绸之路经济带欧亚大陆桥的一个主要通道，是中国内陆通向欧洲和德国的一个经济联动的桥梁。

在国家有关部门的支持下，渝新欧得到了五个特许：一是赋予渝新欧火车站（即重庆团结村火车站）国家一类口岸。过去口岸都在沿海沿边，现在渝新欧成了内陆的一类口岸。二是国家在重庆团结村火车站增加一个保税物流园区。三是赋予渝新欧中欧邮政班列的功能，从此结束了中欧、中俄 60 年没有铁路通邮的历史。四是赋予渝新欧专门进口欧洲食品、肉类的口岸功能。五是渝新欧成了内陆第一个汽车整车进口的口岸。中国 4 大整车口岸都在沿海；但是中国每年进口车 120 万辆，有 70 万辆是欧洲车，现在有了渝新欧整车进口口岸。

3. 东北经济相对滞后，困境的根源是政府保守，一味指望中央

在中国城市经济的飞跃发展中，东北的经济相对滞后，甚至可以说是持续跌落。2015 年 4 月，随着东北经济断崖式跌落，李克强总理督战东北。之后，国家主席习近平 7 月考察吉林，强调要适应和把握经济发展进入新常态的趋势性特征，保持战略定力，增强发展自信。固然，东北工业比重大转型困难、国企改革未有实质性进展、人口流出严重等，都是客观原因。但是深入探究，东北各级政府没有真正解放思想，没有经过真正市场的洗礼，一味指望中央，意识理念上不思进取、不思改变，等靠要思想根深蒂固，也是制约东北发展的最大软肋。

有文章分析，无论从国家的宏观战略，还是具体到各领域的支持、扶持政策是应给尽给。“全国共有约二十个国家战略部署区域，东北占了约五分之一。”比如，近年来，东北地区有四大区域被纳入国家战略：辽宁沿海经济带、黑龙江和内蒙古东北部延边开发开放区、长吉图开发开放先导区和沈阳经济区，纳入国家战略的区域均伴有相关规划，均享受国家提供的相关优惠政策。而今，“一带一路”、中俄蒙经济走廊、龙江陆海丝绸之路、联合国图们江发展计划、俄罗斯远东大开发等概念也已叠加在中、俄、朝、日、韩五国构成的东北亚地区。人们认为，“无疑，东北亦会是这些概念的受益者”。经济学界有人分析，东北从来不缺政策，长久以来，在东北问题上，国家实际上一再做政策倾斜。东北最缺的不是钱，不是政策、人才和项目，最缺的是解放思想的理念、转变观念的魄力和自我修正的能力。“不能痛下决心，自己动手术，即便有再多的国家扶持，东北都难说实现真正的振兴。”（笪志刚）

东北思想保守僵化，完全归咎于东北自身似乎也并不客观。问题在于，东北没有经过真正改革开放和市场化的洗礼。新中国成立以后，东北经济发展最早，以国有经济为主，东北是新中国成立以后全国交通最发达、城市化最高的区域，但是计划经济体制和苏联模式在东北也根深蒂固。中国的改革开放是由南向北推进的。改革开放初期到1990年以前，广东、福建、江浙是商品经济，那时南方已经大谈解放思想，成立了四个经济特区。1992年国家转向市场经济，南方已经基本成熟，没有包袱，国家给的政策也多。这时东北还是计划经济，而辽宁才开始思想大讨论，酝酿商品经济，想突破计划经济体制。2000年我国加入WTO，南方坐上了国际化快车，东北开始提市场经济，实际上仍然停留在以国营为主体的阶段，在东北拉动GDP的还是国企，人们的思想观念、企业体制机制以及政府的运营还是习惯于原来的套路。后来又适逢房地产大开发和土地财政，实体经济被虚拟经济所掩盖，政府又忽略了国企改制，没有对民营经济给予足够的支持和扶植，使得东北同国家改革开放的进程有这样一个落差。

还有人表示，在东北，经济活动的主角是官员而非企业家，东北人常说“政府搭台企业唱戏”。不少企业家并不认同。有人就表示，企业不需要政府搭台，有时候政府搭了这台子，反而束缚限制了企业，给企业添乱。其实企业要求并不高，简政放权，给一个宽松的市场环境就行。乃至有人说，什么时候官员退到幕后，企业家成为主角，才能算是思想得到了解放。

六、城市经济发展中的问题

必须指出，地方政府在发展城市经济的同时，也带来了一些问题。

第一，城市规模扩张过快，使得粗放低效的经济发展方式一直转不过来，又在不少公共服务事业上缺位和错位，在一些市场竞争上越位和干预过度，从而造成了诸如资源匮乏、环境破坏，以及宏观经济上流动性泛滥造成房地产泡沫和通货膨胀压力剧增等社会问题愈演愈烈。特别是进入新世纪后，地方政府的重化工业化，虽然是经济发展上必不可少，但毕竟是拖延了“十一五”(2006—2010)转变经济增长方式的进程，以致中央在“十二五”规划中不得不把这个议题提到“更高的政治高度”，明确提出“转型刻不容缓”，愈益增加了当前改革的难度。

第二，不公平的土地财政和户籍樊篱下农民工不能市民化，劳动者收入提高缓慢，大众消费不足，加上腐败蔓延，加剧了社会矛盾，成为当前亟须改革的焦点。统计显示，2013 年北京、上海、广州、深圳 4 个一线城市的土地出让金已经达到了 5014 亿元，比 2012 年全年的 2005 亿上涨了 150%。其中上海更是创历史地突破 2000 亿元。国家统计局数据显示，2016 年全国农民工总量达到 2.92 亿人。正如有的媒体呼吁：“‘城市梦’的内涵不是钢筋水泥，不是交通拥挤、空气污浊，更不是‘蚁族’‘井底族’，而是过上有尊严的美好生活。”在追梦的道路上，关键是如何改革被称为“坚冰”的户籍制度，打通公平有序落户的政策通道。

第三，政府主导型增长模式带来了地方间恶性投资竞争，使产能扩张难以抑制，以致在钢铁、光伏等八九个行业出现严重的产能过剩。有些地方政府滥用职权，搞了一些追求城镇化的政绩工程，如媒体揭露的内蒙古、河南、辽宁、江苏、湖北的“十二空城”。但是，2017 年 1 月 2 日有外媒报道，中国的增长为旧鬼城注入新活力，有些鬼城正被“慢慢填满”。

第四,地方政府为了城市建设募资的需要,成立了数千个融资平台,增加了金融动荡的风险。2015 年底地方政府债务余额 16 万亿元,达到全国 GDP 总额的 23.6%,远超美国地方政府 13%—16%的负债率上限,也接近加拿大的 25%上限。我以为,防控地方债务风险需多管齐下。一是要在清理整顿的基础上加强源头规范,把地方政府性债务分门别类纳入全口径预算管理,严格政府举债程序,抑制地方政府的举债冲动,约束债务扩张;二是建立规范的地方投融资机制和债务问责机制,落实责任。

第五,我在本书引言中就已经提到,政府的强势并非一成不变。政府在强力推动社会主义市场经济建立和发展之后,要懂得退场,让市场在资源配置中起决定性作用。而中国的强势政府有一种从计划经济的全能政府演变过来的惯性,即它在干预经济方面,往往存在一种过度干预或不懂得退场的毛病,因此,我们在正视强势政府主导作用的同时,也必须正视和注意克服这种过度干预或不懂得退场的惰性和固有缺陷。

总的来说,地方政府的掌控城市资本吸引和驾驭产业资本,确实发挥了一种强势政府推动市场经济发展市场化的作用,为中国的超常增长建立了功勋,我称之为强势政府的主导作用。但是地方政府的过分强势,毕竟在政府和市场的关系上带来了某些越位、错位、缺位的后遗症,人们称之为“闲不住的手”,往往带来了新的矛盾。因此,当前至关重要的就是要处理好政府和市场的关系,政府的归政府,市场的归市场,用十八届三中全会《决定》的全面说法,就是“使市场在资源配置中起决定性作用和更好发挥政府作用”。

参考文献

[1] 发改委酝酿“二横三纵”城市群格局[N].21 世纪经济报道,2010-10-27.

[2] 大卫·哈维.后现代的状况——对文化变迁之缘起的探究[M].闫嘉,译.北京:商务印书馆,2013.

[3] 大卫·哈维.希望的空间[M].胡大平,译.南京:南京大学出版社,2006.

[4] 国土部公布全国国土规划纲要[N].中华工商时报,2013-1-28.

[5] 张军.理解中国经济快速发展的机制:朱镕基可能是对的[J].比较,2012(63).

[6] 林毅夫.市场经济与有为政府[N].东方早报·上海书评,2012-11-25.

[7] 樊纲.中国要大力发展重化工业[N].世纪经济报道,2005-8-27.

[8] 樊纲.创造就业中国必须成为世界工厂[N].第一财经日报,2006-1-26.

[9] 王玉清,朱文晖.中国重工业化进程中的广东与东北模式[N].华南新闻,2004-3-11.

[10] 王培成.重构地方融资[J].财经 2014(2).

[11] 揭秘中国 2013 年 12 座新空城[N].人民网,2014-6-1.

[12] 史正富.中国奇迹是如何出现的?[N].《金融时报》中文网,2014-1-14.

[13] 邵宁.经济新阶段[J].中国改革,2012(10).

[14] 张泉.六大城市群改变世界[N].湖北日报,2012-2-28.

[15] 舒泰峰.城市群前景[N].财经,2013-12-30.

[16] 重庆市长黄奇帆讲述重庆的五个故事[N].财经网,2015-6-15.

[17] 中央城镇化工作会议在北京举行[N].新华每日电讯,2013-12-15.

[18] 深圳超越广州逼近上海[N].中国经济网,2015-5-10.

[19] 中央农村工作会议精神[N].人民网,2014-1-3.

[20] 文辉.打破行政等级,助推中小城市发展[J].财经,2013-12-30.

[21] 李剑阁.城市化是中国发展的大势所趋[N].财经网,2013-10-12.

[22] 李铁.大拆大建　让城市可持续发展难实现[N].凤凰网,2013-10-15.

[23] 赵弘.号脉北京城市病[J].中国改革,2014(5).

[24] 张五常.中国的经济制度[M].神州大地增订版.北京:中信出版社.

[25] 贝特朗·巴德利.松绑基础设施[N].联合早报网,2014-4-2.

[26] 深圳迈向国际化创新型城市[N].人民日报,2015-6-8.

[27] 四华一启托起深圳创新发展[N].人民日报,2015-6-8.

[28] 中金.深圳已成中国硅谷　2016 年 GDP 总量将超香港[N].网易财经,2015-5-13.

[29] 中金公司.变革中的中国系列之一:腾笼换鸟,深圳引领创新大潮[N].

中金公司网,2015－5－13.

[30] 吴敬琏.我们是不是遇到了一个假的供给侧改革[N].中国经济学人,2017－4－19.

[31] 曹尔阶.资本是个好东西[M].北京:中国人民大学出版社,2012.

第四章　从高速铁路谈到技术引进要保持主动权

第三章已经提到，哈维的“时空压缩”观，强化了现代城市对“经营空间”的现实意义。这一章，将着重探讨高速铁路加城市群和“互联网＋”，在加快城市经济发展方面，如何把这两方面的“时空压缩”效应发挥到极致，这是中国千载难逢的新的经济增长点，也是中国经济超常增长的一个亮点。最后，还要探讨若干产业特别是高技术产业如何在技术引进上保持主动的问题。

一、中国高铁崛起是创新型国家建设的“重大突破”

1. 日本和法国在高铁上的成功

高速铁路网的出现，为空间结构的优化带来了新的机遇。其实，最早兴建高速铁路的是日本。1964 年，日本新干线作为世界上第一条高速铁路开通营运，立即显示出输送能力大、占地面积少、速度快、安全性好、能源消耗低、环境影响轻等优势。

日本高铁崛起，并没有获得科技领先的美国的呼应。按说美国的疆域辽阔，最适合发展高速铁路。而美国又早在 19 世纪就已经铺设了跨大陆的铁路网，振兴了铁路沿线的城市。1869 年，第一条横贯美洲大陆、连接太平洋沿岸的铁路线全线完工。这条铁路成为牵引美国经济发展和城市群发育成长的主轴，在此后百余年间，纽约成为世界金融中心，华盛顿成为国际政治中心，底特律成为全球汽车制造业中心……但是“二战”结束以后，美国政府的头号难题是解决数百万复员军人解甲归田的就业问题。当时，按照专家的建议，政府果断采取措施，让百万复员军人大修高速公路，缓解了复员就业的压力。而战时为“二战”军需建立了功勋的汽车制造业已经拥有巨大的生产能力，也需要发展公路交通开拓需求。所以尽管日本高速铁路一鸣惊人，美国却唱起“铁路过时论”，忙于拆铁轨，修公路，走上了高速公路加民用航空的发展道路。不到十年，全国开通了州际高速公路系统，建成了“汽车王国”，并带来沿线众多城市的振兴以及汽车和一系列相关产业的发展，为国民经济发展打下基础。固然也带来了问题，主要是在能源消耗和环境保护方面有很大的负面影响，并且把高速铁路时代推迟了半个多世纪。

1981年，我出访法国，法国国家信贷银行请我们乘坐了不久前刚开通的巴黎至里昂高速铁路（TGV），意在展示和推介它们的高铁专利，我们目睹这条高速铁路夺走了法国航空的最大客源，确实酝含着高铁与航空竞争的极大的商机。但窄小的法国也没能让高铁施展威力。

此后若干年，意大利、德国、英国、韩国、苏联和西班牙，相继掀起高速铁路热潮。

2. 中国高速铁路是创新型国家建设的“重大突破”

最让高速铁路一展雄风的是中国。2008年，为了迎接夏季奥运会在北京召开，京津城际铁路开始运营。接着是京沪、京广两条世界上运营里程最长的高速铁路，在2011年和2012年相继通车。引起了全世界对高铁刮目相看，连美国也不得不重新审视自己的交通运输发展战略。

2012年的中共十八大报告，把高速铁路与载人航天、探月工程、载人深潜和超级计算机一起，并称为创新型国家建设的“重大突破”。这个评价，高屋建瓴，令人振奋。习近平总书记在考察长春轨道客车股份有限公司（“长客股份”）时说过，“高铁动车体现了中国装备制造业水平，是一张亮丽的名片”。外媒评论中国打造“高铁名片”，“就像手表之于瑞士一样”。

中国高速铁路的创新型国家建设的“重大突破”，正在于它把“周转时间的加速和空间范围的缩减”的“时空压缩”效应发挥到极致，由此导致了时间与空间关系的激烈重组。2012年末，世界上运营里程最长的京广高铁通车，全程2298公里。北京至广州，由原来的20小时缩短至8小时。它的最直接的效益，就是让每位乘客乘坐京广高铁一个来回，就以节省 24 个小时的方式延长了一天寿命。就是说，不用吃长生不老药，只要在京广高铁往返一次就能获得延长一天寿命的巨大红利。如果是货运，就相当于用 8 个月就能完成过去需要 20 个月的货运量。

特别还因为中国的高速铁路加城市群构成的网络，将创造一种新的同城效应，有利于推动区域和城乡协调发展，优化空间资源配置。所谓“同城效应”，是指由于高速铁路开通的“时空压缩”，将实现城市群大城市之间或大城市与卫星城市之间的资源共享和时空功能重组，由此将给社会、政治、经济、文化等各方面的发展开辟新的空间，带来新的活力，绝对地实现“1＋1＞2”。

“同城效应”最显著的案例是长江三角洲。从长江口北岸的南通市，到杭州湾以南的宁波，西至南京，在这个 10 万平方公里范围内，由于高速铁路和城市轨道交通，形成了一个纵横交错、通江达海的现代化快速交通网，将把居住在“长三角”15 座中心城市、55 座中等城市、1446 个小城镇人们的生活全部改变。以往人们的生活圈基本局限在一个城市之内，在城际网密集之后，居民将全部纳入“3 小时经济圈”，有的是“2 小时经济圈”、“1 小时经济圈”乃至“半小时经济圈”，人们的活动半径将进一步扩大。人们将不再局限于江苏人、苏南人、苏北人、上海人、杭州人、宁波人这些地域性概念，“长三角人”这一新概念将会产生。今后，城市的界限将会变得模糊。白天在南京上班，晚上可以去镇江、扬州赴宴，去上海看演出。中心城市的辐射力也进一步加强，相隔很远的两个城市之间有越来越多的人突破城市界限，实现工作、生活、消闲、置业、消费的“同城化”。2016 年 8 月 3 日，国务院批复的《苏州市城市总体规划》明确写出苏州 4 号线会与上海 17 号线连接。上海地铁 17 号线将东起虹桥火车站，西至东方绿舟，预计于 2018 年上半年开通。上海人很兴奋地说：以后直接坐地铁就可以去苏州吃喝，不用买火车票啦！

必须提到，在中国高速铁路刚刚运行三年时，2012 年世界银行的一份研究报告《中国铁路：快速而专注的建设经验》，就对中国高铁给予了极高的评价。这份报告注意到，当时高铁承担的客流总量已经超过法国高铁（TGV）的客流总量，并且可以和日本新干线的客流量媲美。这份报告关注高铁客流量的迅速增加，是由于出现了一个“新生成的客流”。这是一个新的概念。报告以近 5 年多种交通工具客流的变化为基础，以武广高铁为例作出估计认为，在每年乘坐这条高铁线路的 2000 万人中，大约 50%是来自常规列车的转移，另有约 5%来自民航客源，其余 45%，一部分是从长途巴士和小汽车转移来的客源，绝大多数是新生成的出行客流。但是报告大胆估计说："高铁乘客中大约有一半或一半以上的人可能属于新生成的客流。"说明高铁创造了出行需求，这就是高铁拉动内需增长、拉动经济发展的明证。

世界银行的报告同时注意到，高铁释放了货运能力。它们计算，仅胶济客专、京津城际、武广高铁郑西线和沪宁城际这 5 条高铁开通后，实行客货分流，释放出既有线路的货运能力，每年合计达到 2.3 亿吨。如果"四横四纵"的高铁全部建成，既有线路货运量的增长将是非常巨大。高铁改变了中国，世界银行的报告高度评价称，高铁是经济学家和交通专家视为中国经济持续增长而其他新兴经济体却步履维艰的原因之一。

中国高铁的成功，正如林毅夫说的，是因为"中国在基础设施建设方面有着明显的比较优势，因为其劳动力成本较低、国内市场规模庞大，在规模经济方面没有国家能与中国相媲美。正因为如此，中国高铁的整体建设成本才能做到仅为工业发达国家的三分之二"。

综上所述，说中国高铁"形成了超越西方水准的新技术和新标准，创造了中国品牌，使中国得以引领今天世界的'高铁时代'"！此言并不过分。

二、高速铁路"时空压缩"下的五个超级城市群

高速铁路加城市群的"时空压缩"形势瞬息万变。当前特别要关注高速铁路带来的"周转时间加速和空间范围缩减"，会带来沿线城市群的扩大，还将促进大中小城市和小城镇合理分工，促进中心城市都市化，而若干次中心城市和一般城市则有机会获得升级，有些中心镇将会发展成中小城市。

前面已经提到，预计到 2030 年，全国将拥有 32 个城市群。有文章指出，中国未来将出现五个超级城市群。除了已经获批的长三角、珠三角和长江中游城市群以外，环渤海城市群和成渝城市群也已缤彩纷呈，纳入版图。当务之急是要打破城市间的行政分割，使得中心城市得以发挥带动周边城镇发展，促进城市间分工，吸纳农业转移人口的作用。这五个超级城市群的情况是：

1. 从珠三角城市群到大珠三角城市群

城市群的发展，关键在于高效、完善、统一的交通基础设施，这对于优化空间布局至关重要，而高速铁路的优势更甚于公路。

在珠三角，最初是高速公路的发展。1994 年广东省提出“珠三角经济区”的概念，划定 9 个地级市，指广州、深圳、珠海、佛山、惠州、肇庆、江门、中山和东莞。2001 年珠三角有设市城市 23 个（其中，特大城市 2 个，大城市 8 个，中等城市 6 个，小城市 7 个），建制镇 369 个，已发展成为一个以广州、深圳为中心，与香港、澳门联系紧密，城乡一体、类型完备的城市群。2003 年内地与港澳间的经贸联系即 CEPA[①] 启动时，广东已有公路 8 万多公里，基本实现了各县市镇通汽车。从广州通过广深高速公路，一个半小时即可到达香港；3 小时可到达东南部的汕尾，5—6 小时可到达汕头、梅州，7—8 小时到达湛江，再 1 小时可进入湛江市区。到 2010 年，珠三角核心区高速公路里程已超 2000 公里，密度达 7.37 公里/百平方公里，在全球仅次于纽约大都市区。

但是，高速铁路带来了更大的变化。2003 年随着 CEPA 的实施，一个新的“大珠三角”概念，将香港、澳门、珠三角整合为一体化的大都市圈，它的 GDP 是“长三角”的近两倍。而 2005 年珠三角城际轨道交通网，以广州、深圳、珠海为主要枢纽覆盖原有的 9 个市和清远等主要城镇，能实现主要城市间 1 小时互通，具有更大的时空压缩优势，改变了城市之间长期来竞争多于合作的状况；特别是 2011 年广深高铁和广珠轻轨相继通车，让珠三角的轨道交通网络日渐成型：广州到香港由 100 分钟缩减至 40 分钟；广珠城际铁路全程也仅需 40 分钟左右。现在，包括香港、澳门在内的大珠三角地区，已经成为仅次于纽约都市圈和东京都市圈的世界第三大都市圈。

2017 年 2 月，政府工作报告把珠三角核心区的 11 个城市纳入“粤港澳大湾区”，主要包括深圳、香港、澳门、广州、东莞、珠海、佛山、中山、惠州、江门、肇庆。目前国际一流的“湾区”有纽约湾区、旧金山湾区和东京湾区，经济高度发达。粤

---

① CEPA(Closer Economic Partnership Arrangement)，即中央政府与香港、澳门特区《关于建立更紧密经贸关系的安排》的英文简称。包括中央政府与香港特区政府签署的《内地与香港关于建立更紧密经贸关系的安排》、中央政府与澳门特区政府签署的《内地与澳门关于建立更紧密经贸关系的安排》。

港澳大湾区的GDP总量已经达到1.24万亿美元，超过了旧金山湾区。这意味着未来的目标就是成为第四大湾区，深圳将迈向世界级城市！

2. 长三角城市群：从沪苏浙30个城市向沪苏浙皖40个城市的超级经济区扩展

京沪高铁的通车，在时间维度上带来了长三角以上海为中心的“两小时经济圈”的空间范围不断扩大，也把重塑中国经济的地缘版图的问题提上了日程。

本来，1982年的上海经济区，只包括上海、苏州、无锡、杭州、宁波等10个城市，这是长三角的最早雏形。随着一体化的推进，20世纪末的上海经济区扩展到15个城市；2007年又形成了包括两省一市的“长三角经济区”；2013年，长江三角洲城市经济协调会的会员城市已扩至30个，包括上海市、江苏、浙江全境以及安徽的合肥、芜湖等。2014年5月9日中国社会科学院发布《中国城市竞争力报告》，建议将安徽纳入长三角规划。具体说，就是形成以上海为中心，北至连云港、徐州，西至安庆、六安，南至温州、丽水，包括沪苏浙皖40个城市的超级经济区。沪苏浙皖一市三省人口将达两亿，地域面积34万平方公里，将形成以大上海为中心的扇形结构，并打造两岸对称的超级中心及“两岸一岛”的大上海格局：在江北的南通建成“江北上海”，把扬州、泰州、连云港建成江北的苏州、无锡、宁波，形成多对“双子城”。在西三角，将以南京为中心的南京城市群与合肥、芜湖为中心的江淮城市群融合。到2020年，随着高铁延伸，上海与所有城市之间的最短往返通勤时间，将会在4小时内实现当日往返。

沪苏浙皖长三角超级经济区的建设，将能重塑中国经济的地缘版图，充分整合区域资源，扬长避短，成为政治、经济、文化发展的新的增长点。还要说到，超级经济区的具体建设，应该以“政府引导、市场运作、各方参与”的开放模式展开。中国的区域经济往往难以打破行政区划的森严壁垒，长三角城市群的发展一向比较协调，一是长三角从唐代末期至今，一直是中国经济最发达的地区，也是商业化推动市场经济发展趋势最明显的地区。这个区域文明开化的时间较早、市场化程度较高，基础好，城市之间的落差小，经济上的互相渗透和联系比较密切。二是江浙沪都是改革开放以来经济最发达的区域，三方省级关系平等，虽然也有矛盾和摩擦，但更大程度上能够依靠对话协商和市场机制来解决。果真扩张到沪苏浙皖40个城市的超级经济区，应该也是比较容易协调的。2013年的城镇化工作会议确定长三角地区城市群发展的战略定位是：亚太地区重要的国际门户、全球重要的现代服务业和先进制造业中心、具有较强国际竞争力的世界级城市群。抓住高速铁路加城市群的发展机遇，长三角城市群的发展一定会有新的面貌。

3. 成渝城市群

成渝城市群，以成渝经济区为依托横跨四川和重庆，以成都、重庆两地为双核，包括四川省的成都、绵阳、德阳、乐山、眉山、遂宁、内江、南充、资阳、自贡、宜宾、广安、达州、泸州，以及重庆直辖市的主城九区、万州、涪陵、合川、永川、江津、大足、垫江、璧山、铜梁等，总面积18.5万平方公里。成渝城市群一体化已经纳入了长江经济带的发展规划，2015年1月入围国家级城市群，2016年4月15日，国务院已经批复《成渝城市群发展规划》并在国家发改委官网正式发布，由此可以进一步完善国务院关于依托黄金水道推动长江经济带发展的总蓝图。

4. 长江中游城市群

长江中游城市群，是以武汉城市圈、环长株潭城市群、环鄱阳湖城市群为主体形成的特大型城市群，国土面积约31.7万平方公里。这对促进中部地区崛起、全方位深化改革开放和推进新型城镇化、统筹中国区域一体化发展有重大意义。

进一步说，近期有关建设长江经济带的构想引发热议。长江经济带覆盖上海、江苏、浙江、安徽、江西、湖北、湖南、四川、重庆、云南和贵州11个省市，牵涉到长三角城市群、长江中游城市群和成渝城市群，需要依托长江黄金水道，把沿江城市群之间的产业和基础设施连接起来，促进产业转移衔接、优化升级和新型城镇集聚发展，由此形成直接带动超过五分之一国土、约6亿人的强大发展新动力，前景诱人。关键在于，长江经济带要求的是区域经济一体化，抛开长江通航能力的局限与沿江交通基础设施不足的困难不说，如何打破区域行政区划的壁垒，将面对不小的障碍和挑战。联系到中央近期推动丝绸之路经济带、21世纪海上丝绸之路、京津冀一体化等区域经济概念，必须有全局意识和一体化安排，亟须打破行政区壁垒陋习，以市场在资源配置中起决定性作用为前提，组织协调对话，建立健全区域间互动合作、科学合理的利益分配机制。

5. 环渤海城市群

环渤海城市群，地处东北亚经济圈的中心地带，是以京津冀为核心、辽东半岛和山东半岛为两翼的经济区域，是中国北方经济发展的“引擎”，向来被经济学家看好，誉为继珠三角、长三角之后的第三个“增长极”。但是，由于行政区域利益主体地方意识较强，条块分割严重，导致地区间经济协调成本高，市场化程度低，资金、人才、技术等要素流动不够畅通。高速铁路形势逼人，毕竟市场起决定性作用，据说发改委将山东德州、山西大同、内蒙古赤峰和乌兰察布四市列入一体化城市名单，意味着环渤海经济圈将再度扩容，关键是京津冀一体化的第一步如何走好。

特别要提到，京津冀一体化发展战略提出多年，然而三地之间的整合一波多折，在协同发展上明显滞后。主要是两大难题。一个难题是政府的手伸得太长。首先是北京的城市功能无限扩张。1949 年定都北京，要让北京从消费型城市变成生产型城市，显然与这座古都的悠久历史文化积淀不相匹配，于是就有了梁思成保护北京旧城的建设规划大争辩以及梁先生的“注定落败”和抚城恸哭！建都六十多年，政府的手越伸越长，后来又加载了门类齐全的工业化大都市重任，北京要承担起国务活动、国际交往、重大庆典和会议、商贸、旅游、科技发展、金融保险、国家安全、文明古城、交通枢纽等十余项功能，再加上 2008 年夏季奥运会“绿色、人文、科技”的目标，奥运会一过，不少大城市病迅雷不及掩耳，首都变成了“首堵”，城市治理水平急剧下滑。其次是京津冀三地各自追求自家“一亩三分地”的利益。北京凭借首都地位，总是以“老大哥”自居的集政治、经济、文化于一身的单极发展，天津、河北也不甘做“配角”；行政壁垒导致的竞争大于合作，难以形成布局合理、层次分明、功能互补的城市群空间格局。

另一个难题是行政区划的隔膜和体制性障碍。首先是官本位下的官阶差距和“权力的傲慢”影响到官员沟通。例如，在北京就业的几十万人却在河北燕郊居住，但两地之间迟迟没有轨道交通联结。北京顾虑路修通以后，会出现消费和产业转移；而燕郊所在的三河市仅为县级市，与北京根本无法平等对话。再如，沿京津交通干线分布着中关村、亦庄、廊坊开发区和天津武清、塘沽以及天津港保税区等 8 个有一定规模的开发区，却使这一天然的高科技产业带呈断裂状态，未能发挥出像苏南工业园区那样更大的辐射和带动作用。协调的困难，甚至出现了环京津贫困带，河北、天津对北京都有怨气。何况还有中央机关不时干预，更是一个非市场的超级存在，连北京也忙于应对。所以，京津冀一体化涉及的体制性障碍，加上中央机关，其实是三地四方。

体制性障碍还牵涉到有些利益难以协调。在“分灶吃饭”的财政体制下，企业尤其是一些大型企业搬迁无异于割地方政府的“肉”，实际上成了现有财政体制与行政区划对协调发展的桎梏。还有一个环境保护问题，北京希望将一些重污染的企业搬到河北，而河北自身就承受着巨大的减排压力。更大的体制难题，是户籍樊篱下北京天津市民户籍的含金量。即以高考招生差距而言，北京天津与河北特有的高考分数线差距超过 100 分以上，北京天津“市民”的户口很难随着产业转移到河北。此外，户籍樊篱也是阻碍养老、医疗等制度区域一体化的制度瓶颈。

2014 年 2 月习近平总书记巡视北京，认为“北京的核心功能就是四大中心，即政治中心、文化中心、国际交往中心和科技创新中心。其他的七七八八都是需要调整和疏解的非核心功能。北京现有的工业项目必须进行优化，突出‘高端化、服务化、集聚化、融合化、低碳化’”。真是切中时弊。现实情况是，北京的城区面积在中国大城市中居首。北京既是中国的政治中心、文化中心、国际交往中心，科技创新中心，同时有经济、金融、教育、医疗中心等功能。2014 年末，北京市常住人口 2151.6 万人。全国数量最多的高等院校、七成以上的中央研究机构、1/3 的国家重点实验室和工程研究中心、一半以上的两院院士都在北京。2014 年，北京市医疗机构迎来寻医问药者 2.3 亿人次。金融街上，已经有央行、银监会、证监会、保监会等最高金融决策监管机构和中国金融业的资金结算中心；由中国倡议筹建的亚洲基础设施投资银行（简称亚投行），亦将落户金融街。当前，北京面临的突出难题是城市拥挤，各种“特大城市病”凸显。现在看来，关键问题是北京的利益如何调节，特别是外来人口疏解比较挠头。问题的关键是，有些产业转移了，企业走了，人口能否跟着走，恐怕不取决于政策，还要看市场环境变化。疏散人口的关键是实现社会服务均等化，即首先在京津冀地区实现教育、医疗和养老一体化和服务均等化，才能从根本上解决人口布局问题。这方面，据财政部测算，京津冀一体化未来 6 年需要投入 42 万亿元。业内人士强调，交通一体化将率先发力，铁路、公路、航空、港口间的立体化规划都将优先执行。

有消息说，2017 年客运专线将覆盖所有地级以上城市，实现京津保地区 1 小时交通圈。北京地铁有望辐射周边区域，为京津冀都市圈提供交通服务。有报道称，未来要以建设京津冀交通一体化为目标，按照多种运输方式无缝衔接、交通设施共建共享、区域内外互联互通的原则，力争 2020 年在公路网络、交通运输枢纽、交通运输管理、交通运输服务和物流方面实现“五个一体化”。

京津冀一体化的形势也是瞬息万变。2017 年 4 月，中央决定设立雄安新区，承接北京疏散出去的非首都功能。加上之前已经把通州定为北京的副中心，北京市政府机关也将外迁到通州。未来，北京三环以内将成为中央政务特区。习近平同志指出，建设雄安新区要突出七个方面的重点任务：一是建设绿色智慧新城，建成国际一流、绿色、现代、智慧城市。二是打造优美生态环境，构建蓝绿交织、清新明亮、水城共融的生态城市。三是发展高端高新产业，积极吸纳和集聚创新要素资源，培育新动能。四是提供优质公共服务，建设优质公共设施，创建城市管理新样板。五是构建快捷高效交通网，打造绿色交通体系。六是推进体制机制改革，发挥市场在资源配置中的决定性作用和更好发挥政府作用。七是扩大全方位对外开放，打造开放新高地和对外合作新平台。

此外，疏解首都功能，一个不可避免的结果将是经济下降。陆铭(《城市化三辨》，2013)提到过日本曾经通过“首都功能分散计划”来追求区域间的平衡，结果人口倒是疏散了，而与之相伴随的是东京的发展速度和国际地位下降，甚至在一定程度上影响到日本经济增长。最终，日本放弃了通过行政力量控制城市规模的政策，自 2000 年起，东京的人口在经过一些年的停滞和减少后才又开始增加。京津冀一体化，对此必须有足够的思想准备。

三、高速铁路加城市群的“时空压缩”使城市经济的发展如虎添翼

2012 年，京津、武广、郑西高铁运营，京沪、京广高铁相继通车。2013 年年底，西宝线(西安至宝鸡)、厦深线(厦门到深圳)等七条高铁线路密集开通，中国高速

铁路突破1万公里。到2020年，中国铁路营运里程将达到12万公里以上，高铁营运里程将达到3万公里，快速客运网基本覆盖中国各省省会及50万以上人口城市。预计到2030年，全国将拥有32个城市群。高速铁路加城市群的城市化，把我们引入新的“城市时代”。

1. 高速铁路加城市群，能够拉动经济的发展

所谓“火车一响，黄金万两”。这是有道理的。中国的高铁带动了沿线城市群的发展，已是不争的事实。

关于铁路和高铁能够提振经济的故事，湖北省的荆门和荆州怀有深刻的记忆。在20世纪70年代，荆州是湖北省的地级市，荆门是属于荆州的下属市。但由于1970年荆门率先开通了火车，拥有了压倒首府的交通优势，经济逐步发展起来，就在1983年成了湖北省的直辖市，后来荆门市下属各县又陆续建设和开通了四个火车站。而在2012年之前，荆州市还没有一个火车站，荆州市民要想坐火车，必须坐汽车到荆门转乘。荆州因为没有火车，错失了许多发展机遇，成为荆州人难忘的教训，而交通差距也确实使荆门尝到了工业发展超过荆州后来居上的甜头。直到2012年7月1日沪汉蓉高速铁路的汉宜段正式开通，沪汉蓉高铁在荆州设站，才结束了荆州市没有铁路的历史，并使得荆州和荆门的交通地位出现了反转。此后，在沪汉蓉沿江高铁设站的争夺中，荆门又成了湖北下辖13个地级市中唯一没有高铁和动车的城市，荆门又以此作为争夺沿江高铁设站的最大论据。正因为高速铁路更能改变城市面貌，人们认为，“没有高铁，城镇就是散落的珍珠；通了高铁，城镇就是项链上的珍珠”。这也正是高铁线路上许多城市争设高铁站点、纷纷加入“项链珍珠”抢夺战的一个原因。

2. 高速铁路这类特大型的交通运输基础设施，给城市和城市群带来了一种城市经济特有的集聚效益，即产业结构越来越高度化的级差收益

衡量高速铁路这类特大型的交通运输基础设施的效益，首先要考虑到中国的人口优势。中国人口从内地向沿海向大城市流动，特别是向长三角与珠三角的城市群流动是不可阻遏的趋势。譬如最早开放的深圳，吸引了很多四川云贵人前来打工，这是由地区的自然禀赋决定的，自然禀赋决定人口分布与人口流向。铁路和高速铁路网不仅不可能逆转这一趋势，而且有可能推动这一趋势的加快。道理很简单，“百川归大海”，铁路让人口流动变得更便利了。

人口的流动，推动了产业的集聚和重组，带来了城市的繁荣和扩大，加上城市轨道交通和一系列区域经济要素配置的建设，从而使得城市的市中心和郊区之间出现了级差收益，并且在级差地租原理的作用下，带动城市中心高附加价值的产业集聚，并导致生产成本的升高，接着推动企业向最低成本点转移，低附加价值的产业将会退让到城市郊区或者转移到其他城市，由此带来了产业结构越来越高度化的级差收益。

早在 1984 年，世界银行在中国的考察报告中就曾提到，在国外的大城市中，从城市边缘到市中心地区，土地的经济成本逐渐上升，其上升幅度可高达每公里 25%。假定郊区农田地价每平方米为 0.8 元，那么，对市区半径为 10 公里的无锡来说，市中心地价，每平方米应为 10 元；而市区半径为 20 公里的上海，市中心地价，每平方米应为 120 元。所以，世界银行认为，像上海自行车厂这样的企业，如果搬到附近的小城市(譬如昆山)，每辆车的成本，可以比在市内降低 10—20 元。因为它可以减少某些不必在城市负担的费用。但是当时每辆自行车的税利有 100 元的收入，上海市政府说什么也不会同意让上海自行车厂这样的金元宝搬出上海市的。在这里，地方政府作为收税人的地位，起了逆调节作用。现代化的城市经济的发展，要学会运用级差收益这一城市特有的经济杠杆来“经营空间”，“优化国土空间开发格局”。

1986 年 8 月，汪道涵同志主持召开城市经济学会，上海城市经济学会调查了市内各个区域的级差收益，最高地区比最低地区的收益高 26 倍，提出了要按级差原则征收土地使用费的建议。当时建设银行上海市分行要发展，但是在外滩找不到房子，而在黄浦区一带，原有近 200 家旧银行的建筑物，只有 1/3 是银行，其余 2/3 却做了工厂、学校、住宅和仓库，谁都不同意出让，市委也协调不了。我跟道涵同志说，“国民党时期，英国人在市中心的南京路上搞了跑马厅。上海解放，我们宣布两条：一是禁止跑马一类的赌博，二是土地要收土地税。英国人占了跑马厅既不能跑马，又交不起土地税，在长期欠税的压力下只好交出了跑马场的土地，变成现在的人民公园。但是，在银行建筑物上‘共产党治不了共产党’！”说出了我们在城市治理上不懂得运用经济杠杆的无奈。还要说到，关于土地税，50 年代初，我在上海工作，住了一间 16—17 平方米的房子，一个月房租 10 元，但是一个季度要交一次房产税，也是 10 元。所以我向城市经济学会提出："中外城市的实践都说明，城市的地价、地租和土地税，必须考虑级差收益，这是对城市人民长年累月辛勤劳动开发经营的补偿，也是城市经济特有的一个经济杠杆。在社会主义条件下，如何运用这一城市特有的经济杠杆来合理地安排城市经济，发展城市经济，也将是社会主义城市经济学面临的一个重大课题。"可能还是地方政府作为收税人的地位起了逆调节作用，这个按级差收益改革地价、地租和土地税的议论，经过一段热议又重新搁置了下来。现在回过来看，按级差原则征收土地税或物业税，仍将是对补偿高速铁路这类特大型的交通运输基础设施的巨额投资，并推动产业结构高度化的一种方法。

城市群的发展，同样有一个集聚效益和级差收益的问题。

现在，高速铁路带来了沿线城市群的繁荣和扩大，人口从内地向沿海向大城市集聚，带来了大城市的拥堵和房地产价格的上涨。但是同理，它将在级差收益原理的作用下，促进大中小城市和小城镇合理分工，把中心城市高附加价值产业集聚导致生产成本的升高，推动企业向最低成本点转移，低附加价值的产业将会退让到一般城市和中小城市，从而促进中心城市都市化，而若干次中心城市和一般城市则有机会获得升级，有些中心镇将会发展成中小城市。中心城市应当发挥带动周边城镇发展、促进城市间分工、吸纳农业转移人口的作用。

3. 高速铁路加城市群的"时空压缩"将促进同城效应，有利于推动区域和城乡协调发展，优化空间资源配置

高速铁路的"时空压缩"，将实现大城市之间或大城市与卫星城市之间的"同城效应"。前面已经提到，"同城效应"最显著的案例是高速铁路和城市轨道交通，将把居住在"长三角"15 座中心城市、55 座中等城市、1446 个小城镇的居民，全部纳入"3 小时经济圈"、"2 小时经济圈"、"1 小时经济圈"乃至"半小时经济圈"，人们的活动半径将进一步扩大。

再如，2013 年年底，广西桂林至北京高铁开通运营，运行时间压缩了 16 小时，由原来的普通列车 26 小时 40 分，压缩到 10 小时 40 分。随着广西五条高铁建成投产，将使南宁、青州、北海、防城港四个城市之间形成一小时城市经济圈，加快实现北部湾经济一体化的进程。

再如，武广高铁贯通武汉、长沙和广州，在武汉城市群、长株潭城市圈和珠三角经济区出现了三个“一小时经济圈”，推进了三个经济圈的整合和融合，形成独一无二的“黄金走廊”。

又如，连接闽粤的厦深高铁开通，使厦门到深圳的时间由 11 小时缩短到 3 小时左右，“早饮厦门茶、午食潮州菜，晚赏深圳景”成为现实。

人们预计，未来几年，等到京沈高铁建成通车，京广高铁和哈大高铁将通过沈阳连成一体。届时高铁从北国的哈尔滨一路向南行驶 3500 余公里直抵广州，意味着东北地区与珠三角地区两地间“朝发夕至”，将极大地改变中国人传统的时空距离概念。届时，中国的地理空间将大大缩小，中国的发展空间将成倍放大。但是，这还仅仅是国境之内的“时空压缩”效应。

乃至有外媒报道，现在由北京搭火车到英国伦敦，要经过西伯利亚铁路再接驳到欧洲铁路，整个车程超过一周时间。如此费时费事，人们会更多选择飞机。报道称，中国正打造一张“新东方快车”高铁网，以时速 350 公里的高速，由北京乘火车到伦敦市中心的英皇十字车站，仅需 48 小时即 2 天。外媒称为贯穿 17 国的“高铁丝绸之路”。想一想，把原来要一周才能“贯穿 17 国”的旅程缩短到“48 小时”，这更是超越国际地把“时空压缩”效应发挥到极致。

4. 高铁将拉动产业大转移，改变和重塑中国经济的地缘版图与社会生态，成为政治、经济、文化发展的新的增长点，为城市政府的“经营空间”带来更大的机遇

2012 年末，全程 2298 公里的京广高铁通车，沿线的京津唐、邯石保、郑汴洛、大武汉、长株潭经济圈皆如虎添翼。加上京沪高铁牵连着环渤海湾和长三角经济圈；粤港澳高铁向内陆腹地加紧产业转移；京津冀、长三角、珠三角、关中城镇群等区域的经济联系与文化合作都将重新定位。由此，高铁的轨道交通促进了城市群的一体化进程，城市之间，经济带与都市圈之间，一旦时空距离因高铁而大幅压缩，城与城之间、圈与带之间的协作交融与互补，都将成几何级数般放大。经济圈内的产业，将能更好地整合配置资源，选择布局方案，形成铁路沿线的走廊产业经济带，而交融与互补越广越深，越有利于经济区域封闭状态的消融，促进全国大市场、大流通、大协作格局的形成，越有利于区域文化的融合。高铁开通，还催生出一些新的城市，株洲附近因武广高铁拔地而起出现了“武广新城”。可以预见，2020年中国“四纵四横”的2.8万公里高速铁路网的建成，将大大压缩经济版图的时空，实现各种要素的连接与聚合，释放出巨大的发展能量，从而使资源配置的结构、效率、效益有一个明显的改进与提高。

高铁还将拉动产业大转移，提升和优化区域经济圈的经济聚合力。2009年12月武广高铁开通，湖北、湖南积极展示与广东对接优势，增强承接产业转移的吸引力。数据显示，湖南省仅2010年就承接签约了广东228个产业转移合同，引资近900亿元。湖南省仅2011年上半年就承接产业转移项目1330个，新增税收高达14.11亿元。与此相对应，在腾笼换鸟的广东，东莞市重点扶持石龙电子信息、大朗毛织、虎门服装等15个企业，培育了244个知名品牌和知名商标，实现产值近2000亿元。2011年年底，广东省已建成36个产业转移园区，引进项目3118个，投资额达7386.3亿元，预计全年将实现产值3000亿元，创税超过130亿元。

目前，沿海地区面临经济转型升级的重任，需要“腾笼换鸟”，而中西部地区则需要承接产业转移，加快区域经济发展，缩小东西部差距。高铁的开通运营，对于产业的转移发挥着重要影响力。这将为城市“优化国土空间开发格局”，带来更加广阔的空间和机遇。

5. 高速铁路发展将对就业和拉动内需起到积极的带动和促进作用

2012年有报道说，美国奥巴马政府计划在全美投资530亿美元建设高速铁路网，设定的目标是在25年内让80%的美国人乘坐高速铁路。同时有报道说，美国将在加州投资680亿美元修建第一条连接洛杉矶到旧金山的高速铁路，将使旧金山和洛杉矶之间的行车时间压缩到3个小时以内，洛杉矶到圣地亚哥的时间在80分钟左右。但是，美国人更看重高铁项目将创造多达10万个相关的工作机会，并在未来25年内，将创造至少45万个永久的就业岗位。

同美国看重就业相类似，中国对高铁看重的还包括就业在内的内需拉动力。

郑西高铁开通，2009 年引发了“高铁旅游盛宴”，沿线郑州、洛阳、三门峡、华山、西安等城市的旅游增长都在 20%以上。再看京沪高铁开通对山东曲阜“三孔”(孔庙、孔林、孔府)旅游的影响。以前从北京到曲阜，要先坐 8 个小时的火车到兖州，再坐大巴到曲阜。2011 年 6 月 30 日京沪高铁开通，下半年，三孔景区接待游客 253 万人次，门票收入 10816 万元；比上半年增加 80 万人次和 3432 万元。这也正如世界银行报告说的，是由高铁带来的“新生成的客流”。

在旅游之外，还有个促进沿线城市经济增长方式转变的问题。以京广高铁为例，它将促进沿线城市拉动内需。上游产业，高铁可以拉动水泥、通信、钢材、机械制造等产业；下游产业，仅旅游业的带动就涉及 108 个相关行业，不仅包括旅行社、交通、餐饮、酒店、景区景点、购物等旅游核心企业，还关联到物流、金融、保险、广告等外延产业(王梦恕，2012)。

高速铁路发展了中西部城市群，也会拉动中西部经济发展。它也会推动沿海投资的一些低端产业和轻型制造业，即附加值较低的劳动和资源密集型产业，转移到中西部城市群，既促进了沿海地区一些城市的转型升级，由此也逐渐拉动中西部经济的发展。

有研究显示，日本新干线开通后，沿线城镇化率提高了 10%。京广高铁的开通，将加速沿高铁线路进入三四线城市的开发步伐。

6. 高铁在国防上的“运势”价值，对国家战略与安全的作用不可低估

中国不当世界警察，不会像美军那样满世界谋求无节制的全球空中到达。但一旦有事，则中国集中国力构建的高速客运网将会为突如其来的军事运输带来极大的战略优势。所以，高铁对于中国国防建设的终极价值就是“运势”的价值。这一点，在一般人看来可能无足轻重，却使五角大楼不得不下拨专款，将“中国高铁与中国国防现代化”列作专题研判。

同时，中国高铁已疾速驶向国际舞台，其装备已出口到 50 多个国家和地区。中国领导人出国访问期间频频推介高铁，施展“高铁外交”，凸显高铁战略意义。

7. 高速铁路运输的低碳、节能功能明显

高铁的优势，不仅是运行速度。1964 年，世界上第一条高速铁路日本新干线的开通营运，立即显示出运力大、占地省、能耗低、污染少、全天候、环境影响轻、适应性强的技术经济比较优势。有资料说，在动态情况下平均每位旅客占用的道路面积，轨道交通为 0.2 平方米，而公共汽车、小轿车、摩托车、自行车分别是它的4.6倍、115 倍、100 倍和 50 倍。同时，它是低碳经济的代表，是很节能的运输工具。据分析，以每人每公里消耗能源为 1 个单位计算，高速铁路为 1.3，小汽车为 8.8，飞机为 9.8。另据权威部门研究显示，民航、公路、铁路单位运输量平均能耗比约为 11∶8∶1。而且高速铁路使用电能，碳排量几乎为零。欧盟有资料，公路交通碳排放占交通领域碳排放的 72%，铁路则以1.6%的碳排放完成了 10%的运量。

高速铁路的特色，就是低碳、绿色、环保、经济和节能，而且确实是货真价实的最节能、最环保、最节省土地、最具生命力、最经济、最能优化空间资源配置的绿色交通工具。

8. 现代服务业，尤其是现代物流业获得发展机遇

目前世界经济发展的一个重大特点是，服务业占 GDP 的比重持续上升，发展中国家达到 60%左右，发达国家普遍达到 70%以上。2014 年我国服务业占 GDP 的比重达到了 48.2%，仍然比世界平均水平 69%低了 20 个百分点，是金砖国家中唯一一个服务业占比不足 50%的国家。2015 年我国服务业增加值占 GDP 的比重达 50.5%，首次过半。2016 年继续上升，为 51.6%。

中国现代服务业发展滞后是物流成本过高。发改委、国家统计局和中国物流与采购联合会 2014 年 3 月联合发布的信息，2013 年中国社会物流总费用10.2万亿元，占 GDP 的比率为 18%。2014 年我国社会物流总费用增长至10.6万亿元，占 16.6%；2015 年我国社会物流总费用将突破 10.8 万亿元，占 GDP 的比率为 16.0%；2016 年社会物流总费用 11.1 万亿元，比上年增长2.9%，增速虽比上年提高 0.1 个百分点，但社会物流总费用与 GDP 的比率为 14.9%，比上年下降 1.1 个百分点。就业人数 5012 万人，增长 0.6%，已成为就业增长最快的行业。

我国服务业占 GDP 的比重高于美国、日本和德国约 9 个百分点，也高于全球平均水平约 6 个百分点左右，这同物流运输环节中各种收费太多以及高昂的油费有关。据分析，油价约占物流成本 1/3，路桥费也在两三成之间。此外，物流环节过多、重复纳税，各种乱收费、乱罚款也消减了利润。据对 2016 年资料分析，在社会物流总费用 11.1 万亿元中，运输费用 6.0 万亿元，占 54%；保管费用 3.7 万亿元，占 33%；管理费用 1.4 万亿元，占 13%。但物流业就业人数 5012 万人，增长 0.6%，已成为就业增长最快的行业。

当前中国高速铁路加城市群的发展，正在为加快物流一体化建设提供机会。高铁开通，实施客货分线运输，极大地释放了既有线路的货运能力，运输能力将得到成倍释放。关键是要多部门联合制定出适合物流行业的法律法规，为物流发展创造宽松的环境。物流是一手拉着生产，一手拉着消费，在生产和消费之间起到“杠杆”作用，只有抓好物流，把物流这个“杠杆”摆平了，才能撬动两端，促进生产，促进消费，改善民生。

需要指出，电子商务借助互联网和高速铁路加城市群两个“时空压缩”效应的双重推动获得快速发展，也为我国服务业和物流业的跨越传统，迅速向现代化转型提供了机会。

四、站在“互联网＋”风口上的城市经济

城市面貌的变化，同交通运输技术发展改变了时空关系有关。在金融领域，80 年代电子计算机和信息技术特别是国际互联网技术迅猛发展，使资本市场和虚拟经济有了飞跃的发展，动摇了实体经济的统治地位。特别是近二十多年信息产业和金融电子化的发展，资本的流动超越了货币现金和票据证券的制约，游弋于电子键盘之间，从现金流、票据流发展到电子资金流，可以决策于千里之外，交易于瞬息之间，更使全球资本市场和虚拟经济的发展如虎添翼。

下面考察另一个经济现象，即“互联网”，现在通行叫“互联网＋”。因为李克强总理说到“在‘互联网＋’的风口上顺势而为，会使中国经济飞起来”，一时间“互联网＋”铺天盖地。政府工作报告解释“互联网＋”：推动移动互联网、云计算、大数据、物联网等与现代制造业结合，促进电子商务、工业互联网和互联网金融健康发展，引导互联网企业拓展国际市场。按照阿里研究院的研究报告对“互联网＋”的定义，是指以互联网为主的一整套信息技术（包括移动互联网、云计算、大数据技术等）在经济、社会生活各部门的扩散、应用过程。

有媒体报道，国内“互联网＋”的理念，最早是由易观国际董事长 CEO 于扬在 2012 年 11 月易观第五届移动互联网博览会上提出的。当时于扬提出，移动互联网的本质，离不开“互联网＋”。在未来，“互联网＋”公式应该是我们所在的行业的产品和服务，在与我们看到的多屏全网跨平台用户场景结合之后产生的这样一种化学公式。马化腾说得很形象：互联网加一个传统行业，其实是代表了一种能力，或者是一种外在资源和环境，对这个行业的一种提升。

但是，后来传播更广的是雷军在刚刚创办小米的时候讲的一句话：当台风来的时候连猪都会飞！正是这样，所有行业一涉及互联网几乎全都起飞了。下面，谈谈“互联网＋”。

1. 从科技革命说起

说起“互联网＋”，令人想到科技革命。人类已经经历过三次科技革命。

第一次科技革命，是 18、19 世纪发明的蒸汽机技术，搅动了各行各业，带动了钢铁工业、机器制造业、交通运输业等传统产业的繁荣发展，形成了蒸汽机时代；特别是蒸汽机能够为轮船、火车提供动力，它把人们旅行的时速，从 1500—1840 年马车和帆船的平均速度每小时 10 英里，在 1850—1930 年提高到机车和轮船的每小时 65 英里、36 英里，促进了交通运输技术发展，改变了时空关系；即以印刷业来说，蒸汽机的动力大大加速印刷数量，学校、书籍大量地产生，也催生了报刊传媒如雨后春笋，推动了知识的传播和人才的聚集。

第二次科技革命，是 19、20 世纪发明电力技术以来，同样搅动了各行各业，改造了传统产业，带来了电力时代。特别是电力产生了很多的新事物，除了灯泡照明，还带来了收音机、电视机、电报电话，等等，更有利于资讯的传播和沟通，从另一个方面改变了时空关系。

后来又有第三次科技革命，人们最初的说法，是指 20 世纪以原子能、电子计算机、空间技术和生物工程的发明和应用为主要标志，涉及信息技术、新能源技术、新材料技术、生物技术、空间技术和海洋技术等诸多领域的一场技术革命。我以为这是出于情况不明，只能诸多领域的技术并提；现在情况明朗了，就是互联网带来了改造传统产业的风暴。因而现在看来是要对第三次科技革命正名，让互联网归位，把我们现在的时代正式称之为互联网时代。

2. 计算机新兴技术能不能真正改造传统工业？

科技革命的关键在于，领头的这项新兴技术能不能真正改造传统产业？引领产业革命？

我是做银行工作的。1985 年，我在建设银行投资调查部主持了一次对我国电子计算机工业的调查。当时发达国家对计算机的应用已进入信息化应用和社会化应用阶段，我国还主要是从军事应用与大型科学计算，向一般民用如经济计划预测和企业管理过渡，还只相当于国外 60 年代中后期水平。问题是摆不脱传统的建设和生产管理方式的惯性思维，习惯于用组织传统工业的方法来对待新兴工业，不能适应新兴工业的特点，不能把握住新兴工业的脉搏。当时有几个突出事例。一是产需不明，对“七五”期间计算机的需求预测，科委预测为 10 万台微机，电子部为 10—20 万台微机。而各地在建的微机生产能力已达 31 万台，但对这些生产线的未来产品（机型），谁也说不上是否符合工业用户的需要，无论在机型上还是在数量上，都有很大的盲目性。二是信息不灵。国外集成电路工业技术更新很快，原来的 64 K 大规模集成电路早已为 256 K 的新产品所代替，而上海还打算花外汇 3000 万美元、加上国内配套人民币 1 亿元，去引进一条年产 1000 万块 64 K 集成电路生产线。三是在开放的形势下，搞计算机这类更新周期很短的项目，必须面向市场竞争，一经决策，就应迅速上项目、消化技术，拿出产品。我们却是墨守老的建厂思想和建厂方式。1977 年从法国引进了计算机、磁盘机和高速打印机三条生产线。本来是性能较高、软硬件较全、可用性较好的机型。但经过 4 年谈判、3 年施工，到 1983 年竣工投产时，产品市场已为性能更高的小型机和高档微机所取代。四是管理方式有争议。我国传统工业，基本上都是按行业、部门管理的。计算机工业要不要因循旧制，走传统工业的老路，也分成计算机公司、器件公司、外部设备公司、软件开发公司、服务公司、销售公司等，一个一个公司分得很死？还是像美国王安电脑公司那样搞电脑公司集团企业？把产品开发、生产、营销，同对工业用户的应用、维修服务紧密结合，从科研、试制、生产、新产品开发，到销售、服务、维修，搞一条龙综合经营。使组织形式和管理办法，同为客户的服务和业务兴衰经营紧密相关。

这次调查会上，经过与会专家讨论，对计算机工业的未来发展达成了共识。认为电子计算机工业作为一种新兴工业，新就新在它是用新的技术来武装传统工业和改造传统工业上面。一句话，它是为传统工业服务的。它的用户是传统工业，用户买了计算机，没有系统软件，没有应用软件，没有会使用计算机的人才，仍然使用不了。这就决定了计算机工业的发展必须紧紧地面向用户、面向市场，走产销结合，科研、生产、应用相结合的道路；认为电子计算机工业为改造传统工业服务的特点，决定了它的发展，不仅取决于计算机工业本身的努力，更重要的是取决于它所服务的对象对它的认识程度和对它的驾驭能力，取决于它能否对传统工业进行改造，以及改造传统工业取得的实际效益。这次调查的简报，引起了电子工业部的相当重视。

3. 互联网和新经济大潮的出现

这以后，新的科学技术特别是信息产业迅猛发展，出现了互联网，加上风险投资和创业板市场在扶植高科技企业创业上的推波助澜，到 20 世纪 90 年代涌现了全世界新经济热潮，1994 年中国接入互联网，确实提高了生产力，是历史上值得大书特书的大事。美国的纳斯达克(NASDAQ)是以扶植中小企业和新科技企业上市为主的市场。1998 年，科技公司在纳斯达克上市公司中的比重：软件业为 95%，生物工程业为 83%，电脑制造业为 81.4%，电信器材业为 83.6%，电子为 79.7%，通讯业为 65%。当然，那一时期的新经济大潮，引起私募股权投资基金以风险投资形式进入 IT 业，像赌博一样，对一些有亏损，乃至仅仅有一个商业计划的网络企业，就敢于投资下注并推向市场，以百倍市盈率上市，然后套现退出。后来新经济大潮变成了新经济梦幻，大潮退落，留下的只是泡沫。2000 年网络泡沫破裂，纳斯达克指数从辉煌的 5400 点跌落到 1000 多点，很晚才恢复元气。

进入新世纪以后，新经济尘埃落定，传统产业中的企业真正拥抱了互联网，敢于用互联网改造和武装传统工业的，确实大幅度提高了生产力，其中最突出的就是电子商务和现代物流业。2014 年 9 月 19 日阿里巴巴在纽约证券交易所挂牌上市，集资 250 亿美元，打破世界纪录，全世界都看到了中国互联网改造传统产业正在发生的变化，马云一跃而成为中国首富。

4. 电子商务奇峰突起，互联网对传统产业的改造初试牛刀

电子商务是90年代末期伴随互联网兴起，由美国率先发展的商业交易平台。电子商务的特点，是通过解决经济学上交易信息不透明产生的额外成本，减少交易环节来提高经济效益，促进消费增长。电子商务以平台形式汇集整合了电子网络信息平台、电子金融即时支付平台和现代化快递物流系统三个高科技基础产业的资源，形成一个新的产业链，它充分利用既有资源，具有投入少、经济杠杆效应大的特点，不仅是信息化服务业的代表，也是世界各国争相发展的优先产业。中国电子商务已经超越美国，欧洲、东南亚、日韩新澳等国的电子商务均滞后于中国。

早在2013年岁末，国务院副总理汪洋在北京京东世纪贸易有限公司调研时，主持召开了一个电子商务工作座谈会。他把电子商务看作综合性、战略性、基础性产业，是经济社会发展的重要“引擎”，对扩消费、稳增长、调结构、促转型、增就业、惠民生具有重要作用。强调要把发展电子商务作为一件大事来抓，抢占未来竞争的战略制高点。

中国电子商务的交易数据，为这一定位提供了有力的佐证。2012年，中国电子商务交易总额是8.5万亿，在全球排在第二位，仅次于美国。2013年电子商务市场交易规模达10.2万亿，比2012年增长29.9%，成为电商交易第一大国。2014年全年我国电子商务交易额(包括B2B和网络零售)约13万亿元。中国的电商经营模式已经开始摆脱当初引进的粗放简单平台模式，朝着综合商贸物流各方合作统一发展的模式迈进。

为什么中国电子商务和互联网金融发展得比美国快？马云有个解释：真正的原因是中国原来商业的基础设施太差，我们诚信体制和商业环境太差，所有的管、卡、掐，导致互联网出来以后，电子商务成了主流；而美国原来的商业环境实在太好，电子商务只是传统经济的补充，所以美国电子商务没法起来。金融也是一样，是美国金融太完善了，监管非常完善，互联网金融参不进去。马云说“美国很多金融监管的人跟我讲，我们很羡慕，你们居然可以做这个东西”。台湾也问，你们保监会怎么发了众安保险这样的牌照，在网上可以做保险，没有地域，创新。说余额宝出来，证监会怎么不管？说明中国的电子商务、互联网金融，都是得益于中国的商业基础设施太差、商业环境太差；得益于金融服务和监管还留下许多空白。

2014 年是中国接入国际互联网 20 周年。2014 年 11 月 19 日，中国首次主办的大型国际互联网会议在浙江乌镇召开。据中国国家互联网信息办公室介绍，中国互联网经过 20 年的发展，2014 年已拥有 6.3 亿网民，12 亿手机用户，5 亿微博、微信用户，每天信息发送量超过 200 亿条。在全球互联网公司十强中，中国的阿里巴巴、腾讯、百度和京东占了四家。另有报道，中国有近 400 万家各类网站，2013 年网络购物用户达到 3 亿。外媒介绍：2014 年 7 月，麦肯锡全球研究院曾发布《中国的数字化转型：互联网对生产力与增长的影响》报告，显示中国互联网经济占国内生产总值(GDP)比重达到 7%，已经超美国和其他主要经济体。预计到 2025 年，互联网将会为中国带来 4 万亿到 14 万亿元人民币的年 GDP 总量。因此绝对不能说中国的互联网是一个歧途，而是中国未来发展的重要推动力。

互联网的发展，不但推动了电商腾飞，还带动了网络购物特别是快递业举翼齐飞。2006 年邮政体制改革时，快递业每年业务量只有 10 亿件，网购规模为 500 亿元。到 2013 年，快递业务量增长到 92 亿件，其中有超过 60%是来自网购；同期网购规模达到 1.86 万亿元，其中有近 1 万亿元是来自快递的支撑和保障。2014 年全国网上零售额约 2.8 万亿元，占零售总额的 10.7%，同比增长 50%。2014 年，全国快递业务量达 140 亿件，跃居世界第一；快递业务收入 2045 亿元，连续 4 年增幅超过 50%。2015 年快递业务量完成 206 亿件，同比增长 48%；快递业务收入完成 2760 亿元，同比增长 35%。

以上数据说明，电商的快速崛起为物流快递业发展提供了巨大空间，而快递业的及时跟进又成就了电商更快速的发展。业内有人形容：快递如同是火，网购如同是风，火借风势，风助火威，网购和快递两大服务领域就这么风风火火地发展起来了。所以，李克强总理在陕西快递企业考察时，称赞快递是中国经济的一匹“黑马”！但是，中国电子商务和物流快递业的快速发展，又离不开这两年中国高速铁路加城市群发展的特殊背景，正因为互联网和高速铁路加城市群这两个“时空压缩”的双重推动，才真正有了这千载难逢的风风火火火！

网上购物，在农村还是比较滞后。根据中国互联网络信息中心提供的数据，2014年中国6亿农业人口中只有7700万在网上购物；在2015年第一季度，通过阿里巴巴平台网购的产品只有不到10%运往农村地区。另据2016年全国邮政管理工作会议上获悉，全国农村地区直接通邮率达到94%，乡镇快递服务营业网点覆盖率提升至70%，主要城市安装智能快件箱逾6万组。阿里巴巴认为，在农村地区发展电子商务有很大空间。在2015—2016年的一年半时间里，阿里巴巴征募到超过1.5万名农村合伙人，开办“农村淘宝”推动网购，并希望一年之后把这个数字提高到4万人。阿里巴巴计划，到2019年底投资100亿元，开办10万个“农村淘宝”中心。同时这项计划获得了政府方面的支持，商务部和财政部将向200个县拨款20亿元，用于修建仓库、进行培训，以及其他促进该计划发展的措施。

但是，中国快递业小、散、弱的问题仍然突出，是快递业改进技术装备、提高服务质量、转变竞争方式、增强综合竞争实力的关键制约。鼓励各类资本依法进入快递领域，支持快递企业兼并重组，上市融资，加快形成若干家具有国际竞争力的企业集团，鼓励企业走出去参与国际竞争，鼓励快递企业充分利用移动互联网、物联网、大数据、云计算等，加快向综合快递物流运营商转型，已是形势逼人。专家认为，中国快递业在推动中国经济转型的同时，必须快速让自身获得转型升级，只有这样，才能在未来全球快递产业国际化分工中立足。

顺便说到，前不久，北京传出某快递公司突然倒闭的讯息，就有媒体评论不能用最传统的思维和方式面对变化惊人的智慧时代，不能再是想法增加搬运次数、赚更多钱，或者多买一点货车、多招一点肯加班的员工，而是竞争对手已开始用无人机送货、智能仓储管理、全自动流水，大大降低了成本，提高了效率，规范了运作！因而未来的快递业，已经不再是比谁的人多、车多，而应该是比谁更智能高效、品质更高，比谁的体验服务更好、谁的方案更适合。

电子商务的崛起，对我国社会经济生活带来了颠覆式的影响。2013年我国电子商务交易的10万亿元中，B2C（Business to Consumer，即企业对个人消费者，比如淘宝）的交易是1.3万亿，占全部商品零售总额10%以上。但是B2C的网购市场对百货业的冲击特别大，百货商店甚至演变为人们只看不买的“样品间”，以致有人说 2013 年是百货业被谋杀的一年。另据报告显示，2015 年，中国电子商务交易额达 18.3 万亿元，同比增长 36.5%，增幅上升 5.1 个百分点。

电子商务交易的大头是 B2B(Business to Business，企业对企业，比如阿里巴巴)，即企业与企业之间通过互联网进行产品、服务及信息的交换。2013 年 B2B 的交易量突破 8 万亿，相比工农业生产总额的 56 万多亿，比例超过 10%。2015 年是 B2B 电商发展爆发之年，传统企业纷纷开展“互联网+”行动或直接转型进军电商市场，2015 年 B2B 电商交易额 13.9 万亿元，占 GDP 的20.5%，产业互联网时代的到来，电子商务已经一跃而成为重要的社会商品和服务流通方式。

B2B 电子商务中，比较突出的是农产品电商得到了迅速发展。经营农产品的网店数量，2012 年为 26.06 万家，2013 年预计突破 100 万家，网民达到1.65亿人。据统计，全国共有农产品电商平台 3000 家以上，2013 年的交易额突破了 500 亿元。但总体上看，目前农产品类电子商务的渗透率还不到 1%，大大滞后于服装、电子类产品。这主要是因为农产品电商的发展仍面临不少技术性障碍，除了产品标准化问题外，物流也是一大瓶颈。尤其是我国冷链物流较落后，大量需要冷链流通的生鲜农产品的配送质量难以保证。比如，欧美发达国家的肉禽冷链流通率已经达到 100%，蔬菜、水果的冷链流通率也在 95%以上。我国果蔬、肉类、水产品冷链流通率分别只有 5%、15%、23%，大部分生鲜农产品仍在常温下流通，造成农产品流通损耗率高达 25%至 30%，也成为我国农产品电商发展的一大挑战。

但是农产品电商尽管困难重重，其发展依然势不可挡，2013 年阿里平台的农产品销售额同比增长了 112.15%。一个重要的原因是，传统的农产品流通模式环节多、效率低，相比之下尽管当前农产品电商的物流成本很高，却依然具有强大的吸引力和生命力。因此，如何突破物流瓶颈，不但攸关农产品电商模式的最终成败，对整个农产品流通机制的变革，乃至“三农”问题的解决，也有着重要意义。最新的数据表明，2015 年和 2016 年，农村网购市场规模已达 3530 亿元和 4823 亿元，同比增长 94.3%和 36.6%。预计 2017 年将突破 6000 亿元。

在 B2B 电子商务中，钢铁电子商务走在所有工业行业的最前面，大约有一二十家钢铁企业不约而同地自办在线电商。钢铁业 B2B，是发展最快、最耀眼，也是最快走向成熟的一个行业。为什么钢铁电商在 2013 年呈风起云涌的态势？一个重要原因是钢铁行业产能过剩困境的倒逼。分析人士认为，供过于求是电商发展的重要驱动力，因为电子商务可以减少销售层级，降低流通成本。钢企触网从2001年由中国钢铁工业协会牵头联合15家钢企设立中联钢电子交易平台开始，历经十多年后，厚积薄发，才迎来了一个浴火重生的时代。钢铁业B2B的发展，是电子商务的一朵奇葩，这也为众多产能过剩的行业赢来了一个创新营销模式和产业重新整合的商机。

总体来说，电子商务是中国经济的一匹“黑马”，它是互联网和高速铁路加城市群的双重时空压缩效应推动的产物。电子商务在工业、农业、商贸流通等各个领域的广泛应用，将会优化空间结构的布局，对产业结构重新整合和优化资源配置，为社会经济生活带来颠覆式的影响。

5. 站在“互联网+”风口上的中国经济正在飞翔

电子商务和快递业的崛起，这仅仅是商业和现代物流业拥抱“互联网+”，从“互联网+”获得武装和改造的一个跨越。“互联网+”改造传统产业的纵深发展正方兴未艾，互联网正以不可想象的速度改变着传统产业和人们的生活。网上有个段子概括得很生动：“邮政行业不努力，顺丰就替它努力；银行不努力，支付宝就替它努力；通信行业不努力，微信就替它努力；出租车行业不努力，滴滴、快的就替它努力。”其实远不止此。正如有文章说的，“‘互联网+’是个未完成的公式，‘+’后面的想象空间无比巨大”。实际上，“互联网+”就是互联网加各个传统行业。就在李克强称“站在‘互联网+’的风口上顺势而为，会使中国经济飞起来”不久，“互联网+农业”率先抢到了这一政策红包，马上传出了《“互联网+”重塑大农业》、《互联网全方位改造传统农业》的报道。接着是“互联网+金融”跟进，中国工商银行率先将其酝酿已久的互联网金融品牌“e-ICBC”高调发布。其他如互联网教育、互联网医疗（医疗信息化、医药电商）、在线旅游、互联网地产（新房销售、家装建材、二手房销售）、互联网汽车，等等，都已呼之欲出。

“互联网+”再加上高速铁路加城市群，这两个“时空压缩”对传统产业的双重作用，正是中国经济未来20年的新的增长点。

最后还要说点新鲜消息。2017年5月3日，凤凰网的新闻标题《联合国：支付宝和微信让世界震惊中国!》确实振奋人心。但是紧接着又传出苹果最新专利“双频天线的无线充电和通信系统”通过美国专利局审核的消息，核心内容是用Wi-Fi为手机、平板充电。而2016年5月更有消息报道，谷歌董事长埃里克·施密特大胆预言：互联网将消失，物联网将无所不能。

五、“高铁危言”噪音引起的议论和思考

1. 中国高铁崛起引起了“高铁危言”的噪音

中国高铁经济的崛起，不能掩盖原铁道部长期“用发展取代改革”实际是阻挠改革的逆流。所以，十八大以后，新政府立即撤销铁道部，改组成铁道总公司，把高铁纳入改革的正轨。而原铁道部长刘志军，因为贪腐受审判刑，也是罪有应得。

但是，对高铁崛起，颇多噪音。在经济学界，对高铁批评最早和最多的是吴敬琏。2012年，吴敬琏先生先是在3月17日的北京中国发展高层论坛上表示，“‘十二五’开局，实验用一个强政府、大国企和海量投资推动的经济发展，已经埋下很多隐患”。他说：“一个实验就是用大政府、强国企，人们所说的‘高铁奇迹’，这个‘高铁奇迹’现在应该可以作出结论了。不是就个别事情作出结论，(而是)说这样一种发展方式行不行。另外有些地方也用了这样一种发展方式，实现了去年或者更长一点(时期)的高速度增长，但是它掩盖的问题现在正在暴露。”①时隔一周，他又在3月25日的首届岭南论坛上批判“以强势政府为主要特点的中国模式”，并以“高铁暴露的问题越来越多”说明中国模式行不通：“我们应该达成共识”②。

时隔一年，2013年6月，吴先生在为一本《大道无行——铁道部：政企合一的失败样本》作序时，在严词批评刘志军用“发展取代改革”和贪腐的同时，更致力于批评高铁建设“体现了中国模式的基本思路”，批评中国的大规模高铁建设是“依靠政府的强制力量和政府主导的大规模投资营造短期政绩的一个样板”。乃至说出了“高铁危言”这样的重话：“从2006年至今，铁道部在全国铁路建设上砸进去

---

① 吴敬琏：《“高铁奇迹”掩盖的问题正在暴露》，《凤凰卫视》2012年3月17日。

② 吴敬琏：《高铁奇迹出问题说明中国模式行不通》，《第一视频财经》2012年3月27日。

4万多亿元的投资,13亿中国人每人平均负担3000元。但这巨额的投资主要集中在高铁(即时速250公里以上的客运专线)上,中国铁路的'短板'——货运和适合大多数人需要的普速客运并没有得到应有的改进。就高铁而言,虽然开通了8千多公里的营运里程,其中有些线段也的确具有带动地区经济发展的外部效益,但是,由于规模过大、指标过高和投资效率低下,浪费十分惊人,投入的资源和产出的成果之间完全无法比拟。所以,无论从成本效益分析还是从稀缺资源有效配置的角度考虑,都显得得不偿失,甚至完全误配。"他还说:"事实还表明,铁道部门领导自称的他们所创造的世界最短的建设工期、每小时380公里以上的行车速度、百分之百的安全系数等方面的'世界纪录',或者是华而不实的自我吹嘘,或者是完全子虚乌有的杜撰。而数以万亿元计的投资,除养肥了一大批腰缠万贯的贪官污吏和'红顶商人'外,还欠下了高达2.5万亿元的未偿债务,要由平民百姓今后去偿还。"吴敬琏先生把这篇序言的标题称作《高铁危言》,以此成了著名的"高铁危言"的噪音!问题倒不在结论的正确与错误,而是吴先生作为一个经济学家却对高速铁路这样的新事物居然在一开始就采取了断然拒绝的冷漠态度!

不过,既然提到"成本效益分析",吴先生所在的国务院发展研究中心及其先哲马洪同志一直提倡国民经济评价。在国内,建设银行和我本人是在金融界率先提倡对建设项目要进行国民经济评价的。高速铁路投入的毕竟是有限的资源,而产出的成果,却是把"周转时间的加速和空间范围的缩减"的"时空压缩"效应发挥到极致的最大的国民经济效益。从当前来说,中国的高速铁路加城市群,这应该是全世界独一无二的对最稀缺资源的最有效配置。

话又说回来,任何建设,总要涉及谁投资、谁决策的问题。国有铁路,是上高速铁路,还是普通铁路,可以用市场化的方式、科学的决策程序,进行广泛的市场咨询,可以广招民营资本,向众多民间建筑队伍招标施工。至于要不要建、怎么建,只能由政府来决策。这个决策,作对了,受益子孙;作错了,将遗恨终生,千古骂名!三门峡水库的决策失误,周恩来总理说了,怨不得苏联专家,那是我们自己不了解黄河泥沙这个国情。再加一句,是政府没有听从黄万里的忠告!长江三峡水库的决策几次推迟,最后上马了,至今还是争议不断。像高速铁路这样同时上几条几千公里的线路、几万亿投资的决策,你不依靠政府的力量和政府主导的大规模投资，而要侈谈什么“大市场”、“小政府”，岂不是痴人说梦？！即便是美国“信息高速公路”那样 20 年内耗资 2000 亿美元的巨大项目，还不是要由克林顿政府决策，你可以鼓励私人企业投资，但少不了还是要动用国家投资！何况，即便是“小政府”，那还不得仍然要由“小政府”的政府决策？！美国是“大市场”、“小政府”，美国加州前一段的电力短缺，既反映出市场失灵，又何尝不是政府不敢当机立断的决策缺失？！

评论经济建设，理应功过分明。烟王褚时健贪污，最后中央领导定调：功不抵过，过不掩功。创造了次级信用债券的美国“垃圾债之王”米尔肯，以垃圾债券的融资渠道帮助了美国 CNN、时代华纳和 MCI 电讯公司等名不见经传的高风险技术公司一跃成名，尽管后来米尔肯在证券操纵上获罪坐牢，《华尔街日报》还是将他称为“最伟大的金融思想家”。我以为，刘志军的贪腐，依法判刑是他咎由自取。但刘志军以极短的时间集中力量进行大规模的高铁建设，给我们带来一个美国人错失了半个多世纪的高铁时代，这确实不能不说是为中国也为全世界建立了功勋！

2. 从高铁引起对汽车工业的议论和思考

附带说说，侯峰在《评〈高铁危言〉——吴敬琏要推进什么样“对中国性命攸关”的改革》中说了有关汽车的一段话：“中国汽车产业技术进步走了一条同高铁完全不同的路，通过市场‘这只看不见的手’，一汽、二汽、上汽这些优质国有企业资产股份化，国际化，抢搭跨国公司争食中国汽车井喷般市场大饼的快车，肥了自己，坑了国家。结果是打着市场换技术的旗号给外资打了 30 年工，既丢了市场，也没学到技术。由于没有掌握汽车的核心技术，至今没有搞出一款经得起市场考验，合格像样，有规模效益的国产品牌轿车，还绑架着中国这个当今世界最大的汽车市场，成了万国汽车你方唱罢我登场的舞台。每年跨国公司从中国攫取的利益少则数千亿，多则上万亿……”侯峰还说，“如果铁道部长一念之差，2006 年就采纳吴敬琏的构思去改革，当时铁道部部属企业按世行的要求被市场化、股份化、国际化、私有化，大同、唐山、株洲、长春、青岛四方机车制造厂，非常可能像一汽，二汽，上汽一样不思进取，互相压价，只谋求如何搭上外企快车分食中国井喷般高铁市场大饼。中国高铁现在的局面就不是一个和谐号，而是像台湾高铁一样完全靠高价引进，自相残杀，肥了外企，铁路上跑的是多国机车，技术上是互不兼容的外国高铁制式分割着中国铁路市场，几十万与高铁相关的产业工人没饭吃。中国高铁就可能永远错失发展独立自主高铁技术的机会，而是产业殖民地化，技术上越来越依赖西方，特别是高铁网络的核心技术掌握在跨国公司手中，国家的交通大动脉便受制于人，成为国防的软肋。除了引进高铁，还要无休止地花大价钱进口零部件和售后服务，导致国民经济不断失血，人民日益贫困化，走上'中等收入陷阱'的不归路……"这是非常中肯的评价。当然，对这一评论的恰当与否还可以进一步商讨。但它确实勾起了我对汽车工业的回忆和思考。

我记得，大约是1983年，中国汽车总公司的饶斌董事长就找过建设银行，想为"六五计划"的汽车建设寻求融资。"六五"汽车工业的发展，约需130亿元投资，当时饶斌谈了他对发展中国汽车工业的抱负，我们也确实做出承诺，是想集中一些资金以贷款来支持中国汽车工业的发展的。但是不久就传出了一汽、二汽脱离汽车总公司自求引进和发展（当时直白的说法，是"一汽、二汽闹革命"），由此"市场竞争"、"市场换技术"云云，终于使"中国这个当今世界最大的汽车市场"成了万国汽车追逐的舞台。2015年2月，郎咸平对汽车工业现状有一个评价："1984年我们开始'以市场换技术'，现在30年过去了，市场已经彻底丢失，技术也完全没有学过来，甚至自己原有的产品也在合资中消失了。在整个中国市场上，唯一苦苦支撑的就剩下奇瑞、吉利、长城这些自主品牌还能给我们长长脸，一汽、上汽这些最有希望取得一些突破的国企全都沦为外资车企的代工商或渠道商"！我不是研究产业经济的，不知道汽车和高铁有没有可比性，也不想挑起争论。但是，同样是"市场竞争"，同样是"市场换技术"，毕竟是两种代价，两种路径，两种结局，不得不引人深思。

如何迈向汽车强国？清华大学汽车战略研究院院长赵福全2013年6月发表的一篇文章提出，迈向汽车强国一定要拥有本土品牌，而且应该是本土企业而不是合资、外资企业。他规定了两个指标：在本土市场拥有约50%以上的份额，另外在世界市场的份额不能低于10%。现在我们自主品牌的汽车国内市场份额只占31%，但从销售额来说只占约16%；若计算利润，还不足5%；而海外市场特别是发达国家或地区的市场，几乎没有涉足。按此衡量，中国确实还不是汽车强国。

十分凑巧，2014 年 2 月 5 日英国《金融时报》中文网发表了一篇报道：《中国汽车业呼唤自主品牌》。这篇报道引用了中国汽车工业协会的数据显示，中国 2013 年十大热门车型都是由中外合资企业生产的，领衔的是福特福克斯（Ford Focus）。该协会副秘书长姚杰承认“中国汽车的质量目前还无法与跨国公司竞争，我们需要加倍努力改进国内品牌”。而伯恩斯坦研究公司（Bernstein Research）汽车业分析师马克斯·沃伯顿（Max Warburton）画龙点睛地说中了要害：“中国多数国有汽车企业知道如何装配汽车，但是复制国外的某个制造系统并不是一个特别有价值的技能组合。真正的本领在于产品开发和未来的技术。”中国汽车业呼唤自主品牌！这道出了全中国人民的心声。

“市场换技术”本身并不是谬论，但正如原中国机械工业部部长何光远说的，关键看你怎么操作？何光远深有感触地说，整车企业不能光靠合资。用合资的思路，考核企业负责人，最省事、最没风险，也赚钱最多，但永远也别想拿到核心技术！

进一步说，新中国成立 60 多年了。举一反三，由高铁而汽车，推而至于机械等其他产业的“市场换技术”，有哪些经验和教训，我们是不是也应该进行认真的总结。

六、高技术产业的技术引进需要有国家的直接掌控和驾驭

中共十八大报告高度评价高速铁路在中国经济建设中的贡献，称为创新型国家建设的“重大突破”。确实令人振奋。回顾中国的高尖技术产业，从过去的“两弹一星”，到今天的探月工程、神舟飞船、新型战机，也包括高速铁路，其所以能成大事，主要是集中力量办大事的举国体制，依靠政府的强制力量和政府主导的大规模投资，尤其是政府在支持自主创新上的决心和意志。

回过头来说，中国高铁的技术引进，在“引进—消化吸收—再创新”的路线下，结合十年连贯的产业政策，确实将举国体制的优势发挥到极致；现在更是充分运用国内大市场，进行外交、政治、经济上的国际博弈，形成了中国高铁高速发展的独特路径。

中国高铁在"引进—消化吸收—再创新"而能形成我国自主创新的品牌和技术体系，溯其原因：

第一，国家有鼓励和支持自主创新的意志决心与措施，有集中力量办大事的举国体制。

2004年4月，国务院召开专题会议研究铁路机车车辆装备问题，提出"引进先进技术、联合设计生产、打造中国品牌"的总体要求。2006年1月，全国科技大会上，中共中央提出要建设"创新型国家"。2004—2006年谈判引进。与此同时，国家层面就开始筹划在引进、消化、吸收之后，中国要有自己的高铁技术。2006年起，经过将近两年的筹划，科技部和铁道部于2008年共同签署了《中国高速列车自主创新联合行动计划》，并专门成立领导小组，联合设立了协调整个计划的"226办公室"，当时目标很清楚，就是"做到世界先进水平，完全不受制于人"。

接着是倾举国之力的集中力量办大事。高铁CRH380系列开发，包括南车集团和北车集团的两个系列。这是中国高铁技术发展的又一个转折点和里程碑。北京大学政府管理学院教授路风给出一组数据：承担这些研究项目的机构包括25所大学、11个科研院所和51家国家级实验室和工程研究中心，以及包括68名院士、700多名教授和研究员在内，技术人员上万名。

第二，铁道部统筹技术引进，主导同外商的博弈，既拿到了技术，又保住了市场。

铁道部吸取我国其他行业在技术引进过程中不同利益主体分头出击、各自为战，导致"鹬蚌相争，渔翁得利"，最终让外国人捡了便宜的失败教训。在铁路技术装备现代化上，铁道部认真贯彻执行国务院提出的"引进先进技术、联合设计生产、打造中国品牌"的18字方针，以铁道部的统筹让中国铁路捏成一个拳头，既拿到了技术，又保住了市场。

业内人士介绍，2004年6月，铁道部委托中技国际招标公司为铁路第六次大提速进行时速200公里动车组的招标。为了牢牢掌握博弈中的主动权，他们用院墙把中国铁路市场圈了起来，只开一个小门。首先将中国南车集团和中国北车集团下属的几十家企业召集起来，只由南车的四方股份、北车的长客股份与国外厂商谈判。国外企业有四家，分别是"日本大联合"(由川崎、日立等6家核心日企组成，日本交通省起协调作用）、德国西门子公司、法国阿尔斯通公司和加拿大庞巴迪公司。因为二选四，这次投标让铁道部处在绝对主动的位置。跨国公司想进来就必须答应中方的三个条件：关键技术必须转让；价格要有足够竞争力；产品必须使用中国品牌。阿尔斯通和西门子争夺北车，铁道部采取了竞争性谈判的方式，西门子认为“非已莫属”、坚持“狮子大张口”的高价。结果法国阿尔斯通、日本川崎、加拿大庞巴迪三家中标（庞巴迪与南车四方有合资的公司BST），西门子出局。该公司在欧洲的股票狂跌，总裁引咎辞职。一年以后，西门子重新回到谈判桌上时，价格降低一半。这样，就集中了中国铁路的整体市场优势，也有利于引进后实现消化、吸收、再创新。

中国以较低的代价成功引进高速列车技术，已被美国斯坦福大学的教科书引为经典案例。

第三，引进只是借鉴，关键是凭借自己技术力量，在较强的技术能力基础上消化、吸收、再创新，进行新一轮的自主开发。

中国高铁技术之所以能够迅速进步，是因为中国铁路装备工业在大规模引进之前，就已经通过长期的自主开发积累起较强的技术能力，具有能够几十年向铁路提供产品的开发平台，所以不仅能够对引进技术进行消化、吸收、再创新，而且能凭借已经掌握的核心技术进行新一轮的自主开发。这里要说明，根据国际铁路联盟的定义，高速铁路是指列车运行时速在既有线上达到200公里、新线上达到250公里的铁路。在技术上，高铁是指路，动车是指车。中国把时速300公里以上的线路命名为“G”字头列车，时速200—250公里的线路命名为“D”字头列车。

事实上，中国从1978年开始，铁路车辆厂和铁道科学研究院就已着手研究开发动车技术。历经11年，已经开发了中国第一列KDZ1型动车组。1998年改革步伐加快，庐山号、大白鲨号、新曙光号、春城号、蓝箭号、中原之星号、先锋号、中华之星号等客运产品相继涌现。2000年，时速220公里的“蓝箭”号动车组在广深线上最早投入商业运营。同年，南车、北车共同研制时速达270公里的“中华之星”高速列车项目，2002年11月“中华之星”动车组投入试验，创造了最高时速321.5公里的“中国铁路第一速”。这是2004年技术引进之前，中国自主研发的顶峰。

2004年，中央提出引进、消化、吸收、再创新，要求“引进先进技术、联合设计生产、打造中国品牌”。2004—2006年，大规模引进高铁列车技术，主要购买了四类车型和相应技术，被称为四个CRH（中国高速铁路）系列，分别是CRH1、CRH2、CRH3和CRH5车型。为了致力于对这批引进车辆的生产和技术攻关，铁道部果断地停止了包括“中华之星”在内的一切自主研发的项目。这轮自主创新成果，是倾举国之力的CRH380系列开发，包括南车集团的CRH380A和北车集团的CRH380B两个系列。这是中国高铁技术发展的又一个转折点和里程碑。2010年，用于商业运行的CRH380型列车，在京沪线先导段创造了时速486.1公里的纪录，它的气动阻力比先前引进的CRH2A型降低了15.4%，气动噪声降低了7%，运营时速达到380公里，成为世界之最。最终，以京沪高铁为设计应用场地的CRH380A率先上线，投入商业运营。原定时速350公里，但在2011年全国高铁降速潮中，京沪铁路6月30日正式开通时时速300公里。

人们认为，铁道部虽然果断地停止了包括“中华之星”在内的一切自主研发项目，实际上以前的探索并非白费，虽然成果进了博物馆，但研究团队却成了新技术研发的中坚。后来负责引进CRH2A重要机型的负责人，就是研制“中华之星”的技术总负责人，参加京沪高铁建设的技术骨干中，有90%的人都参加过为“中华之星”配套的开发建设。

南车集团的赵小刚认为，高铁技术有四大组成部分，分别为设计技术、试验技术、制造技术和服务技术。在CRH380A中，设计技术和试验技术实现了本土研发；制造技术是引进技术的延伸，但已经针对中国的大批量生产做了较大的改进与创新；服务技术本打算从日本引进，但因价格太高而作罢，所以绝大部分服务技术是自主研发的。

王宁有研究认为，国内高铁技术有三个阶段：第一代是，引进、消化、吸收、再创新阶段下生产的CRH1、CRH2、CRH3、CRH5，以引进消化吸收技术为主；其中有极少数车型进行了深入的创新，如CRH2C。第二代是，全面创新阶段下的CRH380系列，又被称为“新一代”。第三代是，2015年6月下线的中国标准动车组，实现正向研发，根据需求列技术标准，进而设计车型，再验证。它要先跑60万公里测试性能，确保稳定运行之后才批量生产。

铁道部有个论点，认为铁路市场不能对外资开放是铁路的性质和国家体制决定的。关键在于，中国在高铁技术自主开发上已经积累起较强的技术能力，因而铁道部有这个本钱，一直坚持铁路市场不对外资开放，在技术引进上只是买车买制造技术，尽量不涉及合资，由于没有资本所有权的介入，它们一旦向中国企业售出产品和技术，就对后者怎样使用这些技术的决策失去了影响力。

中国高铁的自主创新，得到美国的承认。美国人最重视知识产权问题，2011年中国南车与美国 GE 公司合作时，美方曾对 CRH380A 进行知识产权调查。历时半年多，结论是通过对 934 项专利的系统分析，世界各国相关高速动车组在美国申请的专利与 CRH380A 的相关性不大，没有发现可能发生产权纠纷的情况。

回顾中国改革开放后 30 年，发挥公有制集中力量打歼灭战的优越性，在科学技术、战略产业水平方面，取得井喷式的突飞猛进。特别是近 20 年来，中国产业升级、技术进步，在极短时间内神话般地建成世界最大的、拥有自主知识产权的高速铁路网，世界最大的高速公路网；中国自主研发了空间站、北斗导航和探月工程；研发出代表最高科技水平，连续五年世界排名第一的超级计算机；世界一流的核电、水电、风电、太阳能技术；在计算机、互联网科技、通信设备及芯片技术水平方面，中国与西方的差距已在快速缩小，并且突破西方垄断，开发出 TDS、TD-LTE 通信系统及标准，量子通信技术；中国建成世界最多的超级工程，造船、深潜技术、程控机床、无人机、智能手机、机器人等技术水平都已位居世界前列；国防军事方面，中国全面突破技术瓶颈，自主研发以歼 20、运 20、东风 21、东风 26、东风 41、微波反导、反卫星武器、空警 2000、空警 500、战略核潜艇、055 大型导弹驱逐舰、99 式主战坦克、察打一体化的无人机系列等为代表的世界一流水平的武器装备，把人民解放军的综合实力提升到仅次于美国的世界领先水平。

正是在这些方面，中国政府有人才、技术雄厚的国企，因而拥有强有力的资源调配管理能力，这才能够在市场经济中自由游泳，发挥出公有制集中力量打歼灭战的优越性，如果仅靠市场那只“看不见的手”，中国所有上述技术跨越式发展是不可能的。特别是在西方跨国公司凭借先发优势，技术、标准及专利壁垒等，强势占据市场垄断地位的所谓“自由市场”环境中，后发国家真想要靠在市场上优化资源配置生长出完整的产业链乃至完整的工业体系，如果没有政府的“手”，会比登天还难。由此说明，引进只能是借鉴，关键还是要凭借自己的技术力量，在较强的技术能力基础上消化、吸收、再创新，进行新一轮的自主开发。

第四，政府主导的大规模投资。

中国高铁的辉煌成就，源于政府主导的大规模投资。吴敬琏批评中国高铁建设是“依靠政府的强制力量和政府主导的大规模投资营造短期政绩的一个样板”，前面半句是对的，但是大规模投资营造的并非短期政绩，而是全世界公认的让人耳目一新的辉煌事业和巨大贡献。根据原铁道部数据，全国铁路基本建设投资从2003年的529亿元增长至2010年的7075亿元，年化增长率44.84%，几乎每两年就翻番。其中，铁道部投资，2003年为490亿元，至2010年为5538亿元，占当年全部铁路基本建设投资7075亿的78.2%。其余的主要是地方投资。

2004年1月《中长期铁路网规划》出台。全国铁路基建投资从2004年的532亿增长至2008年的3376亿，每两年不到就翻番。接着，2008年底国家的四万亿投资出台。全国铁路基建投资在2009年与2010年分别为6004亿与7075亿，比2008年高出一倍左右。

2011年与2012年，随着四万亿刺激作用的消减，全国铁路投资回落至4601亿与5215亿。

2013年，铁路固定资产投资（含基本建设、更新改造和机车车辆购置）完成6657.45亿元，其中全国铁路共完成投资5327.70亿元（国家铁路和合资铁路完成投资5308.88亿元），国家铁路更新改造完成投资291.75亿元，国家铁路机车车辆购置完成投资1038亿元。

2014年又是一个投资高点。这一年，全国铁路固定资产投资完成8088亿元。其中，铁路建设投资6623亿元，机车车辆购置投资1465亿元，2015年的固定资产投人预计与2014年相当。

以上计算，“十二五”期间铁路固定资产投资将达到3.5万亿。瑞银证券预计，“十三五”期间铁路固定资产投资将较“十二五”期间增长12%，这意味着将达到3.9万亿。

但是，中国的大规模高铁建设投资面临两个世界性难题。

一是长年的巨额投资意味着巨额债务。2015年5月，中国铁路总公司发布的2014年财报显示，铁总全年收入9948.53亿，同比下降4.65%；全年实现利润6.36亿元。截至2014年年底，铁总负债达到3.675万亿元，创下新高，同比增长13.94%，负债率为65.52%。

二是从世界范围来看，盈利的高铁线路不多，全球来看，可以说高速铁路整体亏损。《中国铁路总公司2015年上半年审计报告》显示，铁总2015年上半年收入4313.25亿元，净利润－88.2亿元，较去年同期的－53.56亿元再度下滑64.68%。但是最新的消息是，2015年末京沪高速铁路股份有限公司已经实现了盈利：利润总额66.6亿元，净利润65.81亿元。除了京沪高铁之外，目前公认能够实现收支平衡和盈利的高铁线路有两条：一条是1964年通车的日本东海道新干线，另一条是1981年通车的法国巴黎—里昂TGV东南线。

全世界高铁网整体亏损。如果单纯依靠高铁的运营收入来偿还巨额负债，的确是一个世界性难题。这也正是一些倾向完全自由市场经济的人士竭力反对上高铁的一个原因。但是，高铁对整个国民经济带来的效益是不能只从项目本身来计算的。我以为，对于像高速铁路和城市高速轨道交通这类特大型基础设施的建设，一是应当较多地使用国家的拨款，不宜像一般项目那样，过多地使用债券和银行贷款。二是应该重视基础设施投资对整个社会的边际收益，不能只从项目自身的经济效益来考虑投资和回收。三是城市要按级差原则征收土地税或物业税，把城市区域的集聚效益和产业结构高度化积累的一部分级差收益收回来，继续用于基础设施等公益类项目的投资。

中国高铁是“一张亮丽的名片”。从2013年起，“海外卖高铁”成了热门词汇。李克强总理被媒体称为“高铁侠”、“超级推销员”。从2013年10月到2014年8月，李克强总理在出国访问或会见外国元首时，先后六次推销中国高铁。2015年9月22日，国家主席习近平出访美国，包括中国铁路总公司、中国中车等六家企业在内的中方联合体与美国西部快线公司签署协议，双方将组建合资公司，合作修建连接美国内华达州南部与加州南部的一条高铁线路，里程为370公里，总投资额128亿美元，这是中美两国首个系统性合作的高铁项目，被认为是一个历史性的标志事件。中国的高铁技术能够出口到美国，无疑也将更容易打入其他国家。

参考文献

[1] 司凯强，保罗·阿莫斯，吉滕德拉·桑蒂.中国铁路：快速而专注的建设经验[N].世界银行，2012-4-7.

[2] 张泉.六大城市群改变世界[N].湖北日报，2012-2-28.

[3] 中央城镇化工作会议在北京举行[N].新华每日电讯，2013-12-15.

[4] 中央农村工作会议精神[N].人民网，2014-1-3.

[5] 徐匡迪.如何解决人的城镇化[N].瞭望东方周刊，2013-10-15.

[6] 文辉.打破行政等级，助推中小城市发展[N].财经，2013-12-30.

[7] 辜胜阻.新型城镇化六大关键[N].瞭望周刊，2013-12-31.

[8] 舒泰峰.城市群前景[N].财经，2013-12-30.

[9] 李小米.如何看待"中国物流总费用占GDP比重过高"[J].中国储运，2014(4).

[10] 顾功垒.从绥芬河向东，到长江的两头[N].联合早报网，2014-4-30.

[11] 2013年中国社会物流总费用10.2万亿元[N].新华网，2014-3-7.

[12] 铁路专家王梦恕：泛亚高铁下月开工 从昆明直抵新加坡[N].新加坡《联合早报》，2014-5-9.

[13] 发改委：积极支持社会资本投资城际铁路[N].中国证券报，2014-01-30.

[14] 李剑阁.城市化是中国发展的大势所趋[N].财经网，2013-10-12.

[15] 李剑阁.中国城市化的重点是发展大型城市[N].财经网，2013-10-12.

[16] 李铁.大拆大建　让城市可持续发展难实现[N].凤凰网，2013-10-15.

[17] 余丰慧.阿里巴巴投资新邮政的眼光与反思[N].新加坡《联合早报》，2014-5-31.

[18] 跨境电商国际化需苦练内功加速转型升级[N].新华社，2015-11-30.

[19] 贝特朗·巴德利松绑基础设施[N].联合早报网，2014-4-2.

[20] 陈兴利.阿里巴巴上市　让世界看到中国的变化[N].新加坡《联合早报

网》,2014－10－23.

[21] 纪赟.中国互联网经济的潜力[N].新加坡《联合早报》,2014－12－4.

[22] 商务部电子商务司副司长张佩东、国家邮政局市场监管司副司长刘良一在十二届全国人大新闻中心“电子商务与快递服务协同发展”的网络访谈[N].人民网,2014－3－9.

[23] 吴敬琏.“高铁奇迹”掩盖的问题正在暴露[N].凤凰卫视,2012－3－17.

[24] 吴敬琏.高铁奇迹出问题说明中国模式行不通[N].第一视频财经,2012－3－27.

[25] 吴敬琏.我国城市化面临的问题和政策选择[N].新浪财经,2012－10－13.

[26] 吴敬琏.高铁危言[N].财新网,2013－6－10.

[27] 中国汽车业呼唤自主品牌[N].英国《金融时报》中文网,2014－2－5.

[28] 侯峰.评《高铁危言》[N].共识网,2013－7－11.

[29] 赵俊超.城镇化　改革的突破口[M].北京:中国人民大学出版社,2015.

[30] 赵弘.号脉北京城市病[J].中国改革,2014(5).

[31] 刘尚希.新一轮财税改革的新思路[J].中宏专家面对面,2014(60).

[32] 张立伟.“城镇化”应是一场权利革命[N].英国《金融时报》中文网,2013－7－5.

[33] 党国英.在高度城镇化基础上实现城乡一体化[J].新视野,2013(2).

[34] 陆铭.为什么土地和户籍制度需要联动改革?[N].中国乡村发现,2012－12－25.

[35] 曹尔阶.资本是个好东西[M].北京:中国人民大学出版社,2012.

[36] 2016年农村网购市场规模达4823亿,同比增长36.6%[N].联商资讯,2017－5－19.

[37] 林毅夫,王燕.超越援助,中国式发展合作的新思路[N].观察者网,2017－06－11.

第五章　金融改革:在市场经济中驾驭金融资本

中国经济的快速增长,还同金融改革有关。在金融的改革开放中,中国走出了 30 年计划经济时代“大财政、小银行”的困局,迅速学会了在间接金融和直接金融中驾驭中外借入资本。

改革开放后,中国的银行改革大体上分为三个阶段。1979 年至 1993 年,是从“按银行的办法办银行”起步,以间接金融为主、建设以专业银行为主体的金融体系。1993 年至 2003 年,是政商分开,把商业银行办成真正的银行。2003 年至 2010 年,是股份制改造和上市。

一、1979—1993 年:建设以专业银行为主体的金融体系

改革之前的 30 年,中国实行高度集中的计划经济,社会的“长期投入”要由财政拨款,不能向银行贷款。一切收支集中于财政,一切信用集中于银行,企业之间禁绝一切商业信用和资金往来。尽管列宁说过银行是社会主义可以现成地加以利用的一个绝妙机关,但是苏联和中国的计划经济却并不懂得利用银行和驾驭金融资本,银行仅仅置于拾遗补阙的境地。

1978 年 7—9 月国务院召开务虚会议,主题是研究如何加快四个现代化的速度,经济管理体制改革立即成为重要议题。当时经济理论界批评投资饥渴症,鼓吹把基本建设无偿拨款改成贷款的调子很高,人们说还不了款,他就不敢借。理论界领军人物是马洪,攻势很猛。

在部委中,国家建委有积极性。建委主任谷牧很欣赏建设银行熟悉项目建设情况,多次说过“建设银行是我的好朋友”,积极主张“拨改贷”的试点,想分享建设

银行对建设项目的信息，有利于建委的施工排队。所以在“拨改贷”以后，一度把建行改由建委和财政部双重领导。当时李先念副总理管财贸，几次提出“建设银行要起蓄水池的作用，可以利用吸收的存款发放贷款，把张三不用的钱借给李四用。不要一个萝卜一个坑，要搞得活一点”。

真正改变这一格局，是从邓小平的“要把银行真正办成银行”的讲话开始的。

1. 邓小平“要把银行真正办成银行”的时间和背景

邓小平“要把银行真正办成银行”的话，最早是从“拨改贷”即基本建设拨款改为建设银行贷款引起的。1979 年初，国家建委会同国家计委、财政部起草了《关于基本建设投资由财政拨款改为银行贷款的意见》和《基本建设贷款暂行条例》，提交到 4 月召开的中央工作会议，征求部分省、市、自治区党委的意见，准备报国务院批准试行。

1979 年 4 月 22 日，邓小平在省、自治区、直辖市党委第一书记会议上说了两段话：

“是否可以设想，将财政拨款制度改为银行信贷制度，把银行作为发展经济、革新技术的杠杆。银行应该抓经济，现在只是算账、当会计，没有真正起到银行的作用。对投资少、见效快的企业，要采取不用财政拨款，而用银行贷款的办法，很多厂，只要几千元、几万元、十几万元的钱，就能解决问题。银行可以贷给他们。年把时间，就可以收回来。如果搞得活的话，银行网点还要扩大。”

又说：“建设银行也应该起到杠杆作用，既然叫建设银行，就不光是坐在那里算账，打算盘，也要广开门路，会做经济工作，会做生意。”

这是邓小平第一次要求银行要“**真正起到银行的作用**”。后来国务院在批转国家计委等单位关于实行“拨改贷”的报告中，对建设银行的要求，就是“**努力学会按银行的办法办银行**”。事实上，中国的银行改革，也正是从“**按银行的办法办银行**”开始起步的。

那时，全国只有三大银行：人民银行主管企业收支结算和流动资金贷款以及居民存款。中国银行隶属于人民银行，主办外汇业务，并且在国外设有分行机构。建设银行主管全国的投资拨款、工程结算和建筑企业的存贷款，却隶属于财政部，不属于银行系统。60 年代设立了农业银行，隶属于人民银行，主管农业信用和农村信用社业务，“文化大革命”中被撤销机构，“文革”后才重新恢复。不过，“文化大革命”是一场浩劫，20 世纪 70 年代几家银行都曾并入人民银行，而人民银行也曾一度与财政部合署办公。那时的银行也的确不像个银行。

改革之前的 30 年，虽然一切信用集中于银行，但是银行不能利用存款发放固定资产贷款，银行不计算复利，不懂得“折现”和“套现”，不懂得“升水”和“贴水”，因而 1979 年银行改革的第一步，就不得不从“按银行的办法办银行”开始，把各家银行建设成各有专业的专业银行。

2. 开放商业信用和实行“拨改贷”

金融改革，从根本上说是要破除“社会的‘长期投入’只能由财政拨款，不能向银行贷款”和“一切信用集中于银行”的禁锢。首先是开放商业信用，允许企业层面可以有赊销和预付，提倡企业间、地方间可以有横向的经济联系。接着是把基本建设投资的财政拨款改为建设银行贷款（详见第一章），银行终于冲破了 30 年基本建设只能用拨款不能动用银行贷款的禁区。对银行来说，“拨改贷”是“按银行的办法办银行”的第一步。一是必须学会吸收存款，这是聚集客户资金的根本；二是必须学会贷款，懂得基本的成本效益分析，保证贷款有借有还。

“拨改贷”带来两大偏差：一个偏差是，国有企业在没有拨入国有资本的情况下，就向银行借入巨额资金，自有资本严重不足，是低资本、高负债。这其实是以“债”为“本”，是在自有资本和借入资本上的一种“债”“本”错位。问题接踵而来，接着是人民银行也把企业铺底流动资金由财政拨款改为银行贷款；再后来，财政部提倡对预期有收入的事业费拨款也改为财政信用即借款，将来用事业收入还钱。由此，就酿成了 90 年代企业全面过度负债的严重后遗症。

另一个偏差是信贷膨胀。中国的特点是地方政府存在着投资冲动，既然几家专业银行都向投资性贷款业务上交叉，建设银行可以发放小型基本建设贷款，工商银行可以搞轻纺工业贷款（即后来的中短期设备贷款）；中国银行可以对出口企业发放短期外汇贷款。中央银行又允许利用存款办贷款，多存可以多贷。这不啻给地方政府在有限的地方自筹资金投资之外，添加了一份银行贷款的大礼包。由此，地方政府争投资、争项目，四大银行都想在地方党委面前争座次，争相利用存款发放贷款，四龙喷水，就造成了1984年末的投资信贷膨胀。

3. 建设银行开展经济调查，金融为实体经济服务迈出实质性的步伐

"拨改贷"以后，建设银行刘礼欣副行长提了一个"多种摇钱树，不建赔钱厂"的口号。问题是怎么才能判断哪些是"赔钱厂"，哪些是"摇钱树"？当时各家银行正在贷款上竞争，出现了改革开放以后的第一波重复建设。为此，我建议在全行组织经济调查，研究建设项目的产品供求状况和发展趋势。从1980—1985年，我们调查了四十多个行业，一是对于这些行业（产品）全国的产供销和技术状况，大体上做到心中有数；二是在中央要求"压积累、上消费"的情况下，掌握了某些供不应求的稀缺产品信息，同时掌握了各省市一哄而上又形成重复建设的信息。

最先调查的是消费品中被称为"三大件"的自行车、缝纫机、手表。当时，中央要求"压积累、上消费"，"三大件"供不应求，成了稀缺产品，各省市纷纷要求上项目。我们一调查，出乎意料的是，各地对"三大件"的项目安排已经超过全国"六五"计划指标。而真正的诱因是因为上海市说"三大件"的每件商品有100元的税利收入，各地都想从"三大件"的项目上追求财政增收。这些调查，很受中央重视。1981年，胡耀邦看了刊登手表重复建设的《建设银行情况反映》以后，曾经批示："这个材料说明各地有钱投资，但投资方向都挤在几个东西上，说明广开门路不够。不能广开门路，又说明缺乏调查研究。因此请计委经委注意指导。"

当我们连续调查了十多个产品以后，就发现不少产品的重复建设都同经济杠杆的调节失当有关。比如，有的是原料的分配价格过低，产品销售价格过高，企业追求过大的盈利（如炼油厂）。有的是国家在原料的收购或进口上有补贴，地方和企业追求在国家补贴的基础上赚钱（如毛纺厂和棉纺厂）。有的是物资分配政策上小厂的产品可以归地方分配，助长了地方小钢铁、小化肥厂的盲目发展。有的如机械工业，在产业政策上是鼓励专业化协作，但税收政策不协调，全能厂税低利厚，专业化协作税多利小，协作环节越多税越重利越少，就助长了机械厂在铸锻、电镀、热处理、机修等方面的重复建设。

其时，国家要求制止重复建设，中纪委找建设银行介绍情况，想抓几个典型案例，处分干部，以儆效尤。但是，又是价格扭曲，又有利益追求，又有信贷竞争，又有投资分配，又缺少行业发展规划和经济杠杆的引导、协调，而且最根本的是要按经济增长来考核地方官员的施政业绩，在这么复杂的体制背景下，你怎么处分干部？而且，当时国家计委的主要观点就是基本建设投资不同于一般商品，只能由国家计划分配，不能受经济杠杆的调节。

1982年，我综合分析了经济调查和重复建设的情况，在国务院经济研究中心和社科院所的有关研讨会上，第一次提出要“发挥经济杠杆的调节作用”，强调在投资领域，既要有行业发展规划的指引，不能地方自行安排、企业自行改造、银行自行贷款，又要善于运用价格、税收、财政补贴、利率等经济杠杆来协调政策，对投资进行调节和引导，有所限制，有所鼓励。这些发言激起了一些波澜，尽管对如何调节和引导还有不同的看法，但是就投资理论而言，至少是在投资必须接受价值规律和经济杠杆的作用与调节方面激起了一大片浪花。

4. 如何衡量建设项目的效益的争论

1984—1986年，我们在投资评价方面，同工业部门发生过三次较大的争论。一次是铝，一次是水电，另一次是关于100套小碳氨转产小尿素的改造。

要不要“优先发展铝”是第一场争论。

先是有色金属总公司认为按国内电价生产铝，比国际市场买铝便宜，提出要“优先发展铝”。建设银行的周洪涛则认为在国内电力紧缺、电价扭曲的情况下，一度电可以增加工业产值3元和税利收入0.66元，用于生产铝只有产值0.15元，有个机会成本的问题，主张在投资顺序上“先电后铝、先材后锭”。而在具体讨论西北新增70万吨铝的项目时，我们认为在我国电力紧缺的条件下，建铝厂不如买铝，而买铝又不如到国外能源电力价格低廉的地方去建铝厂，由此引发了一场大争论。1985年5月，有色总公司组织专题讨论会，对我们“到国外建铝厂”的观点进行讨伐，最后出版了一本《优先发展铝工业论文选》宣告“胜利”。当时对项目的国民经济评价方法还较陌生，我们会遭到围攻，这并不意外。令人振奋的是中国国际信托投资公司（通称“中信”）打算到电价低的澳大利亚投资电解铝厂，听到我们“到国外建铝厂”的观点，由中信的蒲明书来找我们探讨，最后在澳大利亚以项目融资方式搞了一家波特兰铝厂。十多年后,中信的张极井写了《项目融资》,特别提到,电价对电解铝的成本影响极大,他们在项目融资中创设“电价—铝价指数化”的方法,并在国际铝业融资中推广引用,是一项可贵的成果。

尽管有争论,在投资由部门分配的体制下,毕竟也搞成了 100 万吨铝。后来又上了平果铝,到 1994 年年末,全国铝产量已达到 130 万吨左右。当然,90 年代以后中国在福利分房条件下,家庭装修消费悄然兴起,家装工业产值以每年 20%—30%递增,同时工业中用铝量急剧增加,刺激了电解铝的产能、产量和消费量呈两位数增长。而且由于 1998 年的通货紧缩和电力过剩,有些地方以优惠电价鼓励上高耗能工业,又一次造成价格扭曲,加上对电解铝实行出口退税,都误导了电解铝的发展。到 2000 年,电解铝产量已达 333.6 万吨,2003 年电解铝实际产量 554 万吨,而生产能力已经发展到 750 万吨,并真的成为铝的净出口国。说明在中国,如何改变按经济增长考核地方官员的施政业绩,如何灵活地运用经济杠杆来引导或限制投资,是一个远未解决的难题。

如何评价水电投资的经济性?是第二场争论。

在铝业评价中,涉及水电和火电,当时正是 80 年代的世界高利率,利率高于 10%。我们提出要重新评价水电投资的经济性,由此又引起了同水电部门的争论。1986 年 5 月,电力部召开了一次水电经济开发战略研讨会,在近 30 人的发言中,有 5 个人不赞成上三峡,我是其中之一。我不主张上三峡,主要是两条。一是投资大,利率高,当时一年的基本建设投资不过 2000 亿元,而三峡电站的投资算上利息需要 459—600 亿元,国力不一定能够承受。二是工期太长,在既缺投资、又缺电力的情况下,与其上三峡,17 年后才能拿到电,还不如上红水河。我的发言算是“螳臂挡车”。但是这次水电经济开发战略研讨毕竟也推动了三峡重新论证、准备,后来才于 1993 年施工建设,现在三峡已经竣工发电。1993 年三峡上马时,全国固定资产投资已达 1.3 万亿元,2003 年全国投资为 5.5 万亿元,这比之 80 年代的国力,有了显著的增长。

现在来看这两次争论中,我们的评价也有某些片面性。但是,无论铝,或水电投资,都要按市场利率计算利息,都要考虑投入产出,都要考虑机会成本,还是站得住脚的。问题是,当时的投资是按部门分配,又有个“基数法”、“水平法”的制约，每个部门都要维护住“基数”和“水平”既得利益的真金白银，争论的复杂性也就可想而知了。再者，80年代我们不主张上水电，是限于当时的国力和高利率的特定条件。后来在1998年出现了通货紧缩、7次降低存贷款利率，而国力显著增强每年投资已经2万亿元的情况下，我却是主张上水电来启动需求的。

100套小碳氨改造为小尿素是不是经济？是投资评价中的另一场比较大的争论。

1986年化工部提了一个利用建设银行贷款和财政免税、贴息等一系列优惠政策，把100套小碳氨改造成小尿素的方案，当时中国投资咨询公司刚刚成立，我是首任总经理。这批小化肥，成为建设银行委托评估的第一批贷款项目。经过评估：一是技术上并不成熟；二是不合规模经济；三是投产后成本太高，所以我们提出反对。1987年2月，在国家计委原材料局召集的小化肥改造会议上，我作了一次《小碳氨改建小尿素并不经济》的发言，后来中央财经领导小组姚依林同志采纳了我们的意见，决定先试点，总结经验后再研究推广。但是，在1987年下半年以后，这批小化肥改造项目又纷纷走各种门路，经各家银行贷款陆续上马。当然，令人痛心的是，这批项目最终难逃亏损企业的厄运，也汇合成为各家银行的不良贷款；而且这100套小碳氨的改造，终于继100套小纸浆厂、25个小炸药厂、8个半维尼纶厂、9个合成脂肪酸厂之后，成为又一个成批上马、成批失败的著名案例！

列举这些论争，并不想计较争论本身的是非得失，只是说明中国向社会主义市场经济的转轨不但有体制之争，还有评价方法之争，牵涉到真金白银的投入，是出乎想象的激烈！

5. 开展项目评估，实行审贷分离的原则

计划经济的投资决策，很少考虑利息和资金的时间价值，更是很少考虑机会成本和边际效益。加上现实经济生活中价格失真，不少项目从微观上看效益很好，但从国民经济或全社会来衡量，效益并不理想。一个是国内价格失真。不但国内有平价、协议价和市场价之分，国内价同国际市场价也不一致。1984年，上海金山石化总厂算账，投入产出按国内价格计算，投资税利率高达36.16%，按照国际市场价格换算，收益率却只有4%。另一个是利率扭曲。国家投资项目的

“拨改贷”，年息2.4%—3.6%，一般贷款为4.2%，而存款利率年息8%，国库券的年息还高达9%，更不要说那时还有“保值贴息”了，贷款的利率竟低于银行聚集这些资金所承担的利率，岂不荒谬。由此说明资金价格扭曲，对许多行业、许多项目的投资，都有一个重新评价的问题。

正在这时，世界银行介绍了社会成本效益分析方法，国务院经济技术发展研究中心也提倡国民经济评价，我们向多方面反映投资项目的效益评价上存在的问题。1984年建设银行率先对贷款项目制定了《建设项目评估办法》，主要是提倡用利息观念、投入产出观念、合理的价值尺度、机会成本和边际效益的方法，对项目进行评价。要求申请建设银行贷款的项目，必须提前半年将项目可行性研究报告送建设银行进行项目评价后，才能给予贷款。

建设银行对贷款项目实行审贷分离的原则：项目审查部门归口管理项目建设前期的评估审查工作，信贷部门归口管理项目贷款的发放和回收、检查监督资金的合理使用；同时在银行内设置贷款项目决策委员会，主持贷款项目的审批和决策。这项审贷分离的原则，坚持了项目评估审查工作的客观公正性，受到了各方的好评，后来写进了商业银行法。

6. 金融改革：在银行层面是加快金融机构的改革

1983年，中央决定中国人民银行改为中央银行，专门行使中央银行职能。另行成立中国工商银行，承办原来由人民银行办理的居民存款和工商企事业单位的存贷款、结算业务。从此，中国工商银行、中国农业银行、中国银行和中国人民建设银行四大专业银行相继独立，由此建立了以中央银行为领导、国家专业银行为主体的金融体系的基本框架。

这里要提到，尽管这一时期的改革号称是“有计划的商品经济”。但是1984年10月中共十二届三中全会《关于经济体制改革的决定》却是只把商品经济限制在产品领域，特别提出“在社会主义条件下，劳动力、银行、土地、矿山不是商品”。这不能不说是一个历史的局限。而当时推行的“拨改贷”却是把企业推向市场竞争去从事真正独立的商品生产，更是一种超越。

1985年开始，中央银行实行存款准备金制度。银行的改革是实行“一业为主、综合交叉”。即强调工农中建四大银行保持各自的专业体系，分别为工业、农业、外贸和基本建设单位服务，但可以都向多功能、综合性的银行发展。于是，各家银行都向外汇业务、固定资产贷款业务、流动资金贷款业务、结算业务和居民储蓄业务上交叉。实际上各家银行已经走上了商业性银行的道路，只是在主要客户和政策性业务上，仍然保持着专业分工特色。

这一时期，还成立了中信、光大两家信托投资公司，扩大了股份制的交通银行，计委设立了六大投资公司，地方纷纷设立信托公司。中国的金融热总是同投资冲动相伴而行。于是在 1987—1988 年，出现了“证券集资热”、“信托公司投资热”、“地方办金融热”，部门、地方和企业大家都想从银行分一杯羹，拉一块资金来搞计划外基本建设，又酿成新的投资信贷膨胀。

7. 新问题：专业银行资金短缺酿成对中央银行的“倒逼”

最突出的问题是在 1989—1991 年的三年治理整顿期间，主管当局再次强调专业银行的政策性，强调专业银行应强化经济调节职能和管理职能方面的作用，于是理论方面重提银行是不是经营货币的企业的争论。有些人完全否定十几年的金融改革，主张各专业银行仍然回到过去那种信用高度集中和严格专业分工的单纯政策性银行的老路。这实际上是“姓资姓社”争论在金融领域的变相反映。结果是迫使各家专业银行强调，要从政策上贯彻国家的产业政策，并在资金投向上有所倾斜。工商银行强调支持搞好大中型企业，中国银行强调支持外贸出口，建设银行强调多渠道支持重点建设，农业银行强调力保农业再上新台阶。问题是中央银行并不能在政策性资金方面为专业银行开辟专门的渠道，就只能逼着专业银行从经营性业务方面利用存款资金来支持政策性业务，最终势必要“倒逼”中央银行从再贷款方面多拿出一大块基础货币。这就是所谓“倒逼”机制的由来。后来有些央行人士写文章硬说这种“倒逼”是来自专业银行对中央银行的“倒逼”，却是倒果为因，有欠公允。

顺便提到，关于“倒逼”，我是做过专门调查的。当时，逼着专业银行从经营性业务方面利用存款资金来支持政策性业务的，大头是国家计委。主要有两大块：一块是投资应当包括建设期的利息，但是在“拨改贷”以后，如果把利息算进投资，每年就要少安排十几亿基本建设,所以计委打了“小算盘”,宁可把利息甩在投资计划外边。1986—1989 年这 4 年的投资计划都不包括利息,光利息资本化一项,每年就留下了 100 多亿元的投资缺口。另一块是国家计委对新建项目的年度投资计划,只安排固定资产投资,不安排铺底流动资金,财政也不安排,都向银行挤。以 1989 年来说,新建大企业铺底流动资金的缺口就有 40 亿元左右。1989 年国家计委少安排铺底流动资金和建设期贷款利息两项就高达 140 多亿元,逼着专业银行从经营性业务方面利用存款资金来支持政策性业务,再“倒逼”中央银行从基础货币方面多拿出一大块再贷款。这也说明当时国家计委对“有计划的商品经济”并没有做好准备。

问题还在于专业银行已经走上综合性银行即商业银行道路,过多地强调政策性支持,就会在企业化方面发生倒退。这就为 1993 年拆分政策性金融和商业性金融的改革留下了空间。

8. 投资贷款业务交叉,进入“建设靠银行”的时代

“按银行的办法办银行”,导致各家银行都介入了固定资产贷款的交叉。1979 年,李先念副总理决定让人民银行(1984 年后改为工商银行)开办 20 亿元的轻纺贷款,后来每年都核给 20 亿指标,称作中短期设备贷款。接着李先念指示,建设银行可以利用存款发放小型基建贷款,每年 20—30 亿元,中国银行也对出口企业发放短期外汇贷款每年 3 亿美元。由此,各家银行都向投资贷款业务上交叉。到了 80 年代中期,就完全改变了“大财政、小银行”的畸形格局,进入“建设靠银行”的时代。

9. 建设银行还有一个向存款、工业企业流动资金贷款和外汇业务上交叉的问题

最早是办存款,这就涉及建设银行在所有城市都要增设机构网点。改革初期,城市银行网点不多,各家银行抵触不大。说明当时各家银行在存款竞争上还不像后来那样剧烈。

1984 年全面推行“拨改贷”,建设银行从保证投资贷款按期偿还的角度提出要接着办生产流动资金贷款,涉及同工商银行的业务交叉和存贷款竞争,因而争端四起。1985 年央行行长陈慕华同意给建设银行拓宽业务职能，由此建设银行才把存放汇和结算业务开办齐全。

再接着是拓宽国际业务，本来，国际业务涉及外汇，是中国银行的专业。1986 年，上海金山石化打算利用外资上 30 万吨乙烯工程，金山石化的基本建设拨款一向是由建设银行经办的，它们想要建设银行接着搞国际银团贷款。这时建行还没有开办国际业务，上海建行找到了我。后来是上海市陈锦华副市长和周道炯行长会面商谈，共同向国务院报告，1986 年 11 月，经国务院批准，由建设银行向国外筹资 2.72 亿美元。

1990 年上海金山石化举行过一次有关国际融资的集会，当时金山石化利用外资上乙烯工程的项目，是由建设银行牵头采取银团贷款方式，在国际上筹资 2.72 亿美元。这是改革开放后首家专业银行在重大项目上向国外巨额融资的银团贷款，建设银行先后同 42 家外国银行签订了 4 个银团贷款合同，它确实使得国际国内的银行都非常眼红。这也是建设银行在金融改革后迈向国际业务，刚刚走出国门就敢于承揽巨额筹资的大手笔。上海金山石化的会，参加者不但有几十家外国银行的代表，国内出席的，还有李鹏总理和十几个部长、副部长，赢得了国内项目融资集会的最高规格，建设银行也一下子赢得了国际知名度。

建设银行先后同 42 家外国银行签订 4 个银团贷款合同，初战告捷，这是改革开放后首家专业银行在重大项目上向国外融得巨额资金的银团贷款。

10. 从“大财政、小银行”转到“建设靠银行”，向驾驭金融资本跨越

1979—1993 年“按银行的办法办银行”的改革，金融机构从单一的银行，发展成中央银行为领导，国家专业银行为主体，保险公司、证券公司、其他金融机构并存和分工协作的体系，促进了银行业务的交叉，各种票据、信用证、债券、信用卡等多种金融工具应运而生。1980 年开放了外汇调剂市场。1984 年试办同业拆借业务，1986 年又开放同业拆借市场。

这一阶段的改革，有两大突出成就。第一个成就是在“七五”、“八五”10 年间(1986—1995)依靠银行动员国民储蓄完成了 8.1 万亿元的全社会固定资产投资，其中相当部分靠的是银行贷款。另一个成就是依靠银行融资创办了一大批国有企业，壮大了国有经济，在驾驭资本上初次领略到利用借入资本的奥妙。这一段改革，还带来金融意识的觉醒。在理财思想上，过去只懂得“把一个钱掰成两瓣儿花”，现在开始懂得了“钱能生钱”，承认利息是资金的价格，懂得以银行的利率作为机会成本来实现更多的盈利，懂得了要追求“资本的保值增殖”。

11. 出现 4 次投资规模膨胀，反映出向市场经济转轨过程中特有的体制性冲击

这一段金融改革大跨越，在 1982—1992 年的 10 年间带来 4 次较大的投资规模膨胀。1982 年投资膨胀，还是偏重于放权让利后企业和地方动用自身机动财力的投资热；1984 年以后的 3 次，则表现为信用资本的膨胀：1984 年是 4 家银行竞相利用存款发放贷款“四龙喷水”的信贷热；1987—1988 年是地方政府投资冲动的“证券集资热”、信托公司“投资热”和 700 多家金融公司一哄而起的“金融热”；1992—1993 年“发展是硬道理”，则是各种体制外资金齐头并进的投资热。

这 4 次投资规模膨胀，都是发生在从集中经济向市场经济转轨的时期，主要都是以体制外资金、银行贷款和信用集资为来源的投资信用膨胀；可以说，是一种长期封闭到蓦然开放、从长期不懂得利用借入资本到一旦忽然懂得利用借入资本而骤然爆发的信用井喷。银行是从支持经济搞活金融方面，获得了冲破“一女二嫁”的禁条和信贷介入投资禁区从而给信贷扩张投资敞开了大门，这也正好给了地方政府一个从贷款扩张投资的手段；而中央银行把 4 大银行都办成综合性银行、并一度提出“多存多贷”的口号，也使 4 家专业银行从综合经营中有了广泛聚集社会资金来支持生产建设的金融实力，助长了这种信贷扩张投资的先天性缺陷。

这 4 次投资规模膨胀，尤其是 1992—1993 年的投资膨胀，反映出一种向市场经济转轨过程中特有的体制性冲击，归根结底是一个对资本的管制和反管制的问题。计划经济的僵化理论认为，社会主义一切生产流通资金都应该有既定的活动领域，体制外不容许有多余的资金。改革开放的放权让利，确实调动了地方、部门、企业在完成体制内收入任务以后可以获得超收分成和在体制外自主投资的积极性。问题是这一块体制外超收分成，到 80 年代中期竟发展到与预算内收入旗鼓相当。加上，在向市场经济转轨过程中需求膨胀，一些部门、地方、企业和银行又学会运用从成熟市场经济中搬过来的各种金融工具，如债券、股票、信托等的自发集资，对僵化的计划经济体制进行了肆无忌惮的冲击；而叶公好龙的国家计委、财政部和中央银行等综合部门却拘泥于旧体制的惯性管理，苦守“基本建设投资只能由国家计划安排、不能由市场调节”的教条而手足无措，表现出对市场规律难以驾驭的那种捉襟见肘。

特别是1992年的投资膨胀，市场无序的冲击最大。1992年下半年，集中出现了股票热、房地产热和开发区热，国家批准的开发区119个，实际开张了8700个。1992年投资超过预算47.8%，1993年全社会固定资产投资增长61.8%，当年投资率高达43.3%。急剧膨胀的社会总需求使基础设施和基础工业全面紧张，电力、油品、建筑材料供求缺口扩大，铁路运输重要干线的通过能力仅能满足近40%的需求，零售物价上涨幅度一度高达13.2%和21.7%。1993年上半年货币供应超常增长，现金比上年同期多投放550亿元。各地乱集资、乱拆借、乱提高利率的现象愈演愈烈，银行储蓄存款增幅下降，大量信贷资金流向房地产市场和股市。应该说，这4次投资规模膨胀，实际上是反映出市场经济同计划经济体制的初始较量。

12. 1993年朱镕基加强金融宏观调控，为建立社会主义市场经济体制铺平了道路

正在此时，朱镕基担任国务院常务副总理，他的任务本来是为建立社会主义市场经济体制的改革铺平道路，面对1992—1993年的经济过热、投资膨胀和市场无序的乱箭齐发，基本上是转型期各种体制问题的大暴露，他只能实施一次历史上最严厉的加强金融宏观调控。

1993年6月24日，党中央、国务院联合印发《关于当前经济情况和加强宏观调控的意见》提出16条综合治理措施，即通称为“16条”的6号文件，这是比计划经济时期政府直接配置资源还要直接的真正的命令经济，可以同1962年邓小平陈云治理三年大冒进各种乱象的所谓“非常时期非常措施”的两个“六条”（“财政六条”和“银行六条”）相提并论。这次加强金融宏观调控，以整顿金融秩序为突破口，坚决查处乱拆借、乱集资、乱提高利率，整顿了金融秩序，治理了分散，强化了中央调控经济的能力，为 1994 年全面启动的经济体制改革打下了一个良好的基础。果然，乱而后治。在此基础上，朱镕基于 1994 年实施了政策性银行同商业银行分开、国有企业现代企业制度改革、外汇结售汇制度改革以及分税制改革等措施，在经济金融领域开启了为建立社会主义市场经济体制进行的一系列的大刀阔斧的改革。

总的来说，**“按银行的办法办银行”**，使这一阶段投融资体制出现了最大的变化，就是从新中国成立 30 多年的建设靠财政，转到“建设靠银行”，从而改变了“大财政、小银行”的畸形格局，使投融资体制走上了间接金融即银行融资为主的道路。

二、1993—2003 年：把专业银行改造成国有商业银行

1993 年到 2003 年，是银行改革的第二阶段，核心是建立社会主义市场经济的金融体制。

1. 首先是拆分政策性业务和商业性业务，设立三大政策性银行和四大商业银行

1993 年 12 月，在加强金融宏观调控和整顿金融秩序的基础上，国务院发布《关于金融体制改革的决定》，提出拆分政策性业务和商业性业务，主要是成立三大政策性银行：国家开发银行、进出口银行和农业发展银行；同时要求四大专业银行向国有商业银行实施战略性转变，建立以国有商业银行为主体的金融体系，正式拉开了国有银行改革的序幕。当时，朱镕基责成时任建设银行副行长的王岐山草拟筹建国家开发银行的方案。最初的方案是在建设银行、六大投资公司和国际工程咨询公司基础上筹设开发银行，同时保留建设银行作为商业银行。朱镕基批准了这一方案，但改变了建设银行由开发银行领导的决定，任命王岐山为建设银行行长。从此，四大专业银行都走上国有商业银行的道路。

2. 国有商业银行：不再是具有经济调节职能和管理职能的国家机关

政策性金融和商业性金融分开。1994 年在全国建设银行分行长会议上，王岐山行长要我谈谈建设银行向商业银行转变的问题。我提出建设银行要办成以中长期信贷为主要特色的商业银行，要致力于办成“四自”（即“自主经营、自担风

险、自负盈亏、自我约束”)的经营货币的企业,不再成为具有经济调节职能和管理职能的国家机关。由此,在银行内部掀起了一场很大的争论。一些人认为社会主义的商业银行任何时候仍然要把社会效益放在首位, 主张既讲银行效益,又讲社会效益,二者必须并重,这其实是重弹“姓资姓社”的老调。说明要从思想上真正建立商业银行就是经营货币的企业的认识,并不那么容易。

1995 年,《票据法》和《商业银行法》颁布实施。商业银行强调资产负债比例管理,核心是风险管理,以约束银行的“四自”,保证经营上的效益性、安全性和流动性。但是,票据法仍然不允许企业发行本票,只允许发行“银行承兑汇票”,实际上是把银行信用与企业信用牢牢地绑在一起,说明“一切信用集中于银行”的僵化思想仍然根深蒂固,阴魂不散。

金融领域的另一重大事件是 1995 年 5 月发生了“3·27 国债期货风波”导致国债期货交易被暂停,“一朝被蛇咬,十年怕井绳”,直到 2010 年 4 月才开办股指期货,恢复金融期货交易。

3. 国有企业的过度负债和地方政府的“破产赖债”歪风

但是,中国国有商业银行的道路并不平坦。1995 年首先暴露出了国有企业的过度负债,12 万户国有企业实际的资产负债率高达 83.3%,它是国有企业改革和银行改革难以逾越的一道障碍。正在这时,地方政府以“剥离转制”、分立经营或租赁经营为名的“假破产”,刮起了一股“破产赖债”的歪风。后来,朱镕基实行鼓励兼并,规范破产,并明确了多兼并、少破产的方针。但当时制定的《破产法》,却是首先维护职工权益,而不是保护债权人权益。

如何帮助国有企业解困和卸下商业银行沉重的逾期贷款包袱?西方市场经济国家的经验就是“债转股”,即把银行的债权转作股权,从企业重组方面寻找出路。但是朱镕基对于各种“债转股”方案都是严词排斥。当时传说,高层认为中国数理化好的人才都在工业部门,数理化不好的才学文科,打算盘、记账、搞财金。金融方面你搞“债转股”,搞不过工业企业!

从 1995 年到 1999 年,国有企业解困一直没有多大改观,连带影响着国有专业银行向商业银行的转变也并不彻底。1997 年 11 月,第一次全国金融工作会议决定加快国有商业银行的商业化步伐。1998 年，银行业推出信贷资产"五级分类"标准试行办法。在金融发展上仍然存在着主要靠国家信用和行业垄断、管理体制实行官本位等诸多问题，存在资本金严重不足、机构臃肿、不良贷款比例过高、盈利能力和竞争力低下等体制弊端，以及严重的潜在风险。1998 年银行存贷款迅猛增加，为了满足巴塞尔协议关于资本充足率 8%的要求，国家决定用免息国债补充银行的资本。办法是让四大商业银行购买 2700 亿元特别国债，再由财政部为银行注资，银行则用这笔资金偿还人民银行再贷款。这次"注资"徒有虚名，并没有"改善"机制。

4. 1999 年的"债转股"

真正使金融改革露出曙光的还是"债转股"。前面已经说过，1999 年 8 月，朱镕基迫于三年解困的时限，决定实行"债转股"，当时剥离了 1.4 万亿元不良资产，其中银行贷款转为股权（即"债转股"）的，约为 4600 亿元。结果奇迹从天而降。一是本来陷入过度负债困境的国有企业一下子增加了 4600 亿元的承债能力，反过来又成为增加四千多亿贷款需求的生力军；二是国有银行不良贷款率下降了 9.2个百分点，中国的商业银行终于摆脱不良贷款的重负。

5. 资本市场的发展对商业银行的改革和上市是一大推动

这一阶段，金融改革的一大亮点是，1990 年开放了上海和深圳的证券交易所，1994 年开放了期货试点，资本市场上股票、债券和期货交易有了较大的发展。中国的直接金融开始迈步，开始分流银行存款，同银行争夺货币。但证券市场的开放，更重要的是构筑了一种"资本化"的机制，由此可以从市场上开发资本。1995 年的"九五"规划建议，更要求国有企业实施战略性改组的同时，要"依靠市场竞争，促进现有资产合理流动和优化重组"。1997 年的中共十五大更是拨开了社会主义在资本问题上的迷雾，提出"以资本为纽带"，"放大资本的作用"，"提高企业和资本的运作效率"。也就在 1996 年 11 月，我写了一篇《资本运营：我们面临的新课题》，原本是为赵炳贤《资本运营论》写的序，1997 年在《投资研究》杂志和《金融时报》发表。大概在 1996 年和 1997 年间，资本运营成为经济界热门话题，金融领域开始懂得利用资本市场帮助国有企业改制和上市，这对银行的股份制改造和上市也是一大推动。

6. 银行改革和金融改革的历史性跨越取得了巨大的成果

这一阶段的改革,银行的机构,从 1981 年的 10 万个分支行处,增加到 17 万个,人员从 96.9 万人增加到 200 多万人。城乡居民存款从 1978 年的 210 亿元增加到 1998 年的 5 万多亿元,企业贷款从 315 亿增加到 7.4 万亿元。金融机构更是发展到政策性银行、国有商业银行、中小商业银行、信用社以及保险、租赁、财务公司、证券公司等多种金融组织并存的金融体系。这一次金融改革的历史性跨越,更重要的是在理论认识上,从讳言资本到承认社会主义社会也要区分自有资本和借入资本,认识到要提高企业和资本的运作效率;而直接金融的发展,更使人们认识到社会主义事业需要调动各方面的资金,而且要构筑一种"资本化"的机制,建立一整套资本积累、集中和重组的机制,实现事业扩张和资本扩张;要使一切可以利用的资本都能运用得更加充分、更加有效率,以金融的可持续发展来支持国民经济的可持续发展。

三、2003—2010 年:银行的股份制改造和上市

2003 年开始,银行改革步入股份制改造和上市的第三阶段。

1. 中国加入 WTO 前后的形势,银行上市已是箭在弦上

为了实现同国际金融接轨,应对 2001 年中国加入 WTO 国际金融竞争的需要,周小川担任建设银行行长时就提出过银行公开上市的设想,2000 年写成《国有商业银行如何充实资本》一文送给朱镕基。朱镕基说,文章写得很好,推荐给《人民日报》发表,后来发表在 2000 年 5 月 9 日的《人民日报》上。周小川实际是借如何充实资本提出了国有商业银行上市的问题。文章针对当时财政部对商业银行实行的诸多不合理的行政管制,诸如不良资产的损失,应如何处理并由谁来承担、税收政策的合理化和公平化,以及改革一些不符合现代企业制度的机关式的传统管理办法等,使国有商业银行真正转变为金融企业,不再作为行政机关列入行政管理序列。文章还特别提到"中国经济发展的潜力和中国金融业发展的潜力是公认的,这种潜力意味着资本回报率的潜力,意味着有十二亿人口的金融服

务业市场的无限商机”。

2. 不能“放开猴子,捆住老虎”

中国的小农经济思想根深蒂固。当时有一种说法:先让中小银行上市,暂时不考虑四大国有银行上市。除了深圳发展银行、浦东发展银行已经上市以外,2000年民生银行发行了新股。华夏银行、招商银行和其他金融企业也加快上市步伐。这是违反客观规律的。2000年10月,我写了一篇《闲话银行上市》,提到“银行的经营,必须讲规模效益,遵从‘没有规模就没有优势’的规律,这是90年代以来国际上银行合并浪潮一浪高于一浪的主要原因”。提到国有大银行“股改上市,这一步迟早要走”。“国外资本市场大银行占着主角,世界1000家大银行排名,绝大多数是上市公司。而且我国的四大国有商业银行,已经补充了2700亿资本金,又成立了四家金融资产管理公司,剥离了1.4万亿元的不良资产。不但资产规模大,总体资产质量状况也有较大改善。现在改制上市,正是最佳时机,也正是金融产业迎接加入WTO的一个重要步骤。”所以我提出,“银行上市不能只考虑小银行。毕竟市场期待的是称得上蓝筹股的‘金融航母’。因此,要吸取大中型国有企业优化资本结构改革过晚和股市小企业上市过多的教训,一不宜‘在小舢板上焊接金融航母’,二不能‘放开猴子,捆住老虎’”!

3. 国有大银行实行股份制改造和上市的有利之处

2001年中国加入WTO,外资银行纷纷进入中国。在一次银行改革座谈会上,一位银行高管抱怨:“国有银行的薪酬制度留不住人才,外资银行可以找猎头公司出高薪挖走你的业务骨干,你怎么用低工资、铁饭碗和论资排辈的官本位,带领一大群凭关系安排撵都撵不走的七大姑八大姨的冗员,去同外资银行高薪制下的精兵强将竞争?”事实上,国有商业银行在同国内外银行竞争中直接面临资金、优质人才和优等客户的流失。国有大商业银行,一不能指望国家财政增拨国有资本(哪怕像1998年那样用增发特别国债);二不能跳开平均主义的工资体制去给优等管理人才增加薪酬;三不能在业务上超越分业经营的藩篱,以工具创新去从事服务创新;四不能脱离经贸部门的行政干预,按照市场经济的原则自主地处置银行不良资产。你怎么指望全身枷锁的国有商业银行去同久经国际市场磨炼的外国银行自由竞争?

这一严峻的形势,逼着国有大银行只有抓紧实行股份制改造和上市、转换机制。其有利之处:一是可以建立起现代企业制度,完善法人治理结构,把国有银行的只对政府大股东负责转换成股份制银行的对全体股东负责;二是可以从上市募集社会资本取得一个不断从社会上补充资本的新机制;三是可以给优等管理人员一个新的重视人力资本、足以与外国银行争夺人才的激励机制;四是股份银行可以摆脱国有银行在处置不良资产上受制于财政经贸部门的行政干预,可以获得一个符合国际经营习惯和市场竞争的权责相当的新机制。

4. 2003 年底,银行改制上市进入紧锣密鼓的准备阶段

2002 年第二次金融工作会议上,重提银行上市的问题。2003 年中共十六届三中全会《关于完善社会主义市场经济体制若干问题的决定》要求“选择有条件的国有商业银行实行股份制改造,加快处置不良资产,充实资本金,创造条件上市”。2003 年年底,中央成立汇金公司,向中国银行和建设银行注入 450 亿美元资本金。2004 年 3 月 2 日,温家宝总理召开国务院常务会议,研究部署中国银行、中国建设银行股份制改造试点,决定用三年左右的时间将两家试点银行改造成为具有国际竞争力的现代股份制商业银行。10 天之后,银监会发布了《关于中国银行中国建设银行公司治理改革与监管指引》,进一步吹响了股份制改革的号角。

那一段时间,学术界有些人士对银行上市并不看好。顾虑银行上市会“给证券市场留下‘后遗症’”,说“国有商业银行改制上市应当重锤慢敲”,“不彻底进行金融改革非出问题不可”;甚至有外籍金融人士也说“上市并不是银行的出路”。当然,支持者也不少。刘鸿儒就认为“借助资本市场改善银行治理结构,关系国有企业改革的成败”。许小年认为“上市是银行体制改革的有效手段”。更多人士关注银行的体制改革,强调“国有银行改革应循序渐进”(曹凤岐),“花钱要买到好机制”(李扬),“国有商业银行应实行规范的股份制”(赵海宽)。

当时,根据 WTO 有关协议,再过 3 年,我国的金融市场将向外资银行开放,中外银行将平等竞争,国务院考虑到四大银行受到国有独资体制的局限,“综合改革”进程过于缓慢,金融风险过于集中,势将直接危及银行的生存,确实已到了非改不可的地步。

首先是要改革产权制度,改变国有银行分权管理模式的“多头管理”的弊端。

当时说是国家所有,基本状况是“五龙治水”:国家计委和中央银行管信贷计划,财政部管资本金核拨、税利收缴及呆账准备基金的提存和核销,人事部门管干部任免升迁。1999 年以后,在逾期贷款挂账停息、减免积欠利息和“债转股”以及呆账核销等方面,又增加了经贸部门的干预。这种多部门分权分治,分管部门只能就某一个方面(信贷、财税、人事或呆账核销)行使所有者的某一项职能,却没有一个部门完整地履行所有者的具体职责。说到底,人们成天谈论所有制,却并不真正懂得怎么体现所有制的管理,不懂得怎么当股东。

二是缺乏科学的决策体系、内部控制机制和风险管理体制,不能实现“自主经营,自负盈亏,自担风险,自我发展”。

银行与一般企业不同之处在于,它是经营货币的金融企业,它要吸收存款,发放贷款,通过运作别人的货币来谋利。银行的运营规模,必须同它的资本规模(资本充足率)相适应,银行的货币经营(包括发放贷款)必须注意风险控制。但是,在“多头管理”的状况下,很多贷款项目却是计委和地方党政拍板。其实,早在实行“拨改贷”时,银行就提出了自主经营的问题。自 1985 年到 1993 年,银行对贷款项目,一直要求大项目的贷款要有否决权,小项目的贷款要有自主权。当时,我们力推项目评估,确立审贷分离原则,都是为了更好地进行贷款的自主决策。那个时候,我同计委的同志争得面红耳赤。我说得很坦率:上马时计委拍脑袋、拍胸脯,决策而不承担风险,投资而不承担责任,出了问题还不了钱却要银行行长坐班房,这很不公平!这个矛盾延续了十多年。直到 1993 年国家开发银行成立,第一任行长姚振炎还多次说过“开发银行姓银不姓金”,意思是说我是银行借了钱是要还的,不是财政部的金库,打了领条就算报销,仍然是同国家计委争这个大项目贷款的决策权!

而且银行管理还要有内控机制,风险防范机制,要有自我约束,还要有对内部人员的激励机制,包括年薪制、股票期权制、利润提成制,等等。现实情况是,银行责权利不清,缺乏激励机制。在存贷款的经营上,贷得出去和贷不出去的一个样,贷款出了问题和不出问题的一个样,业务上有创新和没有创新的一个样;贷款收不回来的不承担责任，收回了逾期贷款的没有激励；或者是业务创新出了问题的，要承担责任，有了收益，却得不到好处。

三是我国国有银行缺少像外国商业银行那样市场化自主处置不良资产的机制。

2003 年，4 家国有商业银行的不良资产率按五级分类已高达 20%，除了 1999 年已经给资产管理公司剥离了 1.4 万亿的不良资产，还有近 2 万亿元不良资产。有分析说，不良资产的形成，源自政府行为或地方不当干预以及政策性关停并转的，约占 80%；源自银行自身经营不善的，约占 20%。对银行不良资产的处理，1999 年转给四大资产管理公司的 1.3 万亿不良资产，最后都是三折、四折按市场化处理的。但是，财政部掌管着呆账准备金的提存率，经贸委掌管着呆账核销的审批权，都是死抱着“不良资产不允许以低于其账面净值的价格进行出售”，既不想政府埋单，又不敢市场化处理，谁也不愿意承担“国有资产流失”的“骂名”。

国有独资商业银行进行股份制改造，所以能根本上解决这两大弊端，就是因为它能吸收国内外不同的投资者组成股份公司，有明晰的产权，可以根据现代公司治理结构的要求，建立规范的股东大会、董事会、监事会、高级管理层，确立对高级管理层授权经营的目标和问责制度。在此基础上，建立规范的股份制商业银行组织机构，建立起权责分明的法人治理结构，以科学、高效的决策、执行和监督机制，确保各方独立运作、有效制衡。无论有多少股东，他们不会多头管理，只以一个所有者面对股份银行。股份银行的经营者即高级管理层，只能执行股东大会和董事会对高级管理层授权经营的目标、问责制度，不能越位和越权。

时间紧迫，国有商业银行不但要在股份制改造之前，抓紧处置不良资产，放下历史包袱，更重要的是由此重塑一种用市场化方法处理不良资产的新机制。2003 年年底，汇金公司动用国家外汇储备金给中国银行和建设银行注资 450 亿美元，接下来，两家银行就用原来的自有资本金和信贷基金以及近几年的利润积累，来冲销尚未处理的 1000 多亿元不良资产。（以建设银行为例，建行获得 225 亿美元注资之后，建行原有的所有者权益和当年的绝大部分利润都被用来处置 850 亿元不良资产；其中，包括截至 2002 年年底的 569 亿元损失类贷款和 281 亿元非信贷资产。由此，2003 年建行的不良贷款率下降到 9.12%。）就是如同专家们说的，只有在确实把自己"弄干净"之后，才能比较准确地用国际标准来计算银行的价值。

银行的改革，很好地说明银行"四自"，即自主决策、自负盈亏、自我约束、自我发展，同建立科学的决策体系、内部控制机制和风险管理体制是分不开来的。说到底，法人治理机制、管理和风险控制的出发点及运作的归宿，是要为股东创造利润，落实到利润最大化这个目标。

5. 银行上市的高潮

2003 年建行中行在汇金注资以后，花了大约两年时间，先后经过国际上大投资银行实施"重组、引资"，实现了资产重组和股权多元化，又经过一系列的准备，最终公开上市。

2005 年 10 月 27 日，中国建设银行股份有限公司成功登陆香港联合交易所，拉开国有商业银行股改上市的大幕。2007 年 9 月 25 日，建设银行成功登陆 A 股市场。

2006 年 6 月 1 日、7 月 5 日，中国银行股份有限公司在香港、上海实现"A+H"股上市。

2006 年 10 月 27 日，中国工商银行股份有限公司"A+H"股同步上市，掀起银行上市高潮。

四年之后，2010 年 7 月 15 日和 16 日，中国农业银行股份有限公司先后在沪港挂牌，国有商业银行上市收官。从此，"国有独资银行"成为历史，银行股份制改造的阶段性改革告一段落。

中国国有商业银行全面上市，中国的银行终于跃上了以银行的资本化来驾驭金融资本的世界竞争行列。下一步，如何加强公司治理，如何加强创新，管控风险，如何更好地为实体经济的真实需求服务，如何培养和提高银行业的核心竞争力？真正的战斗和竞争才刚刚开始！

四、"银行贱卖"与"投行思维"的愚蠢

商业银行上市，出现过一段议论颇多的银行股是否贱卖的争论。

2005年10月27日，中国建设银行作为第一家股改上市的国有银行，在香港发行H股上市，发行价每股2.35港币，相当于账面净资产的1.15倍。在战略投资者中，美国银行除了在IPO时按发行价购入16.53亿股，后来又根据原先与汇金公司签订的《股份及期权认购协议》于2008年6月和11月两次行权增持，从而使美国银行共持有建行股份447.13亿股，行权价分别为2.42港元和2.46元人民币。在全球金融危机中，美国银行因流动性紧张，于2009年1月7日在以每股3.92港元减持了56亿股建设银行H股，相比2007年建设银行回归A股的发行价，美国银行持股不到5年就赚走了1000亿人民币。由此引起了是否贱卖的争论。建设银行发言人的解释认为以现有高股价为依据的"贱卖论"是对市场运作的严重误解。而且提到建行在港上市时曾两度提高发行定价，以致H股上市当天盘中破发，几天后干脆收盘破发了，引起香港多名有意投资建行的富豪几乎全部撤单。似乎既然"破发"，就不存在"贱卖"了。

我以为，"破发"与"贱卖"紧密相连，当时过多地考虑中西对比，"好银行"、"坏银行"的论调甚嚣尘上。作为中介的投资银行在中国大银行(不光是建设银行)上市定价上，过多地考虑了国有银行机制的弱点和坏账剥离，即所谓"打扫干净房子，欢迎客人进驻"。所以对战略投资者有过多的期待，希望有西方大银行持股来提高上市银行的价位。应该说，汇金与美银的期权协议，正是反映出了为这种期待而作出的某种迁就(当然，应该承认，当时不少国际金融机构对中国的大银行并不看好，此前建设银行同花旗集团合作破裂的挫折，以及原行长张恩照腐败丑闻对上市均有负面影响)。因而形成了一种"自惭形秽"的思潮，在上市定价上过于自卑，酿成对战略投资者持股上的"贱卖"，由此也加大了战略投资者和市场公众对你"房子"干净度的怀疑，同时酿成了上市时的"破发"。这一贱卖，已经是不争的事实，其实正如叶檀所说，是为了"维持现行金融格局、避免大型国有商业银行破产被迫交的学费"。

对于建设银行香港上市时每股2.35港币的发行价，徐洪才说得对：这里仅仅参考225亿美元的汇金注资，完全忽略了建设银行在银行业中的垄断地位、网点优势、大客户网络、未来中国经济增长等诸多有形和无形要素。在这里，"没有看到华尔街投资银行定价的'高科技'和'复杂的数学方程'"。一句话，没有看到投行针对建设银行在银行业中的垄断地位、网点优势、大客户网络以及中国经济增长等诸多有形和无形要素而专门编出的故事。

其实，在诸多有形和无形要素方面，中国的国有银行还有其独特的优势。还在建设银行上市前一年，我曾在《投资研究》2004 年第 6 期上发表了《浅议国有银行的股份制改造与上市》一文，对中国银行、建设银行的上市发表评论：

两家银行毕竟都是具有 50 年以上历史的大银行，有些银行业务，我们在竞争能力上可能不如国外大银行，需要急起直追，但我们也具有一些独具一格的传统历史优势。以建设银行来说，至少有以下几点：

"一是，建设银行长期来积累了一条必须关注宏观经济金融形势，只有在宏观经济金融形势健康稳定的基础上才能做好微观银行业务(拨款贷款)的重要经验。正因为这样，'文革'后期投资冒进，1979 年建设银行关注了投资规模，在投资领域首次提出并确立了固定资产投资的概念。改革开放以后，建设银行率先进行'拨改贷'的试点，率先进行 40 多个行业的经济调查，防止重复建设 50 多亿元，由此也才有强调贷款项目评估；才有 1998 年在防治通货紧缩上的启动消费信用，等等，使关注宏观经济形势，成为建设银行的传统优势。

"二是，建设银行计划经济时期长期进行审查造价，现在作为一项代人理财的重要业务，在新的历史条件下成为建设银行极具竞争力的具有历史传统优势的业务项目。

"三是，建设银行在专业银行时期代行财政职能，遵循基本建设的特点，以业主身份管理国家投资，上马时期关注储备，下马时期关注维护，正常运转时促进度、促投产，形成了一整套符合客观规律的财务监管制度，这也成为转入商业银行以后受托代理财政委托拨款和受托代理开发银行委托贷款的一项独具优势的传统业务项目。

"四是，建设银行在 50 多年对建筑企业财务管理实践中弄清了建筑企业业务经营和资金周转的特点，并顺应这些特点，为建筑企业提供金融服务，也成为建设银行的一项独具优势的传统业务项目，在争夺住房按揭贷款市场方面具有独特的竞争力优势。

"五是，建设银行业务创新别具特色。80 年代率先在贷款上实行项目评估；

1986年率先为上海石化海外融资，在国外业务上迈出了一大步。1980年设立中国投资银行，成为利用世界银行贷款的窗口；1995年与美国摩根士丹利合资组建中国国际金融公司，现在是世界知名的投资银行；80年代囊括了代理大企业发行债券的业务；90年代率先试办汽车消费贷款，等等。”

所以，“我以为，这些正是建设银行在中长期信贷、大中型企业和住房金融市场方面居于领先地位的魅力所在。这是在计算上市银行资本价值时，应当独特地把它体现出来的。”

附带说起，这里谈到建设银行审查预算造价，我还想补充两个事例。

一是建设银行审查造价，惊动过毛主席。1956年4月3日财政部党组向中共中央汇报工作，当时建设工程造价一般高估7%—9%，建设银行审查工程造价，同建筑施工企业的矛盾很大。财政部想争取中央的支持，特意汇报了建设银行审查建设工程预算造价。这时，毛主席插话说，“有一个机关审查是好的，只要审查得快、审查得好是有好处的”。接着，财政部又汇报，审查节约下来的钱**仍归**主管部门使用，**但是**财政部门要监督。毛主席又很风趣地插话：“这个办法好。这叫作工业部门吃‘仍归’的饭，财政部门吃‘但是’的饭（指财政部和建设银行的财政监督），有这样两条就很好。”此后，建设银行向全行下发了《审查建设预算的指示》，所以建设银行一直在审查工程造价上占有独特的传统优势，其来有自。

另一个事例，是改革开放后，建设银行一直把审查工程造价当作一项代人理财的传统业务传承至今。90年代上海市建行为中日合资的花园饭店控制投资造价，颇获日方好评。

我以为，很可惜，推荐建设银行上市的投资银行，缺少了“投行思维”。一是上市定价的问题上过于自卑。二是数典忘祖，忘记了中国的银行在改革开放中纵横驰骋的历史价值、独具的“历史传统优势和独特的竞争力优势”。三是忽略了中国的大银行在银行业中的垄断地位、网点优势、大客户大城市的服务优势。特别是忽略了周小川说的“中国经济发展的潜力和中国金融业发展的潜力”，这种潜力就“意味着有十二亿人口的金融服务业市场的无限商机”。因而没有在建设银行上市计算资本价值时，以独具特色的“投行思维”的智慧进行“包装”，编出动人的故事，把它们独特地体现出来。当然，说是缺少了“投行思维”的智慧，这是出于礼貌的说法。直接一点说，应当是暴露出在“投行思维”上不应有的愚蠢！

五、金融改革：告别“仇富”的金融管制，向民间金融开放

中国一些市场特别活跃的地区如浙江的温州，一直存在着民间借贷和地下高利贷，也有私相授受的“非法集资”，乃至地下钱庄。陈志武把这种非官办金融称为“中国民间的金融饥渴”。这是中国执行了 60 多年的维护国有银行垄断的严格金融准入制度逼出来的。

我以为，中国维护国有银行垄断的金融管制，其实是一种“仇富”的金融管制，它根源于计划经济初期社会主义的僵化理论，如果不彻底清算，就不可能有彻底的金融改革。当时的计划经济理论，一方面认为，社会主义一切生产流通资金都应该有既定的活动领域，民间不应该有多余的资金。认定一切金融活动都同孳生资本有关，只能由国家垄断，不能让民间染指。另一方面又认定，只有无产阶级才是社会主义革命的主力军，一切有产的资产阶级都是革命的对象，并没有设想好一旦革命胜利、无产阶级掌握政权以后如何让无产阶级的劳动者也能成为有产者，更不要说允许劳动群众也能拥有什么“财产性收入”了。

这里有个上海市查封证券大楼打击金银投机的插曲。上海是有名的“黄（黄金）、白（白银）、绿（美元）投机世界”。解放之初，陈云主管金融工作，原来还是打算利用天津、上海的证券交易所来为新中国的金融服务的。1949 年查封上海证券大楼，确属不得已之举。

事情的经过是：1949 年 5 月 27 日上海解放，军管会以人民币收兑了国民党统治区的金圆券，但市民被国统区长期的通货膨胀、物价飞涨搞怕了，顾虑货币贬值，人民币无法建立信用。当时，上海汉口路 422 号有个证券大楼，是号称远东最大的证券交易所。解放后证券交易停顿，但电话网络四通八达，正好成为投机商报喊行情、哄抬价格、投机金钞银元的大本营，掀起了银元涨风。6 月 5 日上海市集中抛出了 10 万块银元，但投机势力太大，价格没有回落，3 天内银元贩子却从 2 万人增加到 8 万人。从 5 月 27 日上海解放到 6 月 9 日短短的 13 天中，黄金上涨 2.11 倍，银元上涨 1.98 倍，物价随之上涨 2.7 倍以上。买卖活动中也大都使用金条银元，人民币的地位和信誉受到严重的冲击。对此，人民表示极大的愤慨。6

月 9 日，中共华东局和上海市军政当局举行联席会议，决定于 6 月 10 日查封上海证券交易所。陈毅说得很干脆："不要让人认为，共产党什么都要宽大，到时候了，就要操刀一割。"邓小平也同意。毛主席亲自来电话表示赞同。6 月 10 日上午 10 时正，华东警卫旅一个营包围了大楼。当场逮捕 238 名重要投机分子。这次查封共抄没黄金 3642 两，银元 39747 枚，美元 62769 元，人民币旧币 1545.9 万元，其他各种囤积商品呢绒、布匹等折价人民币 3553 万元，并收缴美式手枪 2 枝。由此震动江浙，给投机势力以沉重打击。经过这次打击，6 月 11 日银元价格下跌四成，金融渐趋稳定，从此结束了上海"黄、白、绿投机世界"的历史。

上海市查封证券大楼打击金银投机给金融界带来了一个片面性的认识，由此，金融当局一直视民间金融为虎狼，总认为民间资金会助长投机，像防贼一样防范民间金融。所以，1950 年在统一财经、平抑物价时，把私营银行（如上海商业银行、四明银行）和私营钱庄全部改组为公私合营银行，规定它们只能接受人民银行委托办理的业务，目的就是杜绝私营。由此，金融、票据、信用、存放款和结算，一切信用集中于银行，企业之间，禁止赊销和预付，不允许有横向的资金往来，一切同资金和财富沾边的活动只能由国家银行垄断，构成了六十多年的严格金融管制。

计划经济把金融领域封闭了 30 年，1978 年改革开放，才开放了商业信用。1995 年《票据法》颁行，还是不许企业发行商业票据，直到 2005 年和 2008 年周小川绕开了《票据法》，才开放了"短期融资券"和"中期票据"。但还是一直不允许企业和民间机构吸收存款或放款。这就造成了"中国民间的金融饥渴"，所谓"两多两难"："中小企业多、融资难，民间资本多、投资难"。这种"仇富"的金融管制，其后果之一便是信贷市场成了国有银行垄断的一统天下，信贷资源只能流向国有企业，或是流向极少数大型民营企业，大量小微企业无法得到银行信贷的支持。另一个后果就是银行可以低息揽储而从贷款的利差中"很容易"地获取巨额利润。

但是，资本具有扩张的天性。既然经济改革开放了民营经济，当然也会有民间富余资金的活动。事实上，民间金融，包括私下借贷、亲友钱会、钱中、基金会、各种名目的集资，以及地下钱庄、高利贷，等等，如影随形，这也成为小微企业生存和发展的唯一的救命稻草。问题是经过了三十多年的改革开放，金融体制管制森严的铜墙铁壁仍然没有留给民间金融丝毫的空隙。民间金融所以在“黑市”地下运行,正是因为“仇富”的金融管制没有给它阳光!一旦出现纠纷甚或酿成灾祸,金融当局动辄会以“非法吸收公众存款”、非法集资或非法贷款入罪,这正是长期来唯恐让民间沾染财富经营的“仇富”的金融管制酿成的悲剧!

2012 年温州金融综合改革试验区启航,随后有珠江三角洲、福建泉州和滇桂沿边金融改革综合试验区等四个国家级的金融综合改革试验区相继开放,这是向民间金融开放的一个机会。但是,关键是要清算执行了六十多年的“仇富”的金融管制。其实,有些所谓“重大课题”,如建立存款保险制度、利率市场化、放松外汇管制等,都是常识性课题,在改革上缺少的不是知识和判断,而是需要拿出勇气和决心,尽快越过试点直接在全国推行。

参考文献

[1] 周小川.国有商业银行如何充实资本[N].人民日报,2000 - 5 - 9.

[2] 周小川表示:中国国有商业银行改革将全面提速[N].中国新闻网,2004 - 1 - 8.

[3] 许小年.上市是银行体制改革的有效手段[N].财经,2004(2).

[4] 夏斌.关注国有商业银行改革[N].财经时报,2004 - 1 - 3.

[5] 韩志国.国有商业银行改制上市应当重锤慢敲[N].上海证券报,2004 - 1 - 14.

[6] 安永会计师事务所陈嘉强　上市并不是银行的出路[N].北京现代商报,2004 - 2 - 16.

[7] 曹凤岐.国有银行改革应循序渐进[N].新浪财经,2003 - 11 - 29.

[8] 李扬.花钱要买到好机制[N].新浪财经,2004 - 1 - 8.

[9] 赵海宽. 国有商业银行如何实行规范的股份制[N]. 金融时报,2004 - 3 - 9.

[10] 徐洪才.对银行海外上市热的理性思考[N].上海证券报,2005 -11 - 9.

[11] 曹尔阶.商业银行改革的观念更新问题[J].投资金融月刊,1995(4).

[12] 曹尔阶.闲话银行上市[N].北京经济报,2000-10-27.

[13] 曹尔阶.加入 WTO 与金融改革[N].金融时报,2001-11-24.

[14] 曹尔阶.浅议国有银行的股份制改造与上市[J].投资研究,2004(6).

第六章　资本运营：投资银行争夺货币和驾驭资本

中国经济的超常增长，还得益于资本市场的开放，很多人学会了驾驭资本和熟谙“资本化”的奥秘，学会了在市场上开发资本。当然，这个过程也非常曲折。

1978 年改革开放，但是资本短缺，许多地方从股份制集资上找出路，立即引来了姓资姓社、会不会导致私有化、会不会使社会主义事业迷失方向的争论。1987 年中共十三大报告做了结论：“改革中出现的股份制形式，包括国家控股和部门、地区、企业间参股以及个人入股，是社会主义企业财产的一种组织方式，可以继续试行”。直到 20 世纪 90 年代，朱镕基在上海开放了证券交易所，引入了一个可以从社会上开发资本的机制，沪深两地相继开放股票市场试点。但是，姓资姓社的争论仍然不断。

1992 年初邓小平南行，一锤定音：“证券、股市，这些东西究竟好不好，有没有危险，是不是资本主义的东西，社会主义能不能用？允许看，但要坚决地试。看对了，搞一两年对了，放开；错了，纠正，关了就是了。关，也可以快关，也可以慢关，也可以留一点尾巴。怕什么，坚持这种态度就不要紧，就不会犯大错误。”这才为初生的股票市场奠定了基调。后来，刘鸿儒引出马克思“股份资本是导向共产主义的最完善的形式”，更是找到了经典论据。

金融创新，关键在熟谙资本化的奥秘。现代金融市场，银行、证券、信托、保险各类机构齐全，仅仅有了一个金融百货商店，只有熟谙“资本化”的奥秘，才能一窥金融的精髓。

什么是“资本化”？资本化的真正奥秘就在于，如何把企业具有创造未来收入能力的资产，“开发”成为资本市场上可以交换的资本。重要的不是一时一地吸引资本的数量，而是要有一个好的、能够鼓励金融创新和持久地扩张资本的机制。中国长期来资本极度短缺。证券市场“资本化”的机制，给企业和市场提供了一个在银行之外直接融资的机会。固然，证券市场的发展带来了一个庞大的虚拟经济，但是，通过股市融资、债券融资、资产证券化、私募和金融创新，它毕竟也为分流银行资金扩张实体经济，开拓了一条重要的渠道。

1990 年证券市场开放，到 2010 年末，20 年累计为 2000 多家上市公司实现股本融资 2.5 万亿元，债券融资 2.9 万亿元；募集投资基金 2.51 万亿元，合共近 8 万亿元。到 2015 年，中国证券市场开放 25 周年，沪深两地已有上市公司 2827 家，总市值 53.13 万亿元。人们习惯于把企业上市融资说成“圈钱”。证券市场并不是“点石成金”，但由此具有了一个从市场上开发资本并能以较高的收益作为回报的机制，为经济的超常增长增添了一个重要支柱。

社会化大生产的发展，伴随着资本的积累和扩张，不断出现资本的短缺和资本形成机制的创新。长期来中国储蓄向投资的转化不畅，存在资源错配和浪费。表现为“两多两难”：中小企业多、融资难；民间资本多、投资难。说明资本市场上如何驾驭资本还有广阔的空间。

证监会对中国金融体系现状的概括是“以银行业为主导，资本市场相关金融机构发展相对落后”。按我的说法就是“银行太大、资本市场太小”。二十多年的“间接金融为主”，形成了一个习惯思维，总是想让银行主宰一切，习惯于考核“年度信贷增长目标”，唯恐巨额资金脱离了银行这个可控的“池子”，在直接融资的汪洋大海里难以驾驭。早在 1996 年央行就提“扩大直接融资规模”，多年来屡次提出“严格控制货币信贷总量”，年年都是贷款放量。

中国的资本市场，从 1990 年到 2003 年是证券业野蛮生长的时期，发展很快但也处处受损。2004 年证监会启动了综合治理工作，3 年间共处置了 30 多家高风险券商，指导重组了近 20 家风险券商，解决了券商大量挪用客户保证金以及庄股盛行等问题，建立健全了一系列重大的基础性法规和制度。直到 2008 年综合治理结束，证券行业进入了规范发展阶段。

在经济领域，企业根据资金周转的需要发行票据债券融资，本应是金融市场的家常便饭。但是中国的僵化思维太多，债券市场的发展却遭遇到行政性扭曲。长期以来，国家计委（后来是发改委）一直把持着企业基本建设新项目的立项和每年企业债券发行规模的审批，坚持对企业债券用于基本建设筹资的审批，使债券只能成为项目筹资的工具；而《票据法》又不允许企业发行本票。2003 年周小川主政央行，发现了票据市场的短板。央行自己也只能在规避监管上另辟蹊径，搞了个“打擦边球”的游戏。2005—2008 年，央行绕开了这两大法制障碍，绕开了发改委的审批，先后开放了一年期的“短期融资券”（短券）和 3—5 年期的“中期票据”（中票），使债券市场增添了两个新的债种，也让商业银行摆脱了承兑汇票风险过于集中于银行的苦恼，为发展债券市场增添了新的活力。与此异曲同工的是证监会在企业债券之外创设了上市公司“公司债”，也是逃避发改委审批企业债券的曲线救市的替代方案。这里难以掩盖的是部门之间历尽了在监管权力上的扯皮掣肘，才有另辟蹊径“绕道而行”的异举。应该说，“短券”“中票”和“公司债”，都是逃避发改委审批企业债和《票据法》的监管才有的金融创新，却对社会经济金融结构的调整和劳动生产力的提高并对实体经济作出了正向贡献。

所以我以为，“打擦边球”是最富有创造性的投行思维。“打擦边球”的创造性在于，它并不循规蹈矩，又不违法违规，然而它却以“变通”求“搞活”，从规矩法制的夹缝中发现了价值，在边缘上创造了价值。而它在理论上的价值，正在于敢于挑战不合时宜的法规制度，致力于改革上层建筑同经济基础的不相适应（现在叫作“扭曲”），理顺生产关系，创造新的金融手段，金融方式，促进生产力的发展。

到 2010 年，我国企业债、公司债、企业中期票据和短期融资券，共计发行 16716.75 亿元，已相当于同期境内外股市融资额 12611 亿元的 131.4%。近几年更是迅速发展，2016 年前 9 个月，我国债券市场共发行包括国债在内的各类债券发行规模已达 28.19 万亿元，同比增长 77.82%。其中，以国债、同业存单、地方政府债和政策性银行债为代表的利率债合计发行 19.90 万亿元，占同期债券发行规模总额的 70.61%。以短期融资券、公司债、中期票据和企业债等为代表的信用债合计发行 6.32 万亿元，同比增长 60.74%，占同期债券发行规模总额的 22.42%。债券市场在分流银行存贷款方面，有了长足的进展。

在金融领域，中央银行一直坚持“信贷规模控制”，商业银行迫于年度信贷规模管制的压力，在诸如委托贷款、表外业务以及结构化产品等“影子银行”方面，也出现了诸多规避信贷规模管制的金融创举和“红杏出墙”，2010 年冒出了委托贷款 1.13 万亿元。随着“短券”、“中票”的超常发展，银行不甘示弱，在理财方面有了规避“信贷规模控制”的冲动，竟从制度的夹缝中绕出了一个 17 万亿元规模和 9 万亿元年末余额的银行理财、信托的大市场。金融当局不得不丢开“信贷规模控制”，改提“保持合理的社会融资规模，提高直接融资比重”。

一、券商的金融创新，鼓励资本市场同银行分流资金

证券业鼓励券商创新，要从 2012 年证券业协会召开券商创新大会说起。

2012 年首次券商创新大会，提出了证券业即证券公司要确立“建设一流投资银行”的目标(这里的证券公司，就是投资银行的同义语①)，说明券商的创新，必须以价值发现和优化资源配置为己任。这次券商创新大会，还有针对性地提出“解决资源错配问题”。这里有一个背景。当时整个证券业的资产管理规模不足 3000 亿元，远远落在银行、信托等行业后边。倡行创新的实质就是要想办法把货币从银行分流到资本市场上去。说得直率一点，就是要同银行争夺货币。中国人礼让为先，我们从小就宣讲“孔融让梨”的故事。不要以为争夺货币的话难听。其实，资本市场从开放第一天起，就是同银行在货币争夺中生存和发展的。争夺和反争夺，是资本市场和银行间货币运动的存在形式。不讲争夺，银行是不会主动把货币让给你的！

可以借鉴的是，西方国家资本市场的货币争夺已是常态。先是出现了证券交易所，企业可以发行债券、股票，不经过银行中介就直接融得了资金，由此分流了银行的存贷款，产生了金融脱媒；接着，银行又以大额存单从债券市场夺回了货

---

① 这里说的证券业，其实就是投资银行的同义语。我在拙著《资本是个好东西》一书中曾经解释：投资银行是作为同商业银行相对立的非银行金融机构而独立存在的。非银行金融机构有很多种，包括保险公司、信托投资公司、租赁公司、财务公司；也包括投资银行、证券公司和投融资顾问公司。这后一类，在习惯上总称为投资银行。但各个国家按其习惯也有不同的称谓，如在美国习惯上称作投资银行(Investment bank)，英国和大多数欧洲国家则称为“商人银行”(Merchant bank)，虽然都称作银行，事实上它们都不办理一般货币业务。日本吸取了美国银行和证券两业分管的经验，按其业务性质称作证券公司，专营证券承销和交易，如野村证券、山一证券；而把从事企业兼并、重组和资产管理业务的机构称作投资顾问公司，如野村投资顾问公司、大和投资顾问公司等，都不称作银行。中国借鉴日本，也称作证券公司。

币;然后是共同投资基金以新的面貌同银行争夺储蓄者连同他们的储蓄存款;再接着是银行不甘心存款流失,同时也是为了摆脱“短存长贷”(即贷款期长、存款期短)风险不对应的困境,银行自己也直接跻身于资本市场,把已经发放的贷款打包出让,端出了信贷资产支持证券的创新产品,又重新夺回了货币。由此,西方国家不得不突破自20世纪30年代美国大萧条以后一直严格实行的银行证券分业经营分业管理的框架,迈向了银行混业经营。而后是投资银行在资产证券化上的创新,出现了以多种债券为质押的多层多级的债务抵押证券(CDO),随后又创出了为对冲持有CDO风险的信用违约掉期(CDS)等,正因为有银行和资本市场在货币上的争夺和反争夺,也使整个金融和经济获得了繁荣和发展。当然,这个CDO和CDS也闯下了滔天大祸,在2008年给全世界带来了一场严重的金融危机,至今金融界还谈虎色变,心有余悸!

中国金融领域的货币争夺同样激烈。中国在20世纪90年代中期以前,主要是分流银行货币直接从事实质经济。例如,改革初期,100多家信托公司分流银行存款搞计划外工程。80年代中期,地方、企业的“债券热”和700多家金融公司一哄而起的“金融热”,都是分流银行存款上项目。90年代是金融机构以假拆借和绕规模贷款支持地方上项目,如此等等。

1990年股市开放,就逐渐表现为从银行争夺货币来发展包括股票市场在内的虚拟经济。但是,由于人们对金融风险和投机的畏惧,银行在货币上的反争夺常常会以某些金融正统的理由“拉大旗作虎皮”。例如,1997年股市刚刚有点“牛”气,央行就出台两个“严禁”,即严禁银行资金违规流入股市和严禁国有企业与上市公司炒股,果断地抽走了资金;2001年私募基金活跃,央行又祭出“清理违规资金”的大棒。这两次,都带来了很大的杀伤力。

在资本市场上,投资基金是同银行争夺货币的利器。美国在20世纪80年代末,银行储蓄存款是共同投资基金的10倍,10年之后的1999年,共同投资基金已是储蓄存款的115%,成为股市资金的主流。在中国,周小川的金融感觉最灵敏。2000年周小川出任证监会主席后,立即提出要超常规发展投资基金。2000年,10家基金公司管理的33只证券投资基金,总额只有650亿元。2002年就发展到60多只、总额超过1300亿元;2011年是914只、总额2.1864万亿元。2014

年年底基金公司的资产管理规模已达 12.91 万亿元。2015 年年底，资产管理行业的总规模几近 40 万亿，达到 39.38 万亿元。

投资基金同银行存款的区别在于：银行是吸收千家万户的存款，集中贷款给需要资金的企业，因而也把金融风险集中在银行；投资基金作为一种直接融资手段，是由投资者自主决策、自己承担风险，风险是分散的；相对而言，投资基金的特殊功能是帮助银行分散了金融风险。金融的发展，要藏富于民，也必须散险于民。而投资基金发行和使用的全过程，却是把投资的聚集、投资对象的选择、投资的管理以及管理的人才，都实现了商品化、市场化和产业化，因而是以市场化方式对投资体制的最重要的改革。

中国的证券行业经过 2004 年到 2007 年的 4 年治理整顿，强调严控风险，本来就对证券的创新发展产生了某些制约；恰好又碰上 2008 年全球金融危机，美国证券业的过度创新和一些创新型资产证券及其衍生金融产品闯下大祸，导致我国国内也响起了慎对金融创新的呼声，以至随后几年在资产证券化方面也产生了畏首畏尾的情绪。相对于银行，证券行业则画地为牢的框框较多，突显金融创新的滞后。于是就有了 2012 年券商创新大会"需要证券公司创新"的呼吁；央行行长也正面回应，要"为资本市场稳定发展提供良好货币金融环境"。

2012 年的首届证券行业创新大会，监管层推出创新十一条纲领以及一系列配套规则，包括提高证券公司理财类产品创新能力、加快新业务新产品创新进程、放宽业务范围和投资方式限制、扩大证券公司代销金融产品范围、支持跨境业务发展、推动营业部组织创新、鼓励券商发行上市和并购重组、鼓励券商积极参与场外市场建设和中小微企业私募债券试点、调整完善净资本构成和计算标准、人才激励机制和适当性管理要求等 11 项举措。证监会副主席庄心一喊出"守住底线包容失败、永不对创新说 No"。证券公司一拥而上，终于跳脱了困境，证券业资产管理规模出现了爆炸性增长。据中证协数据显示，证券行业受托资金规模 2011 年年底为 2819 亿元，2012 年达到 1.89 万亿元；2013 年达到 5.19 万亿元，2014 年资产管理规模达到 7.95 万亿元，增加了 20 多倍。当然，不可避免地也出现了某些"盲目"。但是券商资管成为银行、保险、信托、基金之外第五极的地位已经确立，创新意识进一步加强。

这里要提到一些数据：从存量规模来看，2014 年年底，中国股票市场总市值 37.26 万亿元，全国债券市场托总管量 35.32 万亿元，相对于银行贷款余额 86.79 万亿元，直接融资存量规模比重仅 45.5%，远低于境外主要经济体 60%的最低水平。比如，美国直接融资存量规模比重接近 90%，印度为 70%。再以证券化率（股票市场总市值/GDP）为例，2014 年中国证券化率仅 58%，而同期美国、韩国、印度与新加坡证券化率分别为 160%、90%、168%与 256%。从增量规模看，2014 年中国社会融资规模总额 16.4 万亿元中，股票与债券的直接融资 2.8 万亿元，仅占 17.2%的比重。1990—2014 年的 25 年间，沪深证券市场股票融资总额 6.2 万亿元（沪市 3.8 万亿元、深市 2.4 万亿元），而仅 2014 年中国金融机构贷款增加额就高达 9.8 万亿元，超过股市历年筹资额总和。“银行太大、资本市场太小”的格局总体上没有改变。

2014 年券商创新步入第三年，监管层要求深度创新。创新的新方向，包括私募市场、财富管理、互联网证券、融资业务、投资咨询、风险管理等。2014 年发布的新“国九条”着重提及的私募市场，是证券业争夺货币的一个新的空间。而一行三会一局号称“银发 127 号文”的规范同业业务的“新规”，对包括证券、基金已涉足的同业业务都要求加强监管；银行同业的规模有 30 万亿，意味着未来证券业转战私募市场的竞争具有广阔天地。

说到底，金融创新，就是要争夺货币，核心就是利率市场化。2014 年 9 月，证监会有人讲过目前中国金融市场大概形成了“五条收益率曲线”，非常传神地描画了各方追求利率市场化的状况：第一条是以温州为代表的民间金融的收益率曲线，它的收益率一般在 20%以上，这是投机属性较强的收益率曲线。第二条是以信托业为基础，主要通过委托贷款进行投资的收益率曲线，高时达到 15%—18%，现在降到 8%—12%。第三条是通过资本市场形成的收益率曲线，包括股票融资和债券融资，从 4%—9%不等。第四条是国债收益率曲线，收益率在 4%左右，有时可能更低。第五条是以央行基准利率为基础的收益率曲线，目前维持在 3%左右。这五条收益率曲线的活动大体上是：一般情况下，国债收益率曲线为无风险收益率曲线；在不规范或存在刚性兑付的市场，其他收益率曲线由不同金融机构为实体经济提供的收益率水平差距很大。发展资本市场有两个根本目的：一是要把市场收益率曲线尽可能下移，解决实体企业融资难、融资贵的问题；二是要通过市场让投资人直接持有金融产品，提高收益水平，同时有效地分散金融风险。这应当是资本市场金融创新的最基本出发点。说到底，证券业、基金业和期货业创新发展的根本目的，就是降低企业融资成本，更好地化解社会融资风险。

附带说说，金融创新，存在着不确定性。创新肯定会出错，需要各方面的理解和包容。其实，任何金融制度和金融监管，不可能万无一失；任何金融创新，也不可能由官方设计好模子，让大家往里面套。任何金融都会有突破制度和监管的资本扩张冲动：冲得好，就是创新；闯了祸，就是违规。金融监管要留有余地，鼓励为主。制度上没有硬性规定为“不许”而有所突破的，如果不利于生产流通，可以“网开一面”，以示宽容。然后定出规矩，从严监管。如果突破而有利于生产流通的，就应当允许合法化，纳入正途。西方发达市场经济国家先后对大额存单、垃圾债券、入股信贷、“债权转股权”等金融创新的认可，都是极好的范例。

二、债券市场孕育着券商创新的商机

资本市场的“资本化”，债券市场具有广阔的发展空间，孕育着券商创新的最大商机。

在国际资本市场，投资者对债券市场“资本化”的需求不可小视。20 世纪 70 年代，布雷顿森林体系解体，巨额石油美元寻找投资出路，投资银行因势利导，形成了欧洲美元市场，层出不穷地促成了各种低成本筹资证券的创新。一时间，既有欧洲传统的固定利率债券和浮动利率债券，又创出了转换公司债券、多元货币债券、欧洲商业票据、各种期权债券，以及附有认购各种金融商品权的债券。后来在利率、汇率激烈波动下，又创出了调期交易，如汇率调期、利率互换等，给了投资银行家发挥聪明才智的广阔空间。随后的创新，是在香港、巴林、新加坡，也包括巴哈马群岛、开曼群岛等地区，兴起了“离岸金融”，更使得欧洲美元市场成为一个巨大的“免税”和批发市场，通过间接渠道形成了国际金融的有力融合。

我国债券市场比较扭曲，但还是创新不断。我记得，改革开放初期，汽车紧俏，建设银行就帮中国汽车公司发行过一种附有购买汽车权的企业债。后来，不少紧缺物资行业，如钢材、水泥企业都发行过类似附有购物权的债券，成为改革开放初期债券融资的中国特色。后来的“短期融资券”、“中期票据”和上市公司“公司债”虽有曲折,也都各有特色。

在债券市场,投资银行家可以发挥聪明才智,针对市场上不同投资者对风险和收益的不同偏好,设计出不同期限、不同收益和不同风险的私募或公募的各种债券。以小微企业融资来说,西方国家有风险投资公司和风险投资基金,有多层次资本市场进行资本性融资,有遍及中小城镇的小型银行进行一般短期性融资,有租赁公司的设备租赁和融资租赁,美国有次级信用债券,法国有中小银行为困境企业发放的“视同入股贷款”。

我国近十多年来困扰金融界的“中小企业贷款难”,其实是混淆了企业资本性融资与一般短期性融资的区别,“牛不喝水强按头”,只认准了要商业银行发放贷款。对于小微企业的管理不规范、无担保、无抵押,大银行顾虑风险太大而不愿涉足的许多实际难处,却往往考虑不足。郭树清还在担任建设银行董事长期间,就提出中国也不妨开放垃圾债券。2012 年郭树清任职证监会主席后,推出《中小企业私募债》,在多层次资本市场和银行贷款之外,多了一个支持中小企业和高科技企业创业的债券,占领中国证券市场的一方天下。

附带说到,银行和资本市场的金融创新不能总是把眼睛盯在某种金融衍生产品的设计上,应当看到,私募和场外交易是金融创新的绝佳场所。想想现在市场上的证券、期货等各类成熟产品,哪一项不是从私募和场外交易演变发展而来。这次在全球风行的 CDO 和 CDS,就都是在场外交易中创新的炙手可热的热门产品。中国酝酿出台中小企业私募债,又碰上了《破产法》是维护职工权益而不是首先保护债权人权益的问题。其实,放开思想,在这方面尝试诸如信用违约掉期(CDS)一类的金融衍生产品,是否也可以对冲风险?思想再敞开些,现在大家关心的地方融资平台,是否也孕育着尝试 CDS 的空间?2012 年,上交所探索研究证券质押式回购交易业务,既盘活了客户的证券资源,也为客户提供了更多的投资选择。

三、资产证券化是“资本化”和金融创新的又一大商机

资本市场把企业有创利能力的资产,开发出证券(股票或债券),成为市场上可以交换的资本,是“资本化”在金融实践上的第一次飞跃。它超越银行中介,从

间接金融走向直接金融。但也削弱了银行存放款业务，产生金融脱媒现象，又使银行陷入资金周转不灵的困境。

资产证券化的出现，是"资本化"在金融实践上的又一次飞跃。它把银行贷款这类缺乏流动性但能在未来产生稳定的现金流的资产转化为资产支持证券套现，缓解了流动性危机，打破了银行与资本市场的割裂，又为银行、信托、证券、保险四大市场走向融合创造了机会。

经济金融领域，在资产证券化方面有着旺盛需求。一方面，一些大型企业集团和现代物流业的供应链管理上，都有巨额应收账款存在借助资产证券化套现的需求；另一方面，更大的需求还在国内间接融资为主的格局，每年的贷款增幅给商业银行增加资本带来了很大压力。把信贷资产转化为资产证券，将是保持资本充足率优化的一个重要途径。

问题是我国银行贷款资产支持证券的试点，打打停停。从 2005—2008 年，信贷资产支持证券在银行间债券市场，总共发行了 19 单、总额 668 亿元，与同期债券市场 19 万亿元的规模不成比例。与西方国家资产证券化产品一般占债券市场 20%的比重，更是不可同日而语(有资料说，2000—2013 年，美国资产证券化市场年平均发行量为 2.96 万亿美元)。2009 年受国际金融危机影响，试点一度处于停滞状态。当时认为中国银行业的管理水平还不行，没有能力做好资产证券化业务，显然这是因噎废食。其实，美国的金融危机，是资产证券化的创新过度；而我国是金融积弱，更加突显出加快发展资产证券化方面的需要。

2011 年 5 月，中国银监会发布《关于中国银行业实施新监管标准的指导意见》，按此测算，13 家上市银行在不进行再融资、仅考虑以利润补充资本金的情况下，2011—2016 年的核心资本缺口达到 7885 亿元，总资本缺口合计达到 13919 亿元。当然，增加资本金有多种措施。一是股票市场融资，但 13 家上市银行的资本缺口近 1.4 万亿元，如此大规模的融资，目前股市难以承受。二是将银行的传统经营模式调整为大力发展资本金消耗较少的中间业务。但经营模式的调整是一个相对长期的过程，不能一蹴而就。相比之下，简单可行的方式还是对银行的存量信贷资产实行证券化。由于市场上关于开放资产证券化的呼声再度高涨，2011 年国务院同意对资产证券化继续试点，有 6 家金融机构发行了信贷资产证券化产品 228.5 亿元。2012—2013 年末,共发行约 350 亿元证券化产品。2014 年共发行 65 单资产证券化产品总额 2770 亿元。虽数量飙升,但同 1.4 万亿的资本缺口相比无异于杯水车薪。

2014 年,有央行人士分析:截至 2013 年末,我国金融机构人民币各项贷款余额已近 72 万亿元,其中中长期贷款近 40 万亿元,占全部贷款的 56%。如果中长期贷款有 10%进行证券化,其规模就有 4 万亿元,不仅增加了银行的流动性,也提高了银行的资本充足率。对此,银行业具有强烈的开展信贷资产证券化的内在要求。另一方面,机构投资者有旺盛的需求。据分析,截至 2013 年末,我国保险业总资产突破 8 万亿元,基金管理公司管理的资产突破 4 万亿元,养老金结存突破 3 万亿元,社保基金总规模突破 1 万亿元,企业年金累计结存超过 6000 亿元,共有 16.6 万亿元的资金,可以为资产证券化市场提供长期、稳定的资金来源。再者,市场对资产证券化产品普遍持欢迎态度,认购倍数高的 4 倍,低的也在 1 倍以上。可见,我国信贷资产证券化市场,无论从供给面还是从需求面,都具有巨大的发展潜力。

据分析,2014 年中国资产证券化市场的新增发行量接近 3000 亿,是自 2005 年启动试点以来全部发行量的两倍还要多。2015 年国务院决定新增 5000 亿元信贷资产证券化试点规模。全年共发行 1386 只资产证券化产品,总金额 5930.39 亿元,同比增长 79%。

中央结算公司发布的《2015 年资产证券化发展报告》显示,自 2014 年起,资产证券化市场呈现爆发式增长,这两年共发行各类产品逾 9000 亿元,是前 9 年发行总量的 6 倍多,市场规模较 2013 年末增长了 15 倍。

还要说明,银行等金融机构发行信贷资产支持证券,原来是实行央行和银监会的"逐笔双审批制"。适应上述金融形势,2014 年银监会推出资产证券化备案制;2015 年 4 月,央行亦宣布信贷资产证券化实行注册制。

2016 年 2 月,中国人民银行、发改委、财政部、银监会等八部委联合印发《关于金融支持工业稳增长调结构增效益的若干意见》,提出要稳步推进资产证券化发展。10 月,国务院印发《关于积极稳妥降低企业杠杆率的意见》,提出将有序开展企业资产证券化作为盘活企业存量资产、降低企业杠杆率的主要途径之一。同年3月，保监会发布《关于修改〈保险资金运用管理暂行办法〉的决定（征求意见稿）》，其中增加了“保险资金可以投资资产证券化产品”，保险资金获准投资资产证券化产品。

2016年，全国共发行资产证券化产品8420.51亿元，同比增长37.32%；市场存量为11977.68亿元，同比增长52.66%。其中，信贷ABS（含在银行间市场发行的公积金RMBS数据，下同）发行3868.73亿元，同比下降4.63%，占发行总量的45.94%；存量为6173.67亿元，同比增长14.74%，占市场总量的51.54%。企业ABS发行4385.21亿元，同比增长114.90%，占发行总量的52.08%；存量5506.04亿元，同比增长138.72%，占市场总量的45.97%。ABN资产支持票据（是指非金融企业在银行间债券市场发行的、由基础资产所产生的现金流作为还款支持并约定在一定期限内还本付息的债务融资工具）发行166.57亿元，同比增长375.91%，占发行总量的1.98%；存量297.97亿元，同比增长87.52%，占市场总量的2.49%。从全年看，资产证券化延续快速增长态势，企业ABS发行规模较2015年翻番，成为发行量最大的品种。

市场创新情况，一是不良资产证券化重启发行，2016年5月，中国银行和招商银行等6家商业银行陆续发行了14只“不良资产支持证券”产品，规模156.10亿元，占试点额度的31%，标志着不良资产证券化时隔8年后重启，商业银行不良资产市场化处置渠道进一步拓宽。全年不良资产证券化试点机构共发行基础资产类型快速创新，不但有首单以零售类不良贷款和小微企业不良贷款作为基础资产的不良资产证券化产品，还有首单以不良个人住房抵押贷款资产支持证券。二是资产支持证券境外发行实现突破。中国银行在境外发行了首批以境内地方政府债为主要基础资产的资产支持证券，同时使用境内人民币债券作为担保品，中央结算公司承担了境内担保品监控人及执行代理人的职责。这项业务实现了我国首单境内资产境外发行资产证券化、首单以中国地方政府债为基础资产发行证券化产品等多项市场创新，成功开拓了境外投资机构进入银行间债券市场的新通道，对盘活境内存量债券资产、改善境内银行资产负债结构做出了有益尝试。三是资产支持票据信托型ABN公开发行。信托型ABN是非金融企业将基础资产转让给信托公司，设立财产权信托，信托公司作为受托机构在银行间债券市场发行资产支持票据，该产品采用公开募集方式，以基础资产所产生的现金流为还款来源，以投资者购买产品，受让信托受益权，获得基础资产带来的相关收益作为其收益来源。2016 年 6 月，远东国际租赁公司在交易商协会注册“远东国际租赁有限公司 2016 年第一期信托资产支持票据”，为国内市场首单信托型 ABN 产品。其特点是引入特定目的信托（SPT）作为发行载体，在我国现有法律框架下实现了有效破产风险隔离，满足了企业资产出表需求，是对原有 ABN 模式的重要创新。

数据显示，2016 年以来，交易所资产证券化产品发行额已较 2015 年全年翻番。上海高级金融学院（SAIF）金融学教授严弘表示，相较于美国具备 10 万亿美元存量、2 万亿美元年发行量的资产证券化市场而言，中国的资产证券化市场还处于初期阶段，体量还很小，但也预示着资产证券化在中国的发展空间非常巨大。

2016 年在资产证券化快速发展的同时，企业 ABS 市场出现首单违约。作为大桥通行费收益权专项资产管理计划优先级资产支持证券，在上交所挂牌交易的“14 益优 02”未能在 2016 年 5 月 29 日到期日完成兑付。该违约事件提示市场：对于基础资产单一、风险集中的资产证券化产品，现金流易受经济环境和经营情况波动的影响，需要在项目结构设计、外部增信、跟踪监控等环节进一步完善。

中国的债券市场，实际上是有银行间市场和交易所两个市场。对信贷资产证券的发行，此前央行倾向于在银行间市场而非交易所上市交易。现在规定，可按照投资者适当性原则，由市场和发行人双向选择交易场所，使信贷资产证券化产品登陆交易所成为可能；由此，信贷资产支持证券将受益于交易所新推出的质押式协议回购制度从而增强流动性，也有利于将风险分散至银行体系之外，还有望通过做市提升流动性。

我国信贷资产证券化试点总规模超出万亿。银行和证券业会从信贷资产证券化过程中获益多少？一家国内大型券商在 2013 年曾做过估算，到 2020 年，中国资产证券化规模约为 8 万亿元至 16 万亿元。其中信贷资产证券化存量有望达到 6.56—13.12 万亿元，占贷款余额 6.08％—12.15％，约占资产证券化产品的 82％；证券公司资产证券化存量规模有望达到 1.44—2.88 万亿元，约占资产证券化产品的 18％。到 2020 年，券商资产证券化收入有望达到 842 亿元，收入贡献达 13％。

这里要谈谈金融监管和创新的矛盾。监管的统一是相对的，而创新是永恒的。监管追求统一，总想制止一切离经叛道和歪门邪路的出轨求得统一和平静，然而创新却是出奇制胜，总是绕开现有法制规章的禁锢另辟蹊径而红杏出墙。比如，银行间接融资出现了一次次的金融紊乱和危机，而后有了金融监管；后来证券闯出了资本市场的直接金融，而证券投资评级的监管，又有米尔肯用垃圾债券（次级信用债券）为企业兼并和收购闯出了另一方天下。而后又出现了资产证券化和各种金融衍生产品，乃至2008年全球金融危机中闯了大祸的以已经证券化了的资产为抵押的多层多级的债务抵押证券（CDO），以及为了对冲持有CDO风险的信用违约掉期（CDS），等等，很多都是金融创新的不受监管的场外衍生证券交易，成了巴菲特说的“金融界的大规模杀伤性武器”。

四、以价值发现和优化资源配置为己任，建设一流投资银行

美国经济学家施蒂格利茨说过：“纵观世界上著名的大企业、大公司，没有一家不是在某个时候以某种方式通过资本运营发展起来的，也没有哪一家是单纯依靠企业自身利润的积累发展起来的。”资本运营，也称资本运作，通常是指企业或企业集团对所拥有的一切有形与无形的存量资产，通过流动、裂变、组合、优化配置等各种方式进行有效运营，以最大限度地实现资本增值。这是广义上的资本运营，也是驾驭资本的通称。这里要说明，通常说的驾驭资本，是指在经济领域以直接或间接的方法对资本的引导、调节、掌控、运营和驾驭。这是既包括实体经济里对资本的驾驭和引导，也包括资本市场上企业的资本运营。

证券公司要确立“建设一流投资银行”的目标，以价值发现和优化资源配置为己任，专门致力于资本市场的资本运营和金融创新。前面提到，证券公司就是投资银行的同义语。证券公司（投资银行）要从事的资本运营，是狭义的资本运营，通常是专指资本市场上企业的资本运营。具体来说，是指在资本市场上通过以货币化的资产为主要对象的购买、出售、转让、兼并、托管等活动，实现资源配置的优化，从而达到利益最大化、企业价值最大化。

市场经济下的企业资本运营，首先是要让企业上市，让企业成为资本市场上可以交换资本的商品，再去从事资本运营，即资本的腾挪驾驭。资本运营虽然不

能点石成金，但至少也是以少驭多，把死财富变成活资本。

还要说到，在资本市场上，投资银行专注于以价值发现和优化资源配置的资本运营来为实体经济服务。资本市场上的企业资本运营，通常是由投资银行家为某一特定企业提高企业效率和市场竞争力而进行量身定做的高智力的专业服务，它体现了一种专门策划和设计的各种金融服务的灵巧结合及其在特定条件下的金融创新。

关于金融创新和套利的关系，必须指出，金融创新总是从一般的套利开始的，并且具有普惠金融的特征。通常情况下，金融的套利，往往是同民间借贷和地下高利贷以及私相授受的"非法集资"，乃至地下钱庄纠缠在一起。陈志武把这种非官办金融称为"中国民间的金融饥渴"，这是有道理的。而后，资本市场和直接金融的出现，又使金融的套利和金融创新上了一个新台阶，出现了企业上市和"资本化"，以及投资银行的资本运营，从而使普惠金融具有新的表现形式。现在，随着科学技术的发展，出现了互联网，更是使普惠金融如虎添翼，从而为金融的套利和创新提供了一个新的平台，于是出现了更为普惠的互联网金融。

我的观察认为，套利、创新、普惠是金融的核心，而互联网为三者的结合提供了一个完美的平台。如何从中鉴别出美味的羹汤或是泡沫，考验着从业者和监管者的智慧。

五、资本运营方式举例

至于资本运营，不能把任何地方任何企业的任何资产建设、转让或买卖都说成资本运营。一个突出的例子是上海的桥隧基础设施投资。上海的繁华地区都在黄浦江以西，隔江相望的浦东一直得不到发展。汪道涵致力于浦东开发。他多次说过，浦东开发，关键是交通，一桥一隧一会，至关重要！上海市狠抓跨黄浦江"四桥六隧"建设，"一会"指的是世界博览会。1987 年在上海的一次外事宴会上，日本长期信用银行的竹内宏谈到大阪世博会对振兴日本经济起了作用。汪公感叹：开发浦东，一桥一隧一会，吾愿足矣！所以，2010 年上海世界博览会开幕，我有诗句："隧桥遗愿谢汪公"！黄浦江的"四桥六隧"（指徐浦大桥、杨浦大桥、南浦大桥、卢浦大桥和打浦路隧道、延安东路隧道、外环隧道、大连路隧道、复兴东路隧道、翔殷路隧道)，解决了过江的交通瓶颈，浦东面貌立显改观，其诱发作用非常显著。但是，上海市在桥隧投资上对资本的驾驭，还只是实体经济里的驾驭资本，即解决振兴浦东的交通瓶颈，并没有出现资本市场上的资本运营。

事情的变化是，20 世纪 90 年代早期，上海市把隧道和两座大桥的经营权卖给了在香港上市的中信泰富。对上海市来说是卖老路，建新路，尝试以转让经营权变现，是一次很值得称道的把死财富变成活资本的驾驭资本，却仍然并没有构成资本市场上的资本运营。

但是这同一案例，对香港上市的中信泰富来说，以其在香港股市配股融资换回的增量资本，到内地以 TOT(Transfer-Operate-Transfer，即移交—经营—移交)方式，演绎了一个收购上海隧桥资产、每年都有经营收入的资本故事，却是一次货真价实的资本运营。

上海人对这一资本运作的差异很敏感，马上反躬自问：为什么我们自己不搞一个“中信泰富”?！这就酝酿和促成了上海实业以“红筹股”面目在香港上市，由此引发了国际投资银行策划的一系列中国企业在香港资本市场的资本运营。为什么选择香港？这是因为，中国早期的股市很不规范，而香港则是世界知名的资本市场，比较符合世界通行的交易规则。

下面，以上海实业在香港上市为开端，说说资本市场上常见的，投资银行以价值发现和优化资源配置为特征的资本运营方式。

首先，是 IPO(Initial Public Offerings，简称 IPO)即首次公开募股的上市融资。

投资银行要**通过**策划和运作，对拟上市或并购重组企业的资产致力于重新塑造，让企业具备 IPO 或者增发配股融资的条件。这种策划和运作，在投行的术语里称为“包装”。主要内容是：一要经过资产重组，乃至进行必要的资产剥离或并购重组，去粗取精，突出核心资产的价值；二要经过股份制改造，实现股权多元化；三要有财产价值及其收益的会计判断；四要有产权归属的法律证明；五要有投资银行对资产创造利润的能力及其风险的估值定价、推介与保荐。“包装”的关键，是突出拟上市或并购重组的企业在未来具有创造收益的能力。

1996 年，“上海实业”由香港百富勤和美国摩根士丹利策划，推荐到香港交易所 IPO 上市。“上海实业”的资产，事先经过两家投行的精心策划和重组，除了在香港的南洋烟草和永发印务以外，还包括在上海的上海家化和三维制药。两家投行有针对性地着重突出了“上海实业”在“上海概念”和“消费概念”上具有的特殊价值。“消费概念”是说中国是一个有十几亿人口消费市场的大国，消费品的销售可以经久不衰；“上海概念”是说上海是一个开放的大城市，不断地同世界市场有持续的经贸往来，等等。确实突出了“上海实业”的特殊价值，起到了成功上市和重振“中国概念股”的作用。“上海实业”在招股时备受青睐，获得超额 160 倍的认购，冻结资金 300 亿港币，募集外汇资金 13 亿港币。

怎么体现“突出上市公司的特殊价值”(或称“包装”)？就是说，投资银行要以敏锐的洞察力，对上市企业的成长性作出判断，抓住最能代表公司最本质的东西，拿出称得上科学性和艺术性完美结合的创意，并以各种智力服务把企业和资本的这种价值体现出来。一方面，要以科学的方法，来为上市公司的资产质量(尤其是成长性)和风险定价；另一方面，还要表现出有艺术性的创意，就是对于公司股票定价上种种不能量化，然而又是体现其本质，往往是一种可以意会而不可言传的类似于“灵感”或“美感”的东西，却又要言之有物地将它表达出来。这种定价的创意表达即“包装”恰当与否，往往对于决定发行者的市场形象和地位，以及投资银行自身的市场等级和未来的发展，具有至关重要的影响。以“上海实业”来说，百富勤和摩根士丹利两家投行的“包装”，就是突出这家公司的“上海概念”和“消费概念”，确实恰如其分地把最能代表公司最本质的东西及其价值表达了出来。

其次，是上市公司的配股和注资即注入资产，衍生为“窗口概念”。

“上海实业”上市，精明的上海人并没有到此止步，接着又说要通过这个“窗口”不断配股筹资，把它衍化成为一个“窗口”概念，使其后续发展的资本运营故事更加生动和诱人。

也是在“上海实业”的一次会上，上海市领导大概是徐匡迪当众承诺“上海实业”是上海市政府在香港的一个“窗口公司”，今后将不断地把上海优质企业和优质资产注入“上海实业”，通过这个窗口配股筹资。此后“上海实业”两次配股融资，上海市果然以东方商厦、光明乳业、延安路高架、汇众汽车以及内环路和南北高架道路的部分权益注入“上海实业”，保持了股票的高盈利、高增长和高股价一直受到追捧。由此，投资银行及时地把“上海实业”这种配股融资和注入资产的资本运营称作"窗口概念",再次引起香港股民的追捧,配股和注资的资本运营也由此传到沪深股市。

"窗口"概念的美妙生动和诱人,是它在另一个上市公司资本故事上的延续发酵。1997年,百富勤和摩根士丹利策划"北京控股"在香港上市,最初仍是沿用"上海实业"的套路,编出了突出"首都概念"和"消费概念"价值的资本故事。因为"北京控股"对机场高速公路、建国饭店、国际交换电话、八达岭旅游、王府井百货、麦当劳、三元牛奶、燕京啤酒等均有持股,他们编出的资本故事说,你买了"北京控股"的股票,一下飞机,无论是走高速、住饭店、打电话,买百货商品,乃至吃快餐、喝啤酒,处处都能显示出你的股东身份,确实在突出消费上煞费心机。但是随着"上海实业"以窗口概念走红,两家投行立即在路演时直接把"北京控股"作为北京市"窗口"企业的价值适时地端了出来。所以"北京控股"超额认购1200倍,冻结资金2100亿港币,一下子走红香港。

"上海实业"和"北京控股"在香港上市,又引发了地方政府直接利用窗口企业进行资本运营即资本化的运作,这是这一时期地方政府驾驭资本的一大突破。

下面,接着介绍其他资本运营案例。

第三,借壳上市和造壳上市。

前面说到,企业上市需要经过股份制改造和资产重组,要有会计师对财产价值及其收益的会计判断,要有产权归属的法律证明,要有投资银行对资产创造利润能力及其风险的估值定价、推介与保荐,还要经过证券交易所的上市审查和批准,关键是旷日持久。能不能跳过这一系列烦琐的程序?于是有人想到借壳上市,就是买一个现成的上市公司,通过并购重组直接进行资本市场的资本运作。这样可以跨越IPO的许多程序和手续,更主要的是节省时间。

中国企业最早在香港尝试借壳上市的,是中信和首钢。因为中信本来就是从事利用外资的窗口,对其借壳上市和资本运营,并没有引起太多注意。但首钢即首都钢铁公司在国内以热衷于承包享有盛誉,特别是首钢领导者周冠五,在1958年就以投资包干为刘少奇称道而著称。1992年中国向社会主义市场经济转轨,邓小平视察首钢,肯定了首钢的改革,国务院批准首钢有对外投资、融资和外贸的权限,并批准其筹建华夏银行。恰恰在这时,首钢通过收购一家香港上市公司而借壳上市，不卖资产、不花利息、不要抵押、不要还本，就能驾驭一大笔外汇资本，这样的资本故事对国内长期处于封闭状态的国有企业来说，颇有轰动效应。

事情的经过是，1992 年首钢在香港设立了首钢控股公司，原意是作为筹资的窗口。适逢香港的上市公司东荣钢铁经营上遭遇困难成为一个现成的“壳”，首钢会同长江实业和加拿大怡东，趁势收购并控股东荣钢铁而“借壳上市”。接着又通过东荣配股增发，注入首钢的钢丝厂和带钢厂等资产，套回巨额外汇，更名为“首长四方集团公司”。首钢收购时，东荣的市值为 3 亿港币，通过配股注资，两年后资产市值递增到 63.6 亿港币，最高时达到 120 亿港币。首钢这种借壳上市的注资、套回外汇、滚动发展，人们称为“东荣发展模式”，成为国内企业偷尝禁果的榜样。

首钢借壳上市，接着就有一些企业集团直接以所属境外窗口企业上市。如招商局在香港的海虹集团在联交所 IPO 上市，融入资金 9000 多万港币。相对于首钢的“借壳上市”，人称“造壳上市”。在 1992—1993 年，后续“造壳上市”的还有中旅集团、广州汽车集团、北京四通集团以及北京联想集团，人们通称为“红筹股”。由此刮起了一股“红筹股”风暴。

这一段的“红筹股”，加上后来内地在香港上市的 H 股，如上海石化、青岛啤酒、马鞍山钢铁等，还都是以企业为主体自发进行的资本运作；直到 1996 年“上海实业”上市，就演化为一种“窗口”概念，成为地方政府主导“注资”的筹资行为而以新的面貌受到追捧。

第四，“壳资源利用”。

1993 年，国内股票市场上，宝安收购延中，打响了并购的第一炮。1994 年恒通兼并棱光，以首例国有股低价协议转让和按市场价配股再融资，开启了国内股市借壳上市筹资之先河。

1997 年沪深股市转向牛市，上海本地已有上市公司 110 多家，1998 年底增加到 115 家。地方政府的压力，是如何通过资本市场利用社会资本为过度负债的国有企业增资减债，但是上市指标稀缺。而最早上市的一些地方小企业如 120 家遗留问题股，这时出现了效益滑坡，因而借壳上市的运作应运而生。其时，股市上已经先后有中远买壳众城、天津泰达兼并美伦化纤、兰陵陈香购并山东环宇、四川全兴进入四川制药、托普软件借壳川长征等借壳上市的先例。于是上海市提出“壳资源利用”的问题,这是上海市成功进行资本运营的一个可圈可点的事例。

上海市的“壳资源利用”,通过国有企业之间的国有股转让、资产重组和再融资,策划了对100家效益滑坡“壳公司”的借壳上市,主导了对社会资本的驾驭,为国有企业增资减债开辟了新路。最有代表性的如交运置换钢运。钢运股份是1993年9月上市,上市初期公司股价16.80元。后来业绩滑坡,连续三年净资产收益率低于10%,1997年股价滑落到5元的历史低位。1997年12月其控股股东上海交运集团决定,以其下属的交通机械总厂的资产和高速客运公司51%的股权,以净资产等值置换方式,整体剥离和置换钢运股份的原有资产,将公司更名为交运股份公司,其主营业务也由原来的陆上短途钢铁类货物运输,转变为轿车零部件制造和高速客运。1997年年底,公司资产置换完毕,盈利能力大幅提升,随后以送配股方式把股本扩张了95%,三年平均的净资产年收益率达到21.75%,实现了健康、持续、稳定的发展。

同一时期,与交运置换钢运类似的重组,还有上海实业兼并联合实业,龙头股份以四大名牌针织产品的优质资产置换并增发新股,以及申达股份、太极实业、上海三毛和深惠中的资产重组,都是全面置换,并增发新股。这类有计划的对“壳资源”的利用,尽管是政府主导了资源配置引起众多非议,却是地方政府利用资本市场驾驭资本的新的尝试。其结果,上市公司让壳而保住了上市的牌子,非上市公司借壳上市并配股募集了资金,股市以优胜劣汰保持了优质上市企业,投资者则获得了优质股票,总体上还是优化了资源配置。

直到今天,沪深股市对一些财务状况或其他状况出现异常的上市公司的股票,宣布进行特别处理(Special treatment),并在简称前冠以“ST”,把这类股票称为ST股,提示这些股票有退市的风险。这类ST股,通常也成为投资银行特别关注和策划用于新公司借壳上市的重组对象。但是最大的风险则是重组失败有可能摘牌退市。例如,2015年九好集团(浙江九好办公服务集团有限公司)通过虚增收入、虚构银行存款等方式,将自己包装成价值37.1亿元的“优良资产”,“借壳”鞍重股份(鞍山重型矿山机器股份有限公司)。交易尚未完成,在借壳预期之下公司股价风起云涌。2015年末市场整体低迷,鞍重股份在公布并购重组预案之后,股价一路上扬。从11月27日的每股28.79元,12月18日就冲上87.79元高位，不到20天，累计涨幅达到204.93%。2017年3月，证监会揭露出九好集团"借壳"鞍重股份的重组是"忽悠式"重组造假，宣布对该案违法主体处以顶格处罚，总计罚款439万。同时对九好集团造假行为的主要负责人郭丛军、宋荣生、陈恒文等采取终身市场禁入及5—10年不等的市场禁入。

所以，ST的全部价值就在于它是一个"壳"。抓住机遇借壳上市，可能平步青云；一旦失手打碎了"壳"，也会鸡飞蛋打！

第五，中策模式：收购国企在境外上市融资、再回到国内扩大收购的资本运营。

20世纪90年代，香港中策黄鸿年收购中国企业在国外上市曾经引起很大的争论，我在拙著《资本是个好东西》中已经有过评议。这里要探讨的是黄鸿年成功的资本运营。

本来，90年代初，黄鸿年就以其在香港借壳上市的中策公司，在福建泉州收购了几十家陷于过度负债的地方国有企业，找到投资银行想谋划上市，投资银行嗤之以鼻，这么杂乱无章的企业怎么上市?! 这是中策最初经历的一次失败的运作。所以才又重新按照投行的策划，在1992年斥资2025万美元同太原、杭州两家橡胶厂合资，分别取得55%和51%的控股权，而后在百慕大注册了"中国轮胎控股公司"，1993年以ADR方式(American Depositary Receipt，通常译为美国存托凭证，是一种用美元挂牌的股票工具)在纽约上市，募集资金1.037亿美元。随即以所募资金收购了重庆、大连、银川三家轮胎厂51%—52%的股权。接着，在啤酒行业，也是把合资控股的北京、杭州、烟台等多家啤酒厂，在百慕大注册了"中国啤酒控股公司"，在加拿大多伦多成功上市。自1992年4月至1993年8月的16个月时间，共收购200多家企业，一时被称为"中策旋风"。后来一部分因政府干预中止合同，实际并购196家。中策在香港上市时，中期营业额为10.25亿港币，税前利润1.16亿港币；收购中国企业后，1994年的营业额已达17.85亿港币，税前利润2.03亿港币。

这里，我说它是成功的资本运营，因为，一是中策收购国企在境外资本市场上市融资再回到国内扩大收购，两次运作都很成功；二是中策利用了中国允许外资分期到位的规定，只预付15%—20%的资金就取得上市资产的控股权，而且充分利用了中国对合资企业税收上三免两减、汇价上双轨制等的优惠；三是中策把这种先以15%—20%的预付款取得企业的控制权，然后在境外上市融资再回到国内扩大收购和滚动收购的运作，成为一种重复使用的模式，更是资本运营上的独创。我记得，在国内牟其中也曾经有过多次预付和收购若干个企业的宏大设想，但没有构成事实上的资本运营，最多只能称得上有创意的驾驭资本构思。

第六，大型企业境外上市。

直到1997年中共十五大前夕，中国的大企业并不多。中央重点抓了南京4家石化企业即号称“南京四鹤”的联合，资产150多亿元，成为启动强强联合的一个样版。但比之国际上大型石化企业集团，还是小巫。当时人们就议论，如果把上海金山、燕山、吉林、天津、齐鲁、大庆、广州和茂名等这些石化行业“排头兵”组织成“联合舰队”，实施战略性重组，在国际资本市场上整体上市，也许可以扩大国际影响，同国际巨型石油化工集团一争高下。

1997年10月，中金公司策划了“中国电信(香港)”在香港的上市，成为大型企业境外上市的创举，为各行各业提供了一个更好地贯彻实施中共十五大“重点抓好一批大型企业和企业集团，以资本为纽带，联结和带动一批企业的改组和发展，形成规模经济”的榜样，为中国开启了大型企业集团境外整体上市的新时代。对于“中国电信”的上市，后文将详细叙述。

第七，内地企业在境外分拆上市。

1999年，香港在主板市场之外开通创业板。2000年，在内地上市的同仁堂控股成立了同仁堂科技股份有限公司，成为第一家在港分拆上市的科技公司。其突出之处：一是能提升同仁堂在国际医药市场的竞争优势，稳健地进军高科技又能分散风险；二是它以分拆上市的股票溢价融得巨额资本，又带动母公司股票升值；三是其高级管理人员和核心技术骨干，能以发起人和认股权证等方式，建立一整套新的分配激励机制(在同仁堂科技的原有股本中，这一块大约占到1.91%)。这对于内地国有控股企业高管人员平均主义的薪酬制度带来不小的冲击。

2000年，联想集团实施战略调整，把神州数码从联想集团分拆成立，并于2001年在港交所主板上市，是中国最大的整合IT服务提供商。通过这次分拆，不但解决了事业部层次上的管理机制问题，而且成为解决公司层次薪酬激励机制的一个通道。

第八,辽化模式:资本市场为国企改革和解困另辟蹊径。

1997年,位于辽宁省盘锦的辽河化肥厂上市。辽化是70年代引进设备,年产30万吨合成氨、48万吨尿素的大型石化企业。邻近还有一个年产30万吨合成氨、52万吨尿素的锦州天然气化肥厂(锦天化),1992年竣工试生产,但国内外负债20多亿元,负债率高达97.5%,因负债过高资金短缺而陷入困境。最后经过辽宁省政府、化工部、国家经贸委和证监会的协商,由辽化发行1.3亿股,募集资金6.9亿元,以募股资金收购锦天化,由此成为60万吨合成氨、100万吨尿素的大化肥集团。这次上市加收购,一举而兼收产业整合、企业改制和上市、缓解企业过度负债,以及利用资本市场支持国企增资减债等方面的多重效应。我曾在1997年2月和5月在《北京经济报》写过两篇评"辽化"模式的文章予以评介。

1997年7月朱镕基在辽宁考察,对辽化模式予以首肯,证监会决定推广。由此,以上市公司募资收购兼并有发展前途的亏损企业,就成为资本市场支持国企增资减债的一个途径。

第九,管理层收购(Management Buy-Outs,即MBO)。

管理层收购是指公司管理层利用借贷或其他融资途径实施对本公司股权收购,使企业的经营者转化为企业所有者的一种特有的资本运营方式,由此引起所有权、控制权、剩余索取权、资产等方面的变化,改变了公司所有制结构。

20世纪70—80年代,在欧美国家,管理层收购曾经是一种流行的企业收购方式,在激励内部人员积极性、降低代理成本、改善企业经营等方面具有积极作用。国际上对管理层收购的一般条件是:企业具有比较稳定的现金流的生产能力,企业经营管理层在企业管理岗位上工作年限较长、经验丰富,企业债务比较低,具有较大的成本下降和利润提升的空间。

长期以来,我国国有企业缺乏效率,需要解决经营者的激励问题,而在改革开放初期成立的"地方集体企业"和所谓"红帽子"民营企业,一直没有明确出资者主体,往往由于产权不清造成企业发展滞缓,就为MBO提供了可能。一般认为,国内进行MBO管理层收购有四个作用:一是促进产权体制改革,解决"所有者缺位";二是解决"红帽子"民营企业历史遗留的产权障碍;三是推动国有资本的退出;四是激励和约束企业经营者,减少代理成本。

但是，中国的 MBO 有一个特殊问题。在西方国家，股票是全流通的，可以在公开市场上溢价收回。中国股票市场在 2005 年全流通改革以前，上市公司的国有股是不许流通的，不存在溢价。这时如果进行 MBO，其实是用银行的钱按协议价收购不能流通的国有股，其中隐含着不公平的资本运作。所以，有关部门对管理层收购一度叫停。

这一时期，MBO 最大的难题是融资。因为中国早期的法制环境，一是不能发行次级信用债券；二是《贷款通则》有“借款人不得用贷款从事股本权益性投资”的铁律，而“未来可持有的股权”也不能用作“股权质押”；三是民间融资有“非法集资”的风险。因为融资难，管理层收购往往只能打擦边球，或另谋出路。这时，通常是借道信托。有资料说，2003 年以后一段时间，信托公司收购公司股权风浪渐起。如“深国投”入主“延边公路”（000776）；“金信信托”重组“长丰通信”（000892）、入主“伊利股份”（600887）与“金地集团”（600383）；“中原信托”介入“宇通客车”（600066）；“中泰信托”将“恒瑞医药”（600276）、“焦作鑫安”（000719）、“轻工机械”（600605）、“九发股份”（600180）四家上市公司股权纳入麾下。类似的许多案例，掀开信托并购的迷雾，其实正是曲线 MBO 披上信托外衣而已。

还要看到，MBO 的实际意义是企业民营化的过程。也正基于此，政府规定，对于电信、能源、交通等关系国计民生、具有垄断性和资源性的行业，不适用 MBO，不能将这些关系到一个地区乃至国家的经济命脉的行业置于少数人的掌控之下。

MBO 是 20 世纪 90 年代中国国有企业引进的一种产权制度改革方式。然而几乎从实行之日起，经济学界就从未停止过质疑。一些专家认为，在国有资产出资人监管角色尚未到位的情况下，大规模实行管理层持股容易给企业带来五大风险：一是定价环节中的风险，例如行政干预，协议转让等；二是信息不对称，暗箱操作的风险，例如，先做亏公司再低价购进；三是收购者融资渠道不明的风险；四是运作风险；五是收购主体合法性不能保证的风险。

MBO 在中国国企产权改革中受到质疑，有几个原因：首先，MBO 在国外使用得不多，比如在美国只有 1%的企业实施了 MBO，而国内部分学者在对 MBO 不是很了解，大力鼓吹这种方式。其次，MBO 变成了 MBI（Management Buy

In):地方政府以某种条件做交易,对国有资产没有按程序进行核价,也没有引入公平竞价的机制就低价把国企不能流通的国有股出售给私人。这样的MBO极有可能被当作一种掠夺国有资产的最便捷方法来使用。

第十,回购股份。

在资本运营的方式中,股份回购与股份扩张一样,是股份公司在不同的发展阶段和不同环境下,通过一定途径购买本公司发行在外的股份,达到缩小股本规模,或改变资本结构,或开辟新的利润增长点而采取的一种经营战略和资本运作方式。股份公司进行股份回购,一般基于以下原因:一是保持公司控制权;二是提高股票市价,改善公司形象;三是提高股票内在价值;四是保证公司高级管理人员认股制度的实施;五是改善公司资本结构。

例如,1999年4月,云天化公司董事会出资4亿元以不低于该公司1998年末每股净资产2.83元的价格,向大股东云天化集团回购其持有的2亿股国有法人股,占云天化总股本的35.2%,回购股份将被注销。云天化回购,一举两得:第一,初步改善了股本结构。国有法人股占比从82.39%降为72.84%,社会公众股占比从17.61%提升为27.16%。虽说控股占比下降不到10个百分点,但总是从大不合理逐步走向合理。第二,提高了股本的含金量。由于总股本减少,每股收益将由0.47元上升为0.72元,净资产收益率将提高到10.08%。还有一个额外的收获,即主管部门换得4亿元资金,自己去"通过联合兼并等方式用于云南省国有化工企业的解困"。云天化回购,连带引起了申能、原水等同类型所谓"回购概念股"一起攀升。

2014年美国市场有分析说,股票回购是过去六年牛市的最重要的因素之一,由于低利率和充满不确定感的经济环境,手握大量现金的美国公司觉得,与其把钱花在未必能成功的投资上,还不如通过回购股票来回馈股东。但2014年9月《哈佛商业评论》的《缺少繁荣的利润》一文持不同看法。批评股票回购和派息推高了高管薪酬、回报了股东,却将资金从投资和创新抽离;认为美国公司股票回购在过去十年失去控制,正在损害美国资本的生成过程,抑制了保持美国竞争力而急需的投资,并斥之为"'大批杀害'美国中产阶级劳动者"。

除此之外,企业和企业集团之间的并购和资产重组,银行和企业的各种资产证券化，以及以各种证券资产为质押的再证券化如 CDO 和 CDS，也都是资本市场上常见的资本运营。

六、投资银行如何从“价值发现”上创造财富?

在资本市场上，投资银行专注于以价值发现和优化资源配置的资本运营来为实体经济服务。资本市场上的企业资本运营，通常是由投资银行家为某一特定企业提高企业效率和市场竞争力而进行量身定做的高智力的专业服务，它体现了一种专门策划和设计的各种金融服务的灵巧结合及其在特定条件下的金融创新。

这里涉及一个“企业观”的问题。投资银行同商业银行最大的不同是，商业银行只是按照企业原来的面貌承办信用。当然，商业银行在其存贷款业务中同样要关注价值发现来为实体经济服务，以便能够发现更多的优质企业客户，能吸收更多的存款，发放更多的贷款，以合适的利率和更高的安全性，获得更多的利润。但是，投资银行因为要策划企业上市或兼并的融资，则要在价值发现的基础上，以积极、能动和创新的态度对待企业，乃至重新塑造企业(从事兼并、扩张和重组)，为企业资产的质量和风险定价，重在优化资源的配置和重组。可以说，投资银行是带着价值发现的敏锐眼光来寻找和选择企业，一旦发现有适合于优化资源配置而能提高企业盈利和创造更大价值的机会，它将不遗余力地在资本市场上从事资本运营，力争使它们的价值发现和优化资源配置，从可能变成为现实。

投资银行怎么“以积极、能动和创新的态度对待企业，乃至重新塑造企业”?

首先，是在公司上市也包括企业兼并与收购重组的环节，证券公司、投资银行要对上市或并购重组的企业致力于重新塑造。比如，中国有不少企业原来承担了办社会的职能，现在对拟上市公司的资产就要进行主辅业分离，把企业生产主业以外的医院、学校、餐饮、娱乐、商贸以及社区管理等办社会的职能机构剥离出去，并且把主业中的非核心资产再次剥离，中心是为了突出上市公司核心资产的价值;再如，中国有不少企业是全能厂，如化纤厂往往在上游还包括炼油和某些石油化工，上市时为了突出化纤资产的价值，往往会选择对炼油和化工的资产进行资产剥离;当然，如果是专业化纤厂向全能迈步，就要反向思维，考虑在上市前对上下游有关炼油和油化工的资产重组或企业并购，以强化全能企业的价值。这种资产剥离或者资产并购与重组，其实是对企业的重新塑造。每一个企业上市或者兼并重组过程，都是包含了诸多有形和无形要素而专门编织的十分动人的资本故事。

再者，企业在市场竞争中优胜劣汰，必然会出现资产重组和企业兼并与收购的需求，有一个如何寻找合适的资本优化资源配置的问题。这里的金融创新，大有文章可做。美国在20世纪末的两次兼并浪潮中，投资银行把策划、组织企业收购和兼并同资本运作结合了起来，在资本运作上实行了许多金融创新，使M&A（Mergers and Acquisitions，即企业并购，包括兼并和收购两层含义、两种方式，国际上习惯将兼并和收购合在一起使用，统称为M&A），成为投资银行的一个著名的专业。其中一个众所周知的例子，就是在20世纪80年代，企业发行债券要讲究投资评级的时候，诸如CNN、时代华纳（Time Warner）、MCI电讯公司等，原本都是名不见经传的高风险技术公司，不具备发债的投资级别，融资的难度很大。当时，美国的米尔肯打出了次级信用债券（垃圾债券）的金融创新，正因为有了米尔肯，垃圾债券华丽转身，在解决这些高风险技术公司的融资难题上雪中送炭，才使它们发展成为现在世界知名的大公司。它的另一个最为重要的创新，就是在20世纪80年代的企业并购与重组中，普遍运用了垃圾债券即次级信用债券作为杠杆收购的重要金融工具，垃圾债券对并购的成败举足轻重，这就超越银行中介，为把社会资金迅速转化为资本创造了条件。

还要看到，现在各个方面对破除国有企业垄断的呼声很高，中国进行新一轮的国有经济战略布局调整，将会放宽行业准入，一部分国有资本将退出一般竞争性领域，民间资本将会兴起企业兼并与收购，这将是下一个价值发现和优化资源配置的热点。因此，未来将会逐渐掀起企业兼并与收购的高潮，中国股市将会进入以控制权交易为主的市场化产业整合的新时代，成为推动中国股市资源优化的新的超音速引擎。如何在新一轮的企业兼并与收购浪潮中创造出适合中国国情的类似过桥贷款、股权质押贷款或债券、垃圾债券等一类的融资工具，中国的证券公司、投资银行家将会有发挥聪明才智的广阔空间。

说到底，金融业能够创造财富的原因，就是“价值发现”。过去有人质疑金融业是否创造财富，答案应该是肯定的。正如劳动创造财富一样，金融业则是通过智力劳动，充分发掘经济生活中的价值发现功能和优化资源配置功能来创造财富的。

金融业如何创造财富？茅于轼有一篇文章《金融业是否创造财富？》，批判了只有生产劳动才能够创造财富的狭隘观点，论证服务业也同样创造财富，这是正确的。但是，茅于轼又认为金融业创造财富的原因，就是“钱尽其用”。此论不敢苟同。茅于轼花了很多篇幅论证“人尽其才，物尽其用”是财富创造的原因，他说“金融业也不例外。他们工作的对象就是钱，所以钱尽其用就是金融业能够创造财富的原因”。他还说“金融业是唯一的一个行业专门从事钱尽其用。不论银行，信托，证券，保险，都是做的钱尽其用的事。而且这里的钱不是自己的钱。自己的钱每个人都会关心如何最佳地使用它。而金融业则是调动别人的钱，使其‘钱尽其用’。财富就是这样被创造出来的，不是剥削来的”。诚然，金融业是在调动别人的钱，使其“钱尽其用”，但是，不能认为这样就能创造出财富。因而对于茅先生“金融业能够创造财富的原因就是‘钱尽其用’”的论点不敢苟同。

金融业能够创造财富的原因，应该是“价值发现”，并不是“钱尽其用”。在众多行业“钱尽其用”而产能过剩的时候，当你能发现某个行业产品供不应求的价值，众人皆醉而我独醒，这时只有发现价值的才能创造财富。而众多企业和银行金融机构热衷投入的行业，尽管“钱尽其用”了，正是因为它们背离了“价值发现”的规律，却只能增加产能过剩而造成财富的亏损。特别是金融业，因为是调动别人的钱，如果只管“钱尽其用”，不问“价值发现”，就只能创造“一个很糟糕的实体经济”，只能造成灾难。日本“失去的十年”，美国的次贷危机，都是前车之鉴。茅先生问：“如果是一个很糟糕的实体经济，你为不为它服务？”茅先生的答案是“当然不”，并由此认为“所以‘为实体经济服务’的说法是不能成立的”。但是，茅先生错了。金融的“价值发现”无孔不入，“一个很糟糕的实体经济”，或许正为有心的金融业者提供了一个非常难得的“优化资源配置”的商机，因此你还是得为这个“很糟糕的实体经济”服务，要让它从这个“很糟糕”里走出来，优化资源配置，并下出金蛋！

现在来说另一个论点，茅先生不同意“把金融业定义为‘为实体经济服务’”，认为“‘为实体经济服务’的说法是不能成立的”。其实，茅先生的这个说法才是不能成立的。

人类靠物质才能生存，要想提高生存的福祉必须增加物质的生产，正是物质生产者养活了全社会。这些话并没有错，所以金融业必须为“实体经济服务”。那么，为什么要发展虚拟经济？茅于轼提到了交换，这是市场经济的核心。没有交换，就不可能发现价值。现代化市场体系中的交换，需要完善主要由市场决定价格的机制，而金融、资本市场这一类虚拟经济可以发现价值，所以我们要发展虚拟经济，从虚拟经济当中发现价值，让市场价格的升降来调节产品的供求，并进而推动产业结构的调整。资本市场和虚拟经济的一个突出贡献，就是把市场经济通过市场价格升降调剂商品供求余缺的功能又向前推进了一大步。因为它已经把虚拟资本发展到一个巨大的量，从而可以由市场上资产价格的升降，使人们适应于不同的价格、利润、利率、汇率等而有不同的利益预期，由此调动了人的积极性，把市场所独具的价值发现功能和优化资源配置功能充分发掘出来，使过剩资本倾注到新的产业或新的地区，以此调剂生产能力的过剩和短缺，促进区域经济和产业结构的调整和优化。所以，这时的金融业，尽管已经把虚拟资本发展到一个巨大的量，但它仍然是通过市场上资产价格的升降，以促进区域经济和产业结构的调整与优化来为“实体经济服务”。

但是，凡事总有个度。2008年世界金融危机的问题，正是因为资产证券化及其衍生产品像是一个百变转换器，使国际金融资本获得了人类历史上速度最快的爆炸式增长，金融创新完全脱离了生产和供需基本面。以美国次贷危机为例，美国的银行是在正常住房贷款已经饱和的情况下，只考虑“钱尽其用”，不问“价值发现”，向不具备条件的人发放了购买住房的次级贷款；投资银行发现次级贷款本身已超出借款人的承受能力，风险很高，于是把它通过资产证券化转移到表外，目的是将银行的信用违约风险转换出去，但即使转移到表外，实际风险依然存在。这时，一些金融机构又将次贷证券化产品再证券化，发展了多层多级的债务抵押证券(CDO)和信用违约掉期(CDS)，金融是发展了，虚拟经济是发展了，“钱尽其用”了，不但风险被进一步掩盖，却兴风作浪，增加了风险，助长了危机。再从虚拟经济的层面来分析，2006年，全球GDP总值不过48.2万亿美元，全球股票总市值为50.8万亿美元，全球金融机构资产总量为190.4万亿美元，全球金融衍生产品总市值高达485.7万亿美元，分别相当于全球GDP总值的1倍、4倍和10倍。2007—2010年全球金融衍生品名义额存量为630万亿美元、743.5万亿美元、637

万亿美元和618万亿美元(金融危机后略有下降),分别为各年全球GDP总量的11.81倍、12.57倍、10.9倍和10.13倍。这种爆炸式的增长,使虚拟经济进入一个日益脱离现实的金融服务需求,开始越来越转向"自我创造金融服务需求"的脱离实体经济金融需求的发展阶段。然而,全球金融危机毕竟是一本很有教益的教科书。美国总统奥巴马就曾表示,从金融危机中学到的经验就是"20世纪的金融监管不适用于21世纪的市场"。他放话要调整"金融业未来在美国经济中比重",说"华尔街仍会是我们经济中一块重大、重要的部分,就像20世纪70—80年代那样,但不会成为我们经济的'半壁江山'","我们不想让每个有数学天分大学毕业生都变成金融衍生品交易员","一些过去习惯于在金融行业找工作的人,未来可能要转到其他领域,例如工程领域"。

美国人离开了"为实体经济服务",在虚拟经济上实践了茅于轼先生所说的"只要是钱尽其用,就应该为它服务,应该把钱调动过去,而不是因为它是虚拟经济就不给它调钱",结果"钱尽其用"用过了头,发生了危机,给全世界带来灾难。这是一个反面教训。

七、创建中金公司:中国建设一流投资银行的成功案例

中国1990年开放了股票市场,但还是坚守"有计划商品经济",尽管也有证券业,并没有出现真正的投资银行。1995年中金公司的创建,才真正开启了中国投资银行事业的时代。

那个时候,国内还没有投资银行这个概念。我记得,1986年一些外国银行的朋友谈起商人银行(Merchant Bank),我们的英语翻译不知商人银行为何物,后来才弄清楚,英国、加拿大说的商人银行,就是投资银行。为此,我还邀请一位日本朋友对国际上的商人银行作过一次专门介绍。那时外国人传为笑柄的就是,中国有个中国投资银行不是投资银行;中国有个中国招商银行英文译作Merchant Bank,但中国的Merchant Bank,也不是Merchant Bank!后来在1988年,世界银行的理查德·斯泰因先生同我谈到,中国的经济改革中,商人银行的服务需求会有一个戏剧性的增长,建议我们早做准备。而世界银行的另一位专家卡德利欧先生则建议我们同外国一家有名的投资银行合资合作,组建一家中外合资的投资银

行，然后选择100家大企业经过股份制改造，推荐到海外上市，这其实已经接近于中金公司的模式了。当时我们缺少投资银行的知识，为此我和夏斌、李旭君同央行副行长刘鸿儒作过一次专门探讨。我们甚至还同北京市人民银行议论过参股控股北京市证券公司的问题。

1989年，王岐山调任建设银行副行长，他原来是中国农村信托投资公司的总经理，但他给我印象最深的却是他参加了1988年中南海的证券市场问题汇报会，又是推动成立中国证券市场设计研究中心即后来通称为“联办”的九家非银行发起人之一。1990年5月，证券国际研讨会在上海新锦江饭店召开，人们认为这次会是为开放上海交易所进行了舆论准备，他与我一起参加了这次会，会上见到不少西方国家的投资银行家。同年7月，我赴美国、加拿大专门考察投资银行业务和企业并购，这大概是国内银行界第一次对西方投资银行的考察。

1993年，国务院决定成立三大政策性银行，并让四大专业银行转型为商业银行。王岐山从人民银行副行长调任建设银行行长。他当机立断，立马抓了几件事：一是为建设银行改名字：这是适应专业银行转型为商业银行的需要，把中国人民建设银行改名为中国建设银行，使它摆脱政策性，突出了商业性；二是更换行徽，树立了建行商业银行的品牌形象；三是为建设银行制定改革发展战略，确立了以大城市为据点、以大企业为目标客户的“双大发展战略”；四是创建中金公司，带动了投资银行产业的兴起，并创造性地把投行思维运用于中国的体制改革和行业改革而且获得了巨大的成功。

首先是创建中金公司，在中国开创投资银行事业。

1992年中国确立了社会主义市场经济的目标。1993年，世界银行原中国局局长林重庚转到摩根士丹利，他拜会了时任副总理兼央行行长的朱镕基，建议中国组建一家合资的投资银行，正好中国的政策性银行和商业性银行分开，王岐山从央行副行长调任建设银行行长，朱镕基指定由建设银行负责组建。由此，建设银行和摩根士丹利合资创建“中国国际金融公司”(中金公司)，它是第一家获得国务院批准由中国人民银行颁发许可证的国际资本合作的投资银行公司。但是王岐山的目标不仅是帮助企业上市，而是通过上市改造国有企业，借助金融力量推动产业整合和体制改革。经过长达两年同摩根士丹利的艰巨会谈，中金公司终于在

1995年9月成立，王岐山兼任董事长，林重庆是首任总裁，我受邀为公司的高级顾问。

中金公司的创建，是中国投资银行事业的一个创举。中金公司的名字就是很具有“投行思维”的。林重庚按国际惯例把中金公司的英文名称定为China International Capital Corporation Limited，直译的话，应该是“中国国际资本公司”；而不是China International Finance Corporation Limited，但是林重庚却把中文名称译成“中国国际金融公司”。从此，中金公司在国内是“中国国际金融公司”，对外却是“CICC”(“中国国际资本公司”)，这本身就是最富于投行思维的重大举措。

中金公司的创立，是合资各方都从中国的改革开放发现了投资银行服务需求有戏剧性增长的无限商机，这种“价值发现”，正是投行思维的典型表现。摩根士丹利发现的价值是，如果合资公司创立，摩根士丹利将能为中国的诸多大型基建项目提供融资的交易获取巨额收入，进而有可能在全世界承销、经销中国公司的股票。中国也将能借助一个合资的现代金融工具来利用全球的资本。林重庚的价值发现是，中国基础设施缺乏，投行业务是中国走上世界金融大舞台的关键。这时，王岐山认为，中国需要有一家投资银行，借助国际投行的力量，不但帮助国有企业从境外资本市场筹集外资，而且要为国有经济的改革出谋划策，帮助国有企业和国有银行摆脱过度负债、不良贷款的困境，而建设银行参与组建可以提升建设银行的品牌形象并有助于培养人才。中金公司所以能一跃而成为世界知名的国际性投资银行，王岐山坚持中金公司作为独立的投资银行并借助金融力量推动中国的产业整合和体制改革是一个重要因素，而这又正是贯彻执行了中共十五大“抓好大型企业和企业集团”的大战略。

当时摩根士丹利希望把中金公司办成一家只听命于摩根士丹利的子公司，一个只为摩根士丹利赚钱的机器；而王岐山则希望把中金建成一家独立的机构，可以在各项业务中同任何一家投资银行合作，而不是摩根士丹利的附属机构。摩根士丹利坚持要持股50%，在林重庚斡旋下，中方很给面子，同意中外股份各占50%，但中外都要引进其他投资者。最后的分配是，中方：建设银行占42.5%的股份，中国投资担保有限责任公司占7.5%；外方：摩根士丹利占35%，新加坡政府投资公司和香港名力集团(Mingly Corporation)各占7.5%。在公司的管理上，最初的协议是由摩根士丹利管理3年(后来延长到2001年),首任CEO是林重庚,继任者是林重庚原来的副手杨杉。中方的副总裁,一个是方风雷,管业务;一个是汤世生,是人力资源主管。这里还有一个细节,本来中方派来公司的人员全都没有从事过投行业务,他们是满怀希望来向摩根士丹利的投资银行家学习投行业务的。问题是美国摩根士丹利总部的人并不认同中国有更大的投行发展机遇,他们不想失去在纽约每年几百万美元的赚钱机会。因此,摩根士丹利CEO约翰·迈克(John Mack)的如意算盘落了空,他们不能按原先的约定从纽约调出一流的投资银行家人选。倒是林重庚不断从世界银行物色了不少金融人才。尽管是合资,王岐山坚持独立自主地开辟业务,不能让外方牵着鼻子走。后来摩根士丹利对中国国有企业的上市不看好,王岐山撇开摩根士丹利,直接同高盛合作,推荐中国电信在香港上市。

第二,依托投资银行破解国有企业全面过度负债和银行逾期贷款包袱的难题。

1995年9月中金公司正式挂牌营业。中国的投资银行究竟怎么搞?谁都没有经验。当时金融领域最头痛的是国有企业全面过度负债和地方政府的破产赖债成风,王岐山针对国有企业的破产风,力主"债转股"或委托中介公司阶段性持股(过渡性的"债转股")的试点。这时国内有关债转股的尝试又曾受到高层的严厉批评。所以我同方风雷、毕明建两位副总裁曾经带领一个团队对上海一家过度负债的困境企业星火纸浆厂,拟订了一个弯道超车的破产和解重组的方案,尝试以债权银行委托中金公司阶段性持股(过渡性的"债转股")参与企业重组取代破产清偿方式实施救援。这个弯道超车的新思路,曾经获得国家经贸委、中央银行和上海市政府等多方面的重视支持。王岐山对"星火重组模式"的推广确曾寄予厚望。林重庚和杨杉也认为是"挖到了一座金矿"。但当时政府高层热衷于推行"鼓励兼并、规范破产"。这个本来可以与兼并破产相补充的试点方案同样受到严词批评和排斥,星火的"破产和解重组"最后仅作为个案实施,不许其他单位仿效和推广。对此,我确实深感遗憾。但是两年以后,终究因为对大量债本错位的企业无力补充资本,并不能从根本上改变过度负债的严峻形势,又迫于国有大中型企业三年解困的时限,仍然不得不于1999年成立了4家金融资产管理公司,并对相当一部分过度负债的大中型企业拖欠国有银行的贷款实行"债转股"。这其实是重新认可了中金公司“星火重组”的经验，实际上是以另一种方式大面积地推广了“星火重组模式”。

第三，策划中国电信的香港上市，推动国有企业改革走上股份制改革和公司上市的道路。

“星火重组”受挫，更加显示出改造国有企业任务的繁重。对中金有启示的是1996年“上海实业”(摩根士丹利和香港百富勤是主承销商)以“红筹股”的面目在香港上市开启了地方窗口企业的上市潮，但终究是地方企业。关键是能不能在大型国有企业的股份制改造和上市上打开局面？但是一旦中金公司的员工拜访有上市意向的客户时，经常要碰到外国同行的竞争，特别是来自香港摩根人的排挤。中金公司的跨越式发展，是王岐山撇开摩根士丹利，派方风雷赴美欧考察投资银行的业务。当时，在王岐山的支持下，方风雷抓了两件大事。

头一件大事是，当时国际市场上电信业高速发展增长最快，全球的热门话题是电信公司从垄断经营走向股份化(西方国家称为私有化)和国际化。这时的方风雷还是刚刚从事投资银行的一个新手，但他以其投行思维特有的敏锐，在电信企业上市上发现了价值。方风雷的价值发现得到王岐山的认同，而王岐山更看重的可能是改造国企即体制改革方面的价值。

当时有消息说，英国电信想收购大东电报局(Cable & Wireless)。因为后者拥有香港电讯59%的股权，英国电信想借此来控制香港电讯。其时香港电讯发展很快，其中有60%—70%的业务是同国内的长途电话，香港马上回归，电讯极具敏感。方风雷把这个信息报告王岐山，透露给了当时的邮电部部长吴基传。而方风雷的更大胆的设想是收购香港电讯。这事颇有难度，但吴基传很感兴趣。吴基传立即向英国电信传话，最终英国电信放弃了并购。

另一件大事是，说服吴基传从重组广东和浙江两家移动通信着手，策划“中国电信(香港)”的上市，以此推动内地电信业与香港电信的合作。

中金的目标是通过上市改造国企，借助金融的力量推动产业整合和体制改革。这时方风雷提出电信业上市，正好符合王岐山的改革思路。方风雷以策划“中国电信(香港)”上市为契机，实际上是推动邮电部对中国电信业进行难度极大的现代化国际化的全行业的体制改革和产业整合。当然，这也必然成了中金公司在业务发展上开创局面的一个重大举措。

最初,方风雷很想拉摩根士丹利参与策划,毕竟摩根士丹利是国际一流的投资银行,又是中金的合作伙伴,在上海实业"红筹股"的上市运作上又很成功。但是,摩根士丹利尽管创建了中金,却并不真正懂得中金公司的价值,不懂得如何利用中金在中国经济最需要改革的地方去开展业务和创造价值。他们的第一个失误,是在中金公司成立仅仅三个月之后,就辞退了林重庚这个比较熟悉中国国情和改革的人才。这件事突如其来,它给我的直接感觉,就是摩根士丹利过河拆桥,似乎不想在中国真正做事!接着的又一个更大失误,是错失了参与策划"中国电信(香港)"的上市。在纽约,方风雷试图劝说摩根士丹利参与"中国电信(香港)"的策划。但是,摩根士丹利的投资银行家和电信专家们却以华尔街特有的傲慢嗤之以鼻,认为最多只能做广东电信的发债,坚称中国电信不具上市价值。最后王岐山毅然拍板:"找高盛!"方风雷甩开摩根士丹利,直接同高盛接触。在创建中金时错过了头班车的高盛这次立马发现了价值。他们不敢错过机会,随即带领方风雷和中国邮电业主管,在 1996 年 11 月参观了德国电信的上市(德国电信在纽约、东京、法兰克福三地同时上市),体验了德国电信从垄断经营到改制上市和融资 137 亿美元的喜悦。

榜样的力量最能表现出影响力。于是邮电部下定决心,致力于运作邮电分业、政企分开、产业整合的改革,抓紧酝酿电信公司的境外上市。1997 年 10 月 23 日"中国电信(香港)"[最初的名字是"中国移动(香港)"]终于在香港和纽约同时上市,以 190 亿元人民币的净资产,融入资本金 42.2 亿美元,相当于 1997 年中国外汇储备增长额 348.50 亿美元的 12%,居于在境外上市的中国企业融资的巅峰。此前,南方航空在港上市筹资近 7 亿美元,已称巨额,而中国电信(香港)融入的资本却是南航的 6 倍。更可恼的是,当时东南亚金融危机波及香港,摩根士丹利的市场策略分析师巴顿·碧格斯(Barton Biggs)却别树一帜,不顾"中国电信(香港)"即将上市的大局,居然唱空港股,导致恒生指数连续大幅度下跌。在此情况下,"中国电信(香港)"仍然上市成功,并维持发行价坚如磐石,赢得"红筹股巨无霸"的美誉。中金公司和高盛成为"中国电信(香港)"的主承销商和全球协调人,摩根士丹利只能屈居副席。

“中国电信”上市的更大意义是，中金公司在策划中摒弃了分别以广东、浙江两家移动通讯单独上市的方案，直接以中国电信整体上市，突出了中国行业品牌价值的魅力，开启了中国大型企业集团境外整体上市的新时代，从此也突出了中金公司投行品牌。

2003 年，王岐山在“非典”时期出任北京市市长的新闻发布会上，对 1997 年中国电信在香港股市崩盘时刻上市记忆犹新。他说：“1997 年，我在金融系统工作，在香港赶上了亚洲金融风暴，当天正好是香港股市崩盘之际，也正好是我推荐中国移动上市的首日。晚上的招待会，我作为保荐人、投资银行家，要保荐这只股票，可是股市崩盘，我必须讲话。包括投资家李嘉诚都说，这怎么说呀？我当时突然就想出一句话，站在台上就说：‘古人云，人不自信谁人信之’。实践证明，亚洲金融风暴过去了！”他是以此鼓励北京人面对“非典”的疫情要有自信！

当晚，我有一首短诗，记下了我的感慨：

央视王岐山新闻发布会

鹤唳风声草木兵，飞来病毒满城惊。

疫魔蔓发谁高枕，家国安危仰重臣。

一令抗非非戏语，三军众志志成城。

敢将自信临忧患，处变不惊是故人。

还是拉回中金公司的正题。中国巨型国有企业的改革，是一座取之不尽的金矿。1997 年中国电信的香港上市，恰好是为各行各业贯彻实施当年 9 月中共十五大关于“重点抓好一批大型企业和企业集团，以资本为纽带，联结和带动一批企业的改组和发展，形成规模经济”的战略要求，树立了一个榜样。

以中国电信的上市为起点，接着是中国联通、中石油、中石化、中国海洋石油，以及后来中国银行、建设银行、交通银行、工商银行等相继在海外整体上市，中金公司成就斐然，几乎垄断了电信、能源、保险等海外 IPO 项目。由此，中金公司一举而跻身于全球一流投资银行的行列。中金公司的数据显示，截至 2014 年 6 月，中金公司共完成境内外首次公开发行项目 110 个，累计融资 2300 亿美元；在中资企业境内外并购交易方面，共完成累计 2800 亿美元的交易额。在香港资本市场上发挥的主导作用已超越了国际一线大行。

中金公司的创建和发展，向我们展示了证券业要确立“建设一流投资银行”的目标，投资银行必须专注于以价值发现和优化资源配置的资本运营来为实体经济服务。

参考文献

[1] 郭树清.中国应引入垃圾债券[N].英国《金融时报》，2010－4－19.

[2] 郭树清.解决资源错配问题需要证券公司创新[N].财新网，2012－5－8.

[3] 庄心一.最大限度放松管制为创新提供足够空间[N].中国证券报，2012－5－9.

[4] 杨颖桦.券业创新第三年迎“双新”　剑指30万亿同业规模[N].21世纪经济报道，2014－5－17.

[5] 筑底证券创新　专访中国证监会主席助理张育军[N].财经，2014－10－13.

[6] 茅于轼.金融业是否创造财富？[N].财经综合报道，2014－9－15.

[7] 中国农村改革之父杜润生[N].深圳广电集团编辑：济南网络广播电视台，2013－8－28.

[8] 廖士光.经济新常态催生直接融资市场六大机遇[N].中国证券报·中证网，2015－4－10.

[9] 券商创新：尽占“资本化”的先机[J].证券市场，红周刊，2012(21).

[10] 曹尔阶.资本是个好东西[M].北京：中国人民大学出版社，2012.

第七章　农民工市民化和新的农村建设

前面六章，探讨了改革开放后国企改革、民营企业、城市政府、银行改革以及资本市场开放在中国经济的超常增长中的作用，前面已经说到，城市化：高速铁路加城市群建设和“互联网＋”把城市经济推向优化空间资源配置的新高，这是中国未来发展的经济增长点。接下来，我们要探讨中国未来发展的另一个经济增长点，就是要加快农村劳动力的大规模转移，包括已经迁入城市的农民工市民化，以及如何在大农业的规模化经营的基础上建设社会主义新农村，重塑现代化的中国农村、农业和农民。

我们知道，西方工业化的普遍规律，就是产业资本购买了土地，农村变成了城市，农民变成了工人，农业变成了工业。中国是一个农业人口占多数的二元经济大国。中国当前突出的问题是，尽管城镇化比例已经从1980年的20％提升到2015年的56.1％(2016年城市化率为57.35％)，但按户籍计算的实际比例却不到36％左右。这个缺口，就是因为中国特有的户籍制度，人为地控制了农村人口向城市的自由流动。由此，有2.7亿农民(2016年已增至2.92亿人)已经离开乡村进入城市务工与生活，但他们仍然是农村户口，没有城市户籍，不是城市居民，只能享有一个特定的称呼，即“农民工”，拉大了城乡收入差距。这个城乡收入差距有多大？有数据显示，2014年，中国城乡居民收入比为2.75∶1；比2013年的3.03∶1有所改善。就是说，大约2.7个农民的收入，才抵得上一个城市居民的收入。农民工的收入要比农民高，但其月均收入一般也不到城镇就业人员月平均工资的60％(2009年和2011年只为52.47％和58.83％)。2010年1月，新任农业部部长韩长赋在同记者谈“三农”问题时特别强调：“就城乡关系和格局而言，农民工构成了中国社会结构的‘第三元’,而这恰是社会转型期沟通二元结构两极不可缺少的桥梁和过渡。”韩长赋说得很直率:“不该让农民工把青春献给城市,养老甩给农村!”应当说,把农民工称作中国城乡结构所特有的“第三元”,这确实是三农理论上万般无奈的一个自我美化的创造。说得直率一点,还不就是既想要农民工来为城市创造 GDP,又不想让农民工在城市落户不愿让他们分享“市民”的福利待遇的一个歧视性的称谓!

但是,进城务工的农民工虚占了农村户籍,又虚占了农村的土地、宅基地和住房,使得中国农村沦落成为破败的村庄,种地的多是“三留守”的老人、妇女和儿童,耕作方式仍然是千百年的小农经济。说到底,这样的城市化,永远改变不了中国二元经济畸形格局的现实!因此,只有改革中国城乡分割的户籍制度,让农民工市民化;同时只有在大规模转移农村劳动力的基础上,让小农经济脱胎换骨,转化为现代化规模化经营的大农业,才是强农惠农富农的出路,才能保持社会的公平和稳定,让 13 亿人口的大国成为真正的消费大国。

一、大规模农村人口的迁徙:改变二元经济的唯一的出路

中国要改变农业人口占多数的二元经济大国的畸形格局,大规模农村人口的迁徙是唯一的出路。2015 年中国总人口 137462 万人,城镇常住人口约 7.71 亿,中国城镇化率达到 56.1%。但全国人户分离(即居住地和户口登记地不在同一个乡镇街道且离开户口登记地半年以上的人口)的人口有 2.94 亿人,其中,农民工 2.77 亿人。扣除农民工,2015 年实际城市户籍人口,只有 4.94 亿人,实际城镇化率为 35.95%,即不到 36%。因此,现实问题是如何实现 2.77 亿农民工的市民化?

问题是未来农村劳动力转移的规模,不只是现在的 2.77 亿农民工。今后要在 2030 年实现 65%的城镇化率,至少还要从农村户籍的 8.8 亿人口中转移出 4 亿人,即大体上相当于现在农村集体经济组织成员一半的农民家庭。如果城镇化率按 70%和 80%计算,从农村转移出的人口将高达 4.7 亿和 6 亿。就按转移出 4 亿农村人口,这也是中国历史上第一次有如此大的“农村劳动力转移规模”,成为中国新型城镇化的一个突出的问题。

但是,障碍不仅来自城市。一个更大的问题是,多年来,这 2.77 亿农民工,受

家庭承包制的束缚，牢牢附着于“他们家庭承包的耕地和盖了住房的宅基地”，不能自由转让农村的土地，到城镇落户。因此，一个现实的问题是，必须允许这一半的农民家庭解除家庭承包的制约，有权对他们现在在农村承包土地的一切权益有一个合理合法的处置。说到底，就是要允许进城农民，对他们原来“所承包的承包地的经营权”可以抵押和流转，让他们能够获得一个相适应的补偿，当然，也包括对他们已有宅基地和农房产权的抵押、流转。

正因为有这样大的“农村劳动力转移规模”，2013 年中央农村工作会议特别提到“土地承包经营权主体同经营权主体发生分离，这是我国农业生产关系变化的新趋势，对完善农村基本经营制度提出了新的要求”。并在“强调要不断探索农村土地集体所有制的有效实现形式，落实集体所有权、稳定农户承包权”和“加快构建以农户家庭经营为基础、合作与联合为纽带、社会化服务为支撑的立体式复合型现代农业经营体系”的同时，专门强调要“放活土地经营权”，并提出“土地经营权流转”问题；并且强调“土地经营权流转、集中、规模经营，要与城镇化进程和农村劳动力转移规模相适应”，然后又特别强调“要加强土地经营权流转管理和服务，推动土地经营权等农村产权流转交易公开、公正、规范运行”。

放开农村土地使用权的流动，不仅对于向城镇迁徙的农村人口是势在必行的必要措施，对于留在农村的那一半农民来说，因势利导地放开对农地承包经营权的流转、放开对农房和宅基地使用权的流转、放开对农村集体建设用地的流转，也是非常重要的。因为，作为生产要素，土地和人一样，都只有在流动中才能发现价值，也只有在流动中才有条件去进一步谈论在未来的农业规模经营中如何优化资源配置。

因此，从中国未来的发展来说，如果农村劳动力转移顺利，将能一举而实现两大任务：一是 4 亿农村人口迁往城市，实现 2.77 亿农民工的市民化；另一个是把现有农村的 8.8 亿人口精简到 4.8 亿人，从小农经济转向规模化经营的大农业，培养造就一代新型农民队伍。

二、农民工市民化：首先把农民工从附着于家庭承包的土地上解放出来

当前，农民工市民化问题，成为城镇化进程中最大的瓶颈，也是矛盾的集中

点。政治经济学评论封建社会有个负面用语:农民附着于土地。这也是当前中国农民工问题的真实写照。

新中国成立后的土地改革,没收地主的土地,分给无地少地的农民,解放了农业生产力。不久又搞农业合作化;1958—1960年的“大跃进”,转上了集体所有制。后来十年“文革”中的人民公社化,坚持实行人民公社的“队为基础”的集体所有制,而包产到户、包干到户,则是在1962年七千人大会上就被毛主席指责为“方向性错误”的犯禁的举措,因而一直被视为禁区。现在的农村集体土地正是从那时开始由作为集体经济组织成员的农民家庭承包一直延续至今的。

需要说清楚的是,20世纪80年代,一向主张农业合作化集体化的中国,为什么忽然退而实行包产到户、包干到户的“家庭联产承包为主的责任制”?这里有一个时代背景。尽管集体化的大方向正确,问题是“文化大革命”中“左”的思潮占了统治地位,“共产风”泛滥,这种“队为基础”的集体经济,陷入了“一大二公”的困境,衍化成了出工不出力的“大锅饭”,挫伤了农民的生产积极性,农业生产遭到空前破坏。1976年“文革”结束,农业生产更是陷于崩溃。

为了挽救农业的崩溃,作为“解决温饱问题的一种必要的措施”,当时,安徽、贵州、四川、甘肃、河南等地的一些穷困生产队自发地实行包产到户,后来称作“家庭承包”,实际上就是退到单干的小农经济,让土地又重新还原为个人和家庭的资本。这也正是毛主席在1962年七千人大会上指责包产到户、包干到户是犯了“方向性错误”的症结所在。问题是这种“家庭承包”,虽然也立竿见影地发展了生产,恢复了农民生产的积极性,但在政治上却是“名不正、言不顺”,人们对七千人大会上的指责仍然是心有余悸,是一块“烫手的山芋”。当时正是改革开放初期,仍是在强调“集体所有制”的意识形态氛围下,不便承认这是向单干的小农经济后退。正好时任中共中央书记处农村政策研究室主任的杜润生创造了一个“责任制”,认为包产到户、包干到户或大包干“都是社会主义生产责任制”。这个“家庭承包”,尽管是名副其实的小农经济的单干,然而它却以“家庭”的名义对社队集体经济承担了“承包”的“责任”,为“包干到户”也是集体经济的生产责任制找到了一个“说法”。

直到1982年1月1日,中共中央批转《全国农村工作会议纪要》,明确指出农村实行的各种责任制,包括小段包工定额计酬,专业承包联产计酬,联产到劳,包产到户、到组，包干到户、到组，等等，都是社会主义集体经济的生产责任制，这才为它正了名，争得了一个“并非单干”的名分。这样，包产到户、包干到户用上“责任制”这样一个非常中性的词，就使反对和赞成的不同意见逐步趋向一致，居然就把当时整个农村的经济制度和社会制度撬翻了。这场对“家庭承包”的冠冕堂皇的解说，说起来像似闹剧，然而它却真的抹平了左右两派意识形态的纷争。说到底，“家庭承包”之所以能调动积极性，关键就是恢复了个体经营，让土地又还原为个人和家庭能够驾驭的资本，让承包人获得了有对产出盈余的支配权利。而家庭联产承包责任制云云，实际上是以责任制给了它一个回避单干的“名分”。此后，中国政府不断稳固和完善家庭联产承包责任制，鼓励农民发展多种经营。

1983 年中共中央下发文件，指出联产承包制是在党的领导下我国农民的伟大创造，是马克思主义农业合作化理论在我国实践中的新发展，这仍然是为正名制造舆论的继续。而 1984 年一号文件宣称“承包权 15 年不变”，主要是为了稳定农民不再在所有制上折腾的信心，但人人心知肚明的是，所谓家庭承包经营，实际上就是个体户的小农经营。问题倒是 1998 年以后，宣称“三十年不变”和 2008 年宣称“长久不变”，却成为农业改革的误区，是“基本上使得中国的农业经营方式被定格在小农经营模式上”；正如有人批评的，实质上抛弃了《宪法》第八条规定的“统分结合、双层经营”，“这对于中国的法制建设的政府诚信也是一个严重的破坏”。

现在，这种“家庭联产承包责任制”加上城乡分割的户籍制度，事实上已成为束缚农业生产力发展的枷锁，并产生了一种使农民附着于土地和限制农民进城的强制作用，为农村劳动力转移增添了不利因素。它使 2.7 亿农民工处于一种既离不了农村又进不了城市的万分无奈的境地。一方面，进城的农民工落不了户，仍然只能附着于他们在农村家庭承包的耕地和盖了住房的宅基地。因为他们无法在城市里安家立业，所以他们也不会放弃家乡的农业用地和宅基地，何况即使是放弃了，也得不到令人满意的补偿。另一方面，受城乡户籍的隔阂，农民工不能成为“市民”，还得返乡找对象结婚；他们在城里住棚户区、“城中村”，靠省吃俭用，紧缩消费攒钱在农村盖房，特别是结婚的新房，又由于小农的攀比心理，一家要比一家好，盖了新房又没有人住；子女在城里上学只能任人宰割，交了赞助费，还只能“借读”，不能成为升学和报考大学的阶梯。农民工在城市没有选举权和被选举权等政治权利，在劳动报酬、子女教育、社会保障等许多方面不能与城市居民享有同等待遇；他们与城市的汽车、住房无缘，不能成为城市消费的主力，不能参与城市消费结构的升级。城市对于他们，“既不给进城的自由，又不承担提供福利的责任”(秦晖)。

2.7 亿进城务工的农民工不能市民化，也给农村和农业的发展带来了严重的后果。农民工虚占农村的土地，影响了农业的规模发展，并给大多数传统农区造成了村庄破败，优质耕地大量流失，农业经营者老龄化、兼业化，留守儿童增加，城乡收入差距拉大，群体性事件频发等的诸多弊失。中国曾经的美好农村，已经沦落为“荒芜的农村、留守的农村、记忆中的故园”！正因为这样，2013 年 12 月中央农村工作会议强调，“让农业成为有奔头的产业，让农民成为体面的职业，让农村成为安居乐业的美丽家园”，具有很强的现实针对性。

2010 年中国发展研究基金会曾发布《中国发展报告 2010：促进人的发展的中国新型城市化战略》，承认中国所取得的发展成就中的相当一部分，是以牺牲农民工的发展为代价而取得的。农民工低收入导致了低水平生活和贫困；恶劣的工作条件导致了职业病；留守儿童和进城儿童无法享受教育公平导致了学习、生活和心理问题；家庭成员分离导致了生活不幸福等问题。进一步说，这也正是影响当前社会和谐和稳定的症结所在。

实现农民工市民化，主要是如何超越“家庭承包”，突破现有土地制度和户籍制度的樊篱。关于土地制度和户籍制度改革，中共十八届三中全会决定中明确要求“健全城乡发展一体化体制机制”，提到“城乡二元结构是制约城乡发展一体化的主要障碍。必须健全体制机制，形成以工促农、以城带乡、工农互惠、城乡一体的新型工农城乡关系，让广大农民平等参与现代化进程、共同分享现代化成果”。决定明确要求“推进农业转移人口市民化，逐步把符合条件的农业转移人口转为城镇居民。创新人口管理，加快户籍制度改革……”。要求“赋予农民对承包地占有、使用、收益、流转及承包经营权抵押、担保权能”，“赋予农民对集体资产股份占有、收益、有偿退出及抵押、担保、继承权”，“保障农户宅基地用益物权”。

推动农民工市民化，土地和户籍制度的改革需要联动。首先要放活土地经营权，要依法保障农民对承包地占有、使用、收益、流转及承包经营权抵押、担保的权利，让一切愿意向城镇迁徙和进城务工的农民，有权放弃“作为集体经济组织成员”和对“农村集体土地的承包”，并获得相应的补偿，把他们从附着于“农村家庭承包的耕地和盖了住房的宅基地”中解放出来。同时，要建立农村产权流转交易市场，推动农村产权流转交易公开、公正、规范运行。允许并鼓励向城镇迁徙的农民，把他们的承包经营权在公开市场上向专业大户、家庭农场、农民合作社、农业企业流转，发展多种形式规模经营。另一方面，也只有在放开农村土地使用权的流动和减少农村人口的基础上，才能把千百年的小农经济变成现代化规模化和机械化经营的大农业，让农民变成农场经营者，使农村土地在市场流转中获取优化资源配置的效益。

中国往往是简单问题复杂化。承包地，过去只考虑所有权和承包经营权两权分离；现在又提出，承包权和经营权还可以再分离，说是承包权是基于农民作为集体经济组织的成员权，成员权不可抵押，只是承包农地的经营权可以抵押。据说现在所以提出承包权和经营权再分离，是因为不少农民担心流转会失去农地承包权，农地流转主要限于家庭和家族内部。此外，决策者担心，地方政府可能以搞现代农业、搞农业园区和扩大经营权的名义，把农民的承包权搞没了，所以才又不得不打个“补丁”，提出承包权是成员权不可抵押，可以抵押的只是承包农地的经营权。即只限于家庭不同成员有选择的权利，可以根据自己的情况，决定是否保留承包地。但是，这对即将向城镇迁徙的农民工却是出了一道难题：对他们来说，人转移了，土地都不要了，“皮之不存”，还扯什么“家庭”的农地承包权和农地经营权的分离？农民工都进城落户当了市民，还在乎这个承包权即集体经济组织的成员权吗？

说到底，是过去那种“离土不离乡”的思路阴魂不散，有人前怕狼后怕虎，总想留点后手。一方面，在农村经济低迷的时候想让农民进城务工，为城市的 GDP 作贡献；另一方面，也希望用农村土地捆住农民，万一在城市经济不振时农民工能够自觉返回农村维持生活，免去城市的负担，然后等下一次进城的机会。难怪，《中国经济时报》的周子勋要发出评论：以更大魄力攻坚土改这块“硬骨头”！土改这块“骨头”确实是太“硬”了！

三、城市要告别旧的征地套路，重点是盘活存量

新型城镇化要加快推进城市用地制度改革。2012 年中共十八大要求，“要按照严守底线、调整结构、深化改革的思路，严控增量，盘活存量，优化结构，提升效率，切实提高城镇建设用地集约化程度”。当前的问题是现有土地制度框架下的城市土地利用效率极低。许多地方政府依赖土地财政的城镇化模式依旧，仍然是普遍以低工业用地价格招商引资，非法征地、“以租代征”等破坏耕地的行为也比比皆是。有报道称，“十一五”期间，中小城市建设用地的扩张速度是“十五”期间的 2 倍多，城镇工矿用地承载的人口却从每平方千米 7700 人下降至 7000 人。2010 年，上海工业用地的产出率，仅为 20 世纪 80 年代纽约和东京的 1/3 和 2/7。许多地方仍然是“大规大建”。2013 年，国家发改委城市和小城镇改革发展中心对 12 个省的一项调研表明，156 个地级以上城市，有 145 个提出要建设新城新区，占 92.9%；12 个省会级城市全部提出新城新区建设，其中沈阳市就规划了 13 个。2014 年中央“一号文”根据中共十八届三中全会的要求，明确提出：要加快推进征地制度改革，并缩小征地范围。

城市建设的土地改革，关键是先把存量的建设用地盘活。包括工业用地、乡镇企业用地、已经经营性使用的宅基地、承包地、村庄公共用地等，城市建设用地盘活存量的潜力确实很大。如果政策得力，积极稳妥试点，提高土地利用效率，城市政府具有更大的“经营”空间，城市发展的用地问题以及城市建设资金需求等问题完全可以解决。比如，“长三角”地区，改革开放初期大量乡镇企业的集体土地，很多已进入建设用地市场。在“珠三角”地区，集体建设用地比例将近 60%；一些宅基地、公益性用地，也随同“经营性建设用地”做经营性流转使用了。说明只有盘活存量，才能“优化空间资源配置”。

城市建设用地盘活存量的更大潜力，是工业用地的数量很大。国土部统计，2003—2010 年国有建设用地供应量的 43.6%给了工业，用于住宅的只有23.6%。国外其他发展中国家工业化过程中，工业用地约占新增用地总量的 10%—15%，最多不超过 20%；其他国家城市化过程中大约有超过一半，甚至高达 60%—70%的土地是提供给居民的居住用地。我国在区域招商引资的竞争中，工业用地往往

是以零地价或者负低价出让给用地者使用 50 年，由此更增加了盘活城市工业用地的难度。

盘活城市工业用地存量，重点不是强调城市政府的行政行为，而是城市政府要善于运用经济杠杆和经济规律，特别是要自觉地充分运用“级差地租”的杠杆，利用因城市聚集效应而升值的厂房和土地的“级差收益”来“优化空间资源配置，促进产业转型升级”。

运用“级差地租”杠杆盘活城市工业用地存量的突破性案例来自深圳。2013 年 1 月 18 日，深圳市人民政府召开新闻发布会宣称，经国土资源部批准，深圳原农村集体经济组织继受单位合法工业用地（即可用的产业发展用地），可申请进入市场流通，纳入深圳全市统一土地市场。深圳的突破在于放活了入市工业用地溢价的收益分配，让继受单位可以分享收益。按照深圳市文件，将按照 5∶5 或7∶3 分配收益，有两种可供选择的方式：“第一种方式是所得收益 50％纳入市国土基金，50％归原农村集体经济组织继受单位；第二种方式是所得收益 70％纳入市国土基金，30％归原农村集体经济组织继受单位，并可持有不超过 20％的物业用于产业配套，”深圳市把这一突破视为土地管理制度改革试点的最新创新成果。深圳市这份文件的全称是《深圳市人民政府关于优化空间资源配置促进产业转型升级的意见》。深圳市特别点到的这个“优化空间资源配置、促进产业转型升级”，正是城市政府以“经营空间”为己任，在市场经济中给政府加上“经营空间”的职能，更加拓宽了市场经济的视野，使得市场的领域变得更宽更大更深更广。深圳市政府实际上是充分运用了“级差地租”的杠杆，利用因城市聚集效应而升值的厂房和土地的“级差收益”，谋取优化空间资源配置的经营，促进了产业和城市的转型升级。此举证明，城市政府持有“经营空间”的理念，对于社会主义市场经济和城市经济的改革是认识上的一个飞跃，填补了经济学和市场经济在“空间要素”上的空白。

还有一个现实情况，过去城镇化进程中，各地政府不断征用农民的耕地扩展城市。但是，由于各种原因，北京、深圳等特大城市，包括省会城市和中等城市，很多农民的宅基地和集体建设用地，在城市扩张过程中却基本保留下来，形成“城镇棚户区”，为大量进城务工农民提供了住所。“珠三角”地区是农民自发地有规划地在宅基地上盖房子，有的盖了十几层，租给外地人居住。北京是在城乡接合部形成了大量的“城中村”。近年来，北京市实施了50个城中村改造，集体建设用地高达89平方公里，相当于北京老城区面积的总和。因此，解决好这类城中村改造，既是盘活建设用地存量，也是完成了改造城镇棚户区和城中村的任务。至于市郊农户开发的小产权房的处理，我主张网开一面。不久前中央政府提到2020年要解决一亿人口的城镇棚户区和城中村改造。如果对小产权房网开一面，像当初允许包产到户一样，允许农民对市郊已开发的小产权房可以自由出租和转让；但对其升值的收益，应该适当征税。这实际上是从另一个方面实现对城镇棚户区和城中村改造的补充，并且惠及本外地农民，也是解决农民工居住、促进降低房价的好办法。

正是从这个意义上说，城市政府要以“经营空间”为己任，改革的突破口在于善于运用经济杠杆和经济规律，特别是要自觉地充分运用“级差地租”的杠杆，利用因城市聚集效应而升值的厂房和土地的“级差收益”，盘活土地存量。在此基础上，把政策放活，提高土地利用效率，让农民以土地参与工业化、城镇化，这是既能保障农民土地财产权利，也让农民分享工业化、城镇化的收益，又解决了进城常住农业转移人口落户城镇的两利之举。现在征地成本不断升高，矛盾很大，原来“征地城市化”的道路已经走不下去了。今后，从城镇规划圈内开始，果真下功夫把诸多方面经营性的建设用地存量搞活，“优化空间资源配置”，中央城镇化工作会议提出的“严控增量，盘活存量，优化结构，提升效率”的要求，才能真正落实。地方政府也可以避免因征地而产生的诸多群体性事件，解开土地制度的连环套。

2013年12月，中央城镇化工作会议提到，城镇建设用地特别是优化开发的三大城市群地区，要以盘活存量为主，不能再无节制扩大建设用地，不是每个城镇都要长成巨人。国土部规定，逾500万人口的城市不再新增建设用地。意味着这些城市只能注重老旧城区的改造，控制新增工业用地的规模，盘活低效的工业用地以及企业和政府等所拥有的存量土地资源。由此，城市政府将不得不更加利用级差收益的经济杠杆，在追求“优化空间经营”上，追逐产业结构高度化的城市区域聚集效益。

李克强总理在2014年政府工作报告提出的目标是，到2020年，要着重解决好“三个1亿人”问题。就是说，要促进约1亿进城常住的农业转移人口落户城镇，改造约1亿人居住的城镇棚户区和城中村，引导约1亿人在中西部地区就近城镇化。这里，涉及一个能不能把农村宅基地转换成城市化用地的问题。拙著《资本是个好东西》的引言中，引用过王建的一个数据："目前中国农村人口有2.5亿户，按每户宅基地3分即200平方米计算，大约7500万亩，如果按85%的城市化率计算，保留5000万农户，就可以转换出80%的宅基地，大约是6000万亩用于城市化。这比政府规划未来十年占用耕地总规模2300万亩高出一倍。"如果按65%的城市化率计算，保留大约一半的农户，就可以转换出一半的宅基地，大约是3750万亩用于城市化，那也比政府规划未来十年占用耕地总规模2300万亩要少占450万亩。当然这又涉及能不能让宅基地转让，而且涉及不允许跨省区市的土地"占补平衡"的禁令问题。看来，解决农业转移人口落户城镇的地和钱的问题，果真把政策放活，还是大有回旋余地的。

四、农民工市民化：特大城市能不能走在前面？

新型城镇化，解决好"以人为核心的城镇化"的问题，要着重解决好现有"三个1亿人"问题。这里，着重探讨特大城市。

1. 农民工市民化，不能不面对解决大城市的户籍问题

2013年12月中央城镇化工作会议提出推进农业转移人口市民化，要求因地制宜制定具体办法，优先解决存量，有序引导增量。要求全面放开建制镇和小城市落户限制，有序放开中等城市落户限制，合理确定大城市落户条件，严格控制特大城市人口规模。说到底，现在的按城市大小，梯度开放，其实是把严格控制特大城市人口规模视为畏途。问题是农民工大多在大城市，小城镇留不住人。以北京和上海来说，2013年末，北京人口总量2115万，其中常住外来人口802.7万人，占37.9%。预计到2020年，北京市总人口在2500万左右，外来人口将接近1200万人，比重将达到45%左右。2013年末，上海人口总数为2415.15万人，比上年增加34.72万人。其中，外来常住人口990.01万人，占41%。预测2032年常住人口2812万人，其中户籍人口1400万人，不到50%。可见，大城市对外来人口很难控制得住。

国务院发展研究中心 2013 年做过调查，在农民工流动人口中，有 68%表示愿意落户大城市，愿意落户中小城市的只有 32%。人心所向如此。尽管大城市的生活成本相对较高，但大城市有更多更好的就业机会；而小城镇不能提供较多就业机会，还是留不住人。

农民工市民化为什么迟迟迈不开步？

2014 年 3 月 11 日《中国经济周刊》与中国社会科学院城市发展与环境研究所联合发布《中国农业转移人口市民化进程报告》，承认 2012 年农民工市民化进程止步不前。

一个阻力是顾虑成本费用太高，农民工市民化在就业、教育、医疗、住房、养老方面，需要大量的公共投入。住建部 2006 年调研，每新增一个城市人口需要增加的市政公用设施配套，小城市为 2 万元，中等城市 3 万元，大城市 6 万元，特大城市 10 万元。后来中国发展研究基金会发布《中国发展报告 2010》也确认，农民工市民化的平均成本在 10 万元左右。这意味着中国未来 20 年内向城市转移一半的农村人口，需要投入 40—50 万亿元的成本。

另一个阻力来自发达地区的当地民众，顾虑会摊薄本地居民的福利。特别是京津沪这些特大城市的高考招生分数线比一般大中城市的差距超过 100 分以上，当地民众更不愿意让外来人员的孩子挤占了当地孩子的高考招生名额，这也是一种既得利益群体的阻力。

大城市特大型城市用国际移民制度来限制人口的自由流动是一大错误。

2014 年的“一号文件”要求加快推动农业转移人口市民化和户籍制度改革，全面实行流动人口居住证制度，逐步推进居住证持有人享有与居住地居民相同的基本公共服务，保障农民工同工同酬。在特大型城市将通过建立居民制实现市民化。将以居住证为载体，与居住年限等条件挂钩，稳步推进城镇的义务教育、就业服务、基本养老、基本医疗、保障性住房等公共服务，并使这五大公共服务覆盖城镇常住人口。

为了应对外来人口过快增长，大城市出台了一系列人口调控“组合拳”，对外来流动人口实行“以证管人、以房管人、以业控人”模式，乃至“教育控人”。问题是中国大城市用居住证对待外来人口，采取了类似美加等国对待国际移民的政策思路。美国用绿卡对待没有美国国籍，但可以同本国国民一样享受公共服务的外国人，持绿卡满 5 年，并满足移民局其他条件的，可以申请成为美国公民。我国的居住证办法也是类似，持证人没有本地户籍，但可以享受和本地居民相近公共服务，持证满若干年，并满足该地要求的其他条件，可以申请本地户籍。上述对各类城市的落户进行分类管理的《办法》，与发达国家的国籍几无二致。

但是，大城市并非国家，它只是中国的一个省、市级单位。一国之内，一个地方政府怎么可以效仿国际移民制度，制定限制人口自由流动、生活、就业与定居的政策？就算联邦制的美国，地方政府拥有独立的立法权，都未曾出台过这样的政策，何况中国还是单一制的国家。劳动力从一个省向另一个省迁徙流动怎么可以等同于国家之间的移民？所以，大城市居住证制度，其实是对农业转移人口市民化持严控乃至排斥的态势，难怪会遭到各方非议。

在大城市人口调控"组合拳"中，"教育控人"最伤人，也最值得商榷。孩子是祖国的花朵，祖国的未来！任何一个城市执政者都应当把支持青少年的教育放在第一位。改革开放后最受到称赞和推崇的政策，莫过于 1977 年邓小平开放高考，受惠的是包括当前执政者在内的几千万精英，一步登天地成了社会栋梁。设想一下，现在被"教育控人"伤害的几百万青少年，在 5—10 年成长之后，将会对现在这些持"教育控人"的主政者累积多大的愤懑?!

2. 治理交通拥堵，重在科学规划和管理，交通拥堵不是严控特大城市人口规模的理由

大城市常常认为，城市交通拥堵同人口密度有关。曾经有媒体报道，上海、北京、广州等特大城市中心城区的人口密度超过了发达国家主要大城市的人口密度；我国百万人口以上城市有 80％的路段和 90％路口的通行能力已经接近极限，每年因交通拥堵造成的经济损失达数百亿元。因而不少大城市尤其是特大城市纷纷借控制人口密度，提出控制人口规模。

其实，治理交通拥堵，重在科学规划和管理。旅日华人汽车工程师协会李春利教授介绍了东京治理交通拥堵的经验。东京圈总人口 3500 万人，是北京 2100 万人的 1.5 倍；土地面积 13000 平方公里，低于北京的 17000 平方公里；东京圈汽车保有量接近 1500 万辆,是北京 530 万辆的 3 倍。东京小汽车出行比例是 13%,北京是 34%,是东京的 2.5 倍。轨道交通出行的比例,东京是 86%,北京是 12%,东京是北京的 7 倍。从这两个关键数据,可以看出北京和东京的差距所在。李春利介绍,东京是世界上轨道交通最发达的城市之一,城市铁路和地铁组成的立体公共交通网覆盖整个东京圈,总里程超过 2300 公里,每天运送旅客 2000 多万人次,承担东京客运量的 86%。在早高峰时的市中心区,有 91%的人乘坐轨道交通工具,而乘坐小汽车的仅为 6%。东京有 99%的线路换乘均可在 3 分钟内完成,而且绝大部分不用出到室外,有电动扶梯连接,基本实现换乘的“无缝连接”。进入 21 世纪,东京又建成了环城地铁,实现了地面和地下双层结构的环线,路径不尽相同,互为补充。

北京的交通拥堵,同多年来采取单中心、“摊大饼”式的城市扩张模式有关,主要商务区、金融区和行政区都集中在三环内,导致城市功能过度集聚,形成了典型的“潮汐式”交通出行。二环路内的面积仅占市区总面积的 6%,却集中了全市机动车交通流量的 30%,这样明显不均衡的道路空间分布,交通怎能不拥堵? 东京的“副中心”建设分散了城市空间布局,7 个副中心基本上位于各种铁路放射线的交汇处,充分发挥了交通枢纽的聚集效应。

笔者多次访日,东京常见的情况是,员工在横滨住家,早晚由夫人驾车接送到横滨地铁口,丈夫乘地铁上班。我在一个大雪天访问过东京一家工厂,几千工人居然无一人迟到。可见,治理交通拥堵,重在改善规划,单纯控制人口密度和规模,只能是南辕北辙,缘木求鱼!

大城市不能只要高端劳动力,不要低端劳动力。

大城市在控制人口上的另一个认识误区,是只要高端劳动力,不要低端劳动力。不少大城市在控制人口上都走过一段清理低端产业和清退低端劳动力的弯路。问题是,城市可以选择高新技术产业、现代服务业作为重点发展的产业,但绝不能一厢情愿地认为可以不要普通服务业、不要小企业小商店。这些产业之间具有某种相互依存的需求,并非互相排斥的关系。赶走了低端劳动力,并不意味着赶走了相应的需求,而高端劳动者也绝不会来填补低端劳动者留下的空白。何况,生活在北京的人,需要有快递员来送快件,需要小时工打扫卫生,需要维修工疏通下水道，需要在有服务员的餐馆用餐，需要住在有保安的小区，等等。你不可能在需要这些服务时，让提供服务的人来北京干活，干完活立刻离开。果真对低端劳动力实行强制退出机制，其结果必然是居民生活成本大幅提高。

城市发展，既有高端劳动力的需求，也有低端劳动力的需求。城市越大，需要的劳动力越是多样化。城市之所以成为城市，其基础正在于有不同层次人群的集聚，这正是城市繁荣和生命力的体现。大都市的繁华和机会，恰恰是由包括农民工在内的低端劳动力和众多不体面的小门店共同创造的，你不可能想入非非地创造一个只有高端人才的王国。

有资料说，美国高科技产业和制造业的发展，也同样带来对于服务业的需求，其中，服务业的很多从业者都只有高中以下的教育程度。美国的研究发现，每一个高科技产业的就业可以带动 5 个其他行业的就业岗位；其中，2 个是相对高端的服务业（比如医生和律师），另外 3 个则集中在消费型的服务业（如售货员和餐馆服务员）。制造业对于就业的带动力相对较弱，一个制造业就业岗位的增加，只带动 1.6 个本地服务业的就业（陆铭，2013）。

现在，改造约 1 亿人居住的城镇棚户区和城中村，是政府解决好“三个 1 亿人”的重大任务之一。但是不能借口改造城中村，赶走低端劳动力。低收入群体居住的城中村、群租房，助长了环境差，有些还出现消防隐患、安全问题。但是这些低收入群体也给附近居民出售了诸如保姆、清洁工一类的家政服务。改造城中村时需要对此有妥善的处理。前一段改造城中村，拆掉旧房子盖上了大楼，原来住的低收入者被迫搬到远的地方；保姆、清洁工涨价了，能从市场购买的服务也没有了，居民被迫分心处理家务琐事，或者要付更高的价格。前一段时间，上海保姆短缺，家庭保姆的价格上涨，超过了香港的菲佣，居民生活的便利性大受影响。

还要看到，当前中国的高速铁路加城市群，已经为改善交通的科学规划和管理创造了疏解人口和治理拥堵的有利条件。2015 年中国的高速铁路已经达到 19000 公里，将要打造 20 个城市群，包括 5 个国家级城市群、9 个区域性城市群和 6 个地区性城市群。高速铁路的连通，把重塑中国经济的地缘版图的问题提上了日程。

3. 农民工市民化，有巨大的成本费用，也产生巨额的改革红利

我主张直面现实，不要回避矛盾。前面说过，大城市特大城市农业转移人口市民化最大的顾虑，是成本费用太高。按照预估，在居住房屋、医疗、就业和子女教育方面，平均每人成本10万元，未来20年内需要投入几十万亿元。但是，有成本，也就会有收益。

蔡昉有文章认为，2004年之后沿海地区出现劳动力短缺，至今已经转化为全面的招工难，是因为人口红利丧失，导致GDP的增长率，正在从1995—2010年这15年的平均10.3%，下降到"十二五"时期的平均7.6%，到"十三五"时期还会继续下降到6.2%。如果通过农民工市民化增加劳动力的供给延长人口红利，如果生产率改善的速度可以加快，都可以使潜在增长率得以提高。这项改革带来收益，包括过去10年中，农民工工资的实际提高速度高达12%，并呈继续攀升的趋势；加上市民化以后大幅度提高基本公共服务的均等化，特别是社会保障方面的包容性，事实上都有助于显著缩小当前存在的收入差距，更重要的是从制度上切断贫困的代际传递。这个收益，蔡昉称之为立竿见影的改革红利。

改革措施上，第一是增加劳动力供给，就是让农民工成为真正的城市居民，可以稳定干到退休年龄；第二是给予他们更充分和更均等的公共服务，使其能够继续从剩余状态中转移出来，从生产率低的部门转到生产率高的部门，提高中国经济的生产率水平。

据蔡昉估算，假设今后10年每年把非农产业的劳动参与率提高一个百分点，就能使GDP的潜在增长率提高0.88个百分点。再者，如果把今后10年生产率的增长率增加一个百分点，它所对应的提高GDP潜在增长率的效果高达0.99个百分点，几乎是1∶1的对应程度。这两项改革效果相加，理论上可以带来两个百分点的GDP额外增长速度。蔡昉是乐观的，以2013年56.88万亿GDP估算，增加两个百分点，可以带来1.1万亿GDP的额外增长。

我以为，果真实现了农业转移人口市民化，上亿规模的人口转移和定居为城市带来的巨大收益，至少有以下几项：一是市民化的农民工将会出让他们在农村的土地承包经营权以及农村住房和宅基地用益物权，套现进城定居，以每人2万元计，这会分担一次性成本。二是现在农民工的收入只相当于城市居民可支配收入的60%，农民工市民化以后，这一块每年将增加1万元左右。三是不但在城市有务工的产出，而且将会在城市住房以及家具、家电、交通用车等方面增加有支付能力的现实消费，每人每年将增加至少 2 万元消费的贡献。

今后 10 年，中国又到了一个新的转折时期。中国农村将有一半的农户即4.22亿农业人口转移到城市，把城市常住人口从 7.7 亿人增加到 8.8 亿人，但是较之户籍人口 5.45 亿人增加了(3.35 亿)61%。因此，当前首当其冲的仍然是农民问题。果真把解决农业转移人口市民化放在第一位，连续 3—5 年，从每年的固定资产投资(2013 年投资 43.65 万亿元，比上年增长 19.6%)中，拿出 10 万亿作为补贴农民工市民化的成本；或者也可以多管齐下，譬如出让万把亿美国国债，乃至减持几万亿国有企业股份；通过减投资、减少外汇储备、减持国有股，等等，为推动农民工市民化创造条件，由此将构成一个巨大的有现实支付能力的消费群体，成为消化过剩产能、拉动中国未来消费的主力，使中国真正成为 13 亿人口的消费大国。从低估计，中国还将有持续 20 年保持 6%的中高速增长，关键要有壮士断腕的决心和勇气！

农业转移人口公共服务的均等化，是早晚都要面对的。2014 年 2 月 7 日的国务院常务会议，决定合并新型农村社会养老保险和城镇居民社会养老保险，建立全国统一的城乡居民基本养老保险制度。这可视为中国首次在福利问题上，打破户籍制度，消除城乡区别。事实上，并轨最大的意义在于去除了城乡之间的身份差别，让农民有机会通过个人缴费，参与到更大的社会保险网之中。有报道称，数据显示，截至 2013 年，中国 60 岁以上老年人口突破 2 亿，城居保(城镇居民社会养老保险)和新农保(新型农村社会养老保险)合并后，将使 1 亿多的老年人受惠，“这其中 90%以上都是新农保，城居保仅 1000 万人左右”。

大城市和特大城市的当地民众，往往对外来劳动力在城市定居并享受同等公共福利持排斥的态度，总以为农民工不是当地城市的纳税人口，担心会摊薄本地居民的福利。这是极大的误解。其实，农业转移人口市民化享受城市市民福利待遇，并不是挤占了当地市民的福利。因为农民工也是常住城市的纳税人口。农民工所在企业交的增值税和企业所得税，都是农民工共同参与创造的。至于农民工的低工资收入不交税，则是按照税收政策减免了所得税，只要收入超过免税额，仍是一样要在常住城市缴纳个人所得税的。尽管很难准确地估算外来劳动力在常住地贡献了多少税收，但工资是一个重要的参数。在 2005 年人口普查数据中，外来人口的工资总额占全部工资总额的比重，北京为 28%，上海为 33%。这大体上相当于外来劳动力对城市发展贡献的参照，也是他们在常住地享受公共服务的基础。但是，由于户籍的樊篱，城市不能像对待当地职工那样，为农民工提供城市住房、医疗、子女教育等福利待遇和社会保障，而节省下来的这一部分支出却变成了另一种中国特有的城市化红利。

总之，农民工市民化，可以按城市大小，梯度开放；可以优先解决存量，有序引导增量，但是不能绕开困难走。既然农民工是冲着大城市特大城市来的，大城市特大城市的 GDP 创造，事实上受益在先，特大城市的农民工市民化，可以而且应该走在前面，为中小城市做出榜样。

归根结底，中国的新型城镇化，是“以人为核心的城镇化”。一方面，它要把农村一半的农业人口转移到城市成为工人，让他们有机会成为城市的中产阶级。另一方面，要让留下来的那一半农业人口，从农民变成农场经营者，让农业小农经济变成从事现代化规模化经营的大农业，让农民也有机会成为农业的中产阶级。正因为这样，我们才说农民工市民化和新的农村建设，是中国未来经济发展的另一个增长点。

五、大规模转移农村劳动力与建设社会主义新农村

发达国家的城镇化是伴随农业的现代化而发展，城镇化和农业现代化互为因果，城市和农村人的身份也开始趋同，农民转变成农场主和农业经营者，农村也变成美丽宜居的大农场。另外，也有更多厌倦城市生活的城市人会选择到农村居住和生活。这个图景很令人憧憬！

在加快新型城镇化建设进程的同时，要加快社会主义新农村的建设。建设社会主义新农村，必须建立在减少农村人口的基础之上。农民工不能市民化，农村人口没有减少，你提建设社会主义新农村，那只能是让进城务工的农民工，把在城里省吃俭用、紧缩消费节攒下的钱拿回农村盖房。尽管破败的村庄变成了一堆没有多少人住的新房楼房，种地的仍然是“三留守”的老人、妇女和儿童，耕作方式仍然是千百年的小农经济。那样的“社会主义新农村”，徒然花掉了农民工的血汗钱，建设的“新农村”无异于海市蜃楼、空中楼阁！只有在大规模转移农村劳动力

的基础上建设社会主义新农村，让小农经济脱胎换骨，转化为规模化经营的大农业，才是中国强农惠农富农的出路。

2013 年 12 月中央农村工作会议强调，中国要强，农业必须强；中国要美，农村必须美；中国要富，农民必须富。农业基础稳固，农村和谐稳定，农民安居乐业，整个大局就有保障，各项工作都会比较主动。农村工作会议要求我们坚持把解决好“三农”问题作为全党工作重中之重，坚持工业反哺农业、城市支持农村和多予少取放活方针，不断加大强农惠农富农政策力度，始终把“三农”工作牢牢抓住、紧紧抓好。

1. 规模化经营的大农业：谁来种地、地怎么种？

现在农业还是“四化同步”的短腿，农村还是全面建成小康社会的短板，农村的“三留守”谁都无法回避。因此，中央农村工作会议特别提到“谁来种地”、“地怎么种”的重大议题。

谁来种地？核心是要解决好人的问题。“地怎么种”？这就涉及培育新型农业经营主体和新的农业发展方式。从现状来说，种地的当然是留在农村的那一半农业人口和农村居民。中央农村工作会议看得更远，要求在继续重视普通农户生产发展的同时，把加快培育新型农业经营主体作为一项重大战略，以提高农民素质、吸引年轻人务农、培育职业农民为重点，建立专门政策机制，构建职业农民队伍，为农业现代化建设和农业持续健康发展提供坚实人力基础和保障。

第一，发展职业农民队伍。首先是重视普通农户和提高农民素质，这是农村和农业的现实基础。应当采取各种措施，“加快构建以农户家庭经营为基础、合作与联合为纽带、社会化服务为支撑的立体式复合型现代农业经营体系”。通过富裕农民、提高农民、扶持农民，让农民成为体面的职业，让农业成为有奔头的产业，让农村成为安居乐业的美丽家园。

与此同时，要着眼于未来，从青年一代培养造就新型农民队伍。一则，鼓励青年农民学习农业专业知识，掌握农业科技，发展多种形式规模经营。特别是培养和支持青年农民掌握现代种业科技、农业机械化科技知识，要把培养青年农民纳入国家实用人才培养计划，确保农业后继有人。再则，是制定大中专院校特别是农业院校毕业生到农村经营农业的政策措施。但是,现在鼓励农业院校毕业生到农村,不是下乡体验生活,不是阶级教育的忆苦思甜,这要同过去“文革”时期的知识青年上山下乡区别开来,而是立志到农村经营农业,干一辈子农业。

第二,是加快培育新型农业经营主体,这就同时涉及“谁来种地”和“地怎么种”以及新的农业发展方式。要鼓励发展、大力扶持家庭农场、专业大户;鼓励发展专业合作、股份合作等多种形式的农民合作社;推进财政支持农民合作社创新试点,引导发展农民专业合作社联合社;鼓励发展混合所有制农业产业化的龙头企业。中国未来的农业将主要依靠新型农业经营主体的发展,提高种地的集约经营、规模经营、社会化服务水平,增加农民务农收入。当然,国家可以在有条件的地方,在年度建设用地指标中,单列一定比例,专门用于新型农业经营主体建设并配套辅助设施。同时,要通过农村产权流转交易市场,允许并鼓励向城镇迁徙的农民,把他们的承包经营权在公开市场上向专业大户、家庭农场、农民合作社、农业企业流转,发展多种形式的规模经营。还要鼓励地方政府和民间出资设立融资性担保公司,为新型农业经营主体提供贷款担保服务。

新型农场不一定是当地农民承办。2014 年 9 月 27 日新加坡《联合早报》发表沈泽玮的一篇文章《到华南发展的新加坡“现代农夫”刘文添》,介绍刘文添在茂名的农业园投入近 5 亿元人民币,占地面积约 3 万余亩,聘用生产员工与技术专家等 320 人;不仅养猪,还种植龙眼、荔枝、火龙果等热带水果。养猪初期并不挣钱,2013 年之后情况好转,利润增幅可以超过 50%,一年利润可达几千万。猪场饲养了两种猪,一种是商品猪,另一种是黑土猪。黑猪价格比商品猪价格贵 50%,营养价值较高,养殖方法也较为环保,黑土猪吃的是草,猪粪又可循环拿来种草。目前,猪场年产 10 万头猪,希望未来两三年增至 100 万头,黑土猪占总产量 1%,逐步提升至 10%。刘文添还与广西农垦集团合作饲养小白猪,送到茂名的猪场养大。农业园的猪只都是订单生产,客户包括五丰行、美益、双汇等食品供应商。

长远来说,中国未来的职业农民队伍,最终需要改变千家万户小农经济的格局,拥有一支有文化、高素质、有科学知识、有专业才能的农业经营大军。要以解决好“地怎么种”为导向,加快构建新型农业经营体系,深入推进农业发展方式转变,大力发展优质安全农产品,努力走出一条生产技术先进、经营规模适度、市场竞争力强、生态环境可持续的中国特色新型农业现代化道路。如果我们花十年时间,解决好“谁来种地”和“地怎么种”的问题,建立规模化经营的大农业,将对我国农业农村发展和整个经济社会发展具有深远的影响。

2. 强化为“三农”服务的金融服务体系

中国农业的发展,除了强化政府对农业的支持保护、创造良好的务农条件和环境以及加大农业投入力度以外,还要着重建立适合农村和农业特点、服务“三农”职责的金融服务体系。农业要发展,不能没有金融的支持。现在的农村金融,几乎还是一片空白。金融业需要加快农村金融制度创新,强化金融机构服务“三农”职责,扩展乡镇服务网络,根据自身业务结构和特点,建立适应“三农”需要的专门机构和独立运营机制。要强化商业金融对“三农”和县域小微企业的服务能力,不断提高存贷比和涉农贷款比例。特别是增强农村信用社支农服务功能,积极发展村镇银行,支持由社会资本发起设立服务“三农”的县域中小型银行和金融租赁公司。小额贷款公司要拓宽融资渠道,完善管理政策,发挥支农、支小作用。

资本市场也要强化为“三农”服务。支持符合条件的农业企业在主板、创业板发行股票和上市,引导暂不具备上市条件的高成长性、创新型农业企业到全国中小企股份转让系统进行股权公开挂牌与转让,推动证券期货经营机构开发适合“三农”的个性化产品。

培育发展农村合作金融,发展新型农村合作金融组织。在坚持社员制、封闭性原则,不对外吸储放贷、不支付固定回报的前提下,推动社区性农村资金互助组织发展。同时,加大农业保险支持力度,鼓励开展多种形式的互助合作保险。规范农业保险大灾风险准备金管理,加快建立财政支持的农业保险大灾风险分散机制。探索开办涉农金融领域的贷款保证保险和信用保险等业务。

面对大规模的农村劳动力向城镇转移带来的家庭承包土地经营权的流转,农民享有对承包地占有、使用、收益、流转及承包经营权抵押、担保权能,农户宅基地用益物权,以及在经过试点后将慎重稳妥地推进农民住房财产权抵押、担保、转让。它实质上是中国农村在摆脱“家庭承包制”以后,出现的新的土地市场,这次农村劳动力大转移带来的土地经营权流转和农民住房及宅基地财产权转让,将带来巨额的融资需求和巨额的抵押、担保业务，为开拓农村的新型土地金融的实践提供了空间。在此期间，各地将建立农村产权流转交易市场，推动农村产权流转交易公开、公正、规范运行；允许并鼓励向城镇迁徙的农民，把他们的土地（承包）经营权在公开市场上向专业大户、家庭农场、农民合作社、农业企业流转，发展多种形式的规模经营，银行和资本市场的金融服务将更具有广阔的活动天地。

在土地经营权的流转上，积极开展金融服务并走在前面的是信托。2014 年 2 月的《财经》杂志发表《土地信托新局》曾专门介绍了安徽宿州和江苏无锡的两个土地信托案例。据介绍，由北京信托公司操盘的“无锡桃园村项目”（下称无锡项目）于 2013 年 11 月 7 日在中国水蜜桃主产地无锡惠山区阳山镇落地。无锡项目首先由当地村民进行一系列基础性制度建设：(1) 选举代表组成土地小组进行确权；(2) 成立土地股份专业合作社，确定土地入股价格；(3) 按照工商注册登记要求，做好土地股份专业合作社相关材料准备。他们的特点，并非对接地方政府进行流转。桃园村 233 户村民用已确权的 158 亩土地承包经营权作为出资成立土地股份合作社，以其作为委托人在北京信托设立财产权信托。后者接手后再将土地租赁给本村由五位种桃能手成立的水蜜桃专业合作社，形成土地信托委托人和经营者都是本村村民的双合作社设计。有分析认为，北京信托模式以农户在土地合作社中享有的股权为基础，向农户分配收益，本质是在土地承包经营权股权化基础上的他益信托，股权是农户获取信托收益的基础。在此基础上，北京信托也在计划根据具体融资需求开发资金信托产品及为农户提供财富管理信托服务，形成“财产权”和“资金”的双信托结构。据介绍，安信信托、中融信托、中粮信托、安徽国元信托、上海信托、华宝信托、平安信托等诸多信托公司均已针对土地信托进行实地调研，并将会积极推动相关项目的开展。

四年来，随着农村土地信托流转的不断深入，也出现了不少困难。一是相关法律体系不够健全。例如在《土地管理法》中，由于其条款内容并未直接明确农村集体土地的流转问题，致使很多流转土地处于“无法可依”和“监管真空”的状态。对土地的承包经营合同、信托流转合同、土地信托流转程序等问题规定过于抽象，原则性过强。造成土地信托流转过程中缺乏明确有效的指引。二是农村土地信托市场不成熟。由于缺乏规范的土地信托流转管理机构，没有相应的服务中介机构，导致信托流转信息传播不畅，大大制约了农村土地信托流转的发展。三是农民法律意识欠缺，流转程序不规范，容易引发经济纠纷。囿于文化水平限制，现实中不少地方农民在参与土地信托流转过程中并不重视双方的权责利关系，再加上登记、备案和核准程序并未完全建立，导致土地信托流转大部分都是口头约定，很少签订合同或者办理有关手续。即便签订了土地信托流转合同，其内容、条款以及形式等也没有做到完全符合法律规定。看来，完善土地信托还需要政府和信托公司两个方面多下功夫。

金融要支持实体经济，中国的农业现代化建设将是最具有发展潜能也是最需要资金支持的产业。中国的金融业将会在未来的支持农业农村的金融服务中把自己壮大好几倍。

此前不久，中央城镇化工作会议提到，城镇建设要“让居民望得见山、看得见水、记得住乡愁”。中国城镇化的改革思路已经不排斥乡村，人们或许更能接受一个有着城中村、村中城的城镇化。一般而言，农村是美丽和更宜居的，相对于传统农业而言，现代农业有着更大的生产力，这些是农业和农村吸引人的地方。城市则可以为更多人提供就业，而它在政治、文化、科学、教育等方面的丰富多彩永远吸引着年轻的追梦人。新型城镇化应消除现有制度的樊篱，为人们自由选择在城市或乡村居住提供可能性。

六、最新的重磅消息：农地“三权分置”

2016 年 10 月 30 日，传来了一个重磅消息：新华社受权发布了中共中央办公厅、国务院办公厅印发的《关于完善农村土地所有权承包权经营权分置办法的意见》（以下简称《意见》）。这个“三权”即归集体的土地所有权、归原农户的承包权、归实际经营者的经营权的“分置”，是继家庭联产承包责任制后农村改革的又一重大制度创新，为农民增收提供了制度保障。《意见》要求完善“三权分置”办法，要不断探索农村土地集体所有制的有效实现形式，落实集体所有权，稳定农户承包权，放活土地经营权，充分发挥“三权”的各自功能和整体效用；要求通过实践探索和理论创新，逐步完善“三权”关系，为实施“三权分置”提供有力支撑。这个《意见》的发布，不少文章欢呼这是带来了新一轮的造富机会。

在我国，农村集体土地的总面积有66.9亿亩，经营性资产达2.86万亿元。如何盘活集体资产，让农民享有更多财产权利，增加收入？有文章说，说了几十年的“让一部分人先富起来”，现在制度破冰已经开始，真正到了“让一部分蓝领和农民也富起来”的阶段，“三权分置”办法将会催生相应的高收入行业。有报道称，2016年12月20日马云正式全面启动农村金融战略，并宣布：未来3年将联合100家龙头企业，为1000个县提供金融服务，撬动一万亿信贷！毫无疑问，马云的闻风而动，是看重了这一轮农村的商机；但农村信贷的便捷，将会极大地促进中国农村经济社会的发展。

当前国情下，农村创业的“钱景”凸现。有文章提到藏在农村的7个造富机会，而利用计算机和互联网，商机越来越多。这七个造富机会：

一是“土地经纪人”，又称“土地掮客”，是在国家鼓励农村土地流转大背景下产生的新职业。简单来说，就是通过搜集农村闲置可出租的土地信息，发布到互联网上，提供给需要土地的种植户或者投资者，从而赚取佣金的职业群体。它能解决农民与租田大户之间的信任问题，在促使土地价格透明化的基础上，激活全国土地跨区域的流转。比如，来自江西农村的80后青年解洪玲因为倒腾土地年收入高达600万元，被媒体誉为“黄金土地经纪人”。

二是农业经纪人，依托当地特色农产品，在网上开办农业经纪人栏目，向外界介绍和推广。此项目对网络技术的要求比较高，改变了传统的农产品经营方式，是一个很有发展前景的绿色创业项目。

三是农村劳动力中介市场。现在大城市民工荒、农村能人巧匠流转不畅，创立中介搭桥，既为剩余劳动力开辟就业道路，让农业专长技术人员有用武之地，也能为自己赢得财富。

四是近年来异常火爆的农家乐餐饮娱乐。通常是在旅游景地附近或毗邻郊区田园风光，抓住了国人消费的心理，利用当地的农产品进行低成本加工，这是传统餐饮业与旅游业相结合而产生的一种新兴餐饮项目，几乎属于隐性暴利行业。

五是有机蔬菜。随着生活水平的提高，人们对食品的需求已从“温饱心态”向“营养健康”转变，而超市里有机蔬菜也悄悄地从高贵商品变成了日常的刚需资源。绿色食品如野生菌菇、无土蔬菜等，迎合市场发展和百姓消费需求，市场覆盖面日益扩大，市场占有率越来越高，这也引发了巨大的市场前景。

六是“牛粪公司”。牛粪在农业上的用途广泛，既是生产口蘑的主要原料，也是瓜果蔬菜的优质肥料。但这个行业尚属冷门。据悉福建长泰有 3 位农民看准了这一行业，决定剑走偏锋，很快着手开办了一家牛粪公司，结果产品推向市场后供不应求。

七是民间草柳编织工艺品。随着现代科技水平的提高，各种机械制品和人工合成材料制品充斥于人类生活的各个领域，就使草编工艺品迎来了发展的重大契机。但这个白手起家的行业，只适合一些当地有特色工艺品，或自己有此技术的朋友创业。

当然，这七个造富机会仅仅是举例。总之，在国家调整经济结构和出台各种利好农业、农民的政策背景下，新的农业蕴含着巨大潜力，“农民”也许正是未来最赚钱、最值得投资者期待的一个领域。

七、简短的结束语

中国的新型城镇化和农业现代化建设，必然会带来一个时期经济增长的辉煌成就，除此之外，一个更加辉煌的伟大成果，将是在全国人口中，为中产阶级带来一个戏剧性的增长，中高收入人群将会日渐成为人口的多数。这同时也正是中国建成小康社会的一个标志性的变化。它意味着伴随着农民工市民化，大多数农民工将会成为与现有城市居民一样能够购车买房(包括贷款)的真正的工人阶级。与此同时，伴随着农业的现代化建设，必然会带来一个新的农场主和农业经营者阶层，使经营农业的富裕人群进入中产阶层的行列。最后，只有实现了这一标志性的变化，才能实现中国共产党的共同富裕的目标。不但要让“低收入者”成为“中等收入者”，不断扩大“中等收入者”的比重，而且要“创造条件让更多群众拥有财产性收入”，要把工农无产者壮大成为马克思当年没能预见到的庞大的中产阶级。

参考文献

[1] 周子勋.以更大魄力攻坚土改这块“硬骨头”[N].中国经济时报，2015 -

2 - 9.

[2] 中国要解决好"三个1亿人"问题[N].京华时报,2015 - 7 - 9.

[3] 中央农村工作会议精神[N].新华社,2014 - 1 - 3.

[4] 沈泽玮.到华南发展的新加坡"现代农夫"刘文添[N].新加坡《联合早报》,2014 -9 - 27.

[5] 土地信托新局[N].财经,2014 - 2.

[6] 姚晔.加快农村土地信托流转工作的几点思考[N].安徽日报,2017 - 3 - 15.

[7] 陆铭.城市化三辩[N].财经,2013 - 7 - 28.

[8] 陆铭.农民工为什么要进城?[N].中国乡村网,2010 - 6 - 21.

[9] 韩长赋.完成两个千方百计和两个努力确保目标[N].中华粮网,2010 - 1 - 30.

[10] 中国发展报告2010:促进人的发展的中国新型城市化战略[M].北京:人民出版社,2010.

[11] 胡靖."保障进城农户承包权"正在摧毁中国村庄[N].中国乡村发现,2015 - 12 - 31.

[12] 陈锡文.稳步推进农村土地制度改革试点[N].中国证券网,2015 - 12 - 7.

[13] 农民进城脚步或已停滞　学者称人口争夺开战[N].财新网,2017 - 1 - 21.

[14] 李春利.东京轨道交通承担客运量86% 北京12%[N].新浪汽车综合,2013 - 9 - 7.

[15] 大消息!中央再出手,又一轮造富机会来了![N].财经志,2016 -12 - 17.

[16] 曹尔阶.资本是个好东西[M].北京:中国人民大学出版社,2012.